Kohlhammer

Brennpunkt Schule

Herausgegeben von Fred Berger, Doris Lindner, Wilfried Schubarth, Sebastian Wachs und Alexander Wettstein

Eine Übersicht aller lieferbaren und im Buchhandel angekündigten Bände dieser Reihe finden Sie unter:

 https://shop.kohlhammer.de/brennpunkt-schule

Die Autorinnnen

Prof. Dr. phil. Yasemin Karakaşoğlu ist Leiterin des Arbeitsbereichs Bildung in der Migrationsgesellschaft/Interkulturelle Bildung und Hochschullehrerin am Fachbereich Erziehungs- und Bildungswissenschaften der Universität Bremen.

Dr. Dita Vogel forscht und lehrt als Senior Researcher im Arbeitsbereich Bildung in der Migrationsgesellschaft/Interkulturelle Bildung an der Universität Bremen.

Yasemin Karakaşoğlu, Dita Vogel

Migration bewegt Schule

Transnationalität als Impuls für Schulentwicklung und Lehrkräftebildung

Verlag W. Kohlhammer

Dieses Werk einschließlich aller seiner Teile ist urheberrechtlich geschützt. Jede Verwendung außerhalb der engen Grenzen des Urheberrechts ist ohne Zustimmung des Verlags unzulässig und strafbar. Das gilt insbesondere für Vervielfältigungen, Übersetzungen, Mikroverfilmungen und für die Einspeicherung und Verarbeitung in elektronischen Systemen.

Die Wiedergabe von Warenbezeichnungen, Handelsnamen und sonstigen Kennzeichen in diesem Buch berechtigt nicht zu der Annahme, dass diese von jedermann frei benutzt werden dürfen. Vielmehr kann es sich auch dann um eingetragene Warenzeichen oder sonstige geschützte Kennzeichen handeln, wenn sie nicht eigens als solche gekennzeichnet sind.

Es konnten nicht alle Rechtsinhaber von Abbildungen ermittelt werden. Sollte dem Verlag gegenüber der Nachweis der Rechtsinhaberschaft geführt werden, wird das branchenübliche Honorar nachträglich gezahlt.

Dieses Werk enthält Hinweise/Links zu externen Websites Dritter, auf deren Inhalt der Verlag keinen Einfluss hat und die der Haftung der jeweiligen Seitenanbieter oder -betreiber unterliegen. Zum Zeitpunkt der Verlinkung wurden die externen Websites auf mögliche Rechtsverstöße überprüft und dabei keine Rechtsverletzung festgestellt. Ohne konkrete Hinweise auf eine solche Rechtsverletzung ist eine permanente inhaltliche Kontrolle der verlinkten Seiten nicht zumutbar. Sollten jedoch Rechtsverletzungen bekannt werden, werden die betroffenen externen Links soweit möglich unverzüglich entfernt.

1. Auflage 2025

Alle Rechte vorbehalten
© W. Kohlhammer GmbH, Stuttgart
Gesamtherstellung: W. Kohlhammer GmbH, Stuttgart

Print:
ISBN 978-3-17-037218-4

E-Book-Formate:
pdf: ISBN 978-3-17-037219-1
epub: ISBN 978-3-17-037220-7

Inhaltsverzeichnis

Einleitung	11
Ausgangspunkt	11
Zielgruppen	13
Positionierung der Autorinnen	14
Dank	16
Stil	17

Teil 1: Grundlagen

1	Leitende Begriffe und konzeptionelle Grundlagen	21
1.1	Transnationalität, Migration(en) und Mobilität	21
1.2	Schule in der Migrationsgesellschaft	27

2	Schulfunktionen im Kontext von transnationaler Mobilität	31
2.1	Sinnsystem-Reproduktionsfunktion	34
2.2	Kohäsionsfunktion	35
2.3	Politische Stabilisierungsfunktion	36
2.4	Qualifizierungsfunktion	37
2.5	Legitimierungsfunktion	38
2.6	Betreuungsfunktion	39
2.7	Transnationalität als Entwicklungschance	40

| 2.8 | Bearbeitungsmöglichkeiten | 42 |

3 Ein Rückblick auf Migrationsgeschichte und transnational relevante Beschlüsse der Kultusministerkonferenz — 44

3.1	Migrationen prägen die Bevölkerung Deutschlands	44
3.2	Ein Rückblick in Phasen	48
3.3	Zentrale Aspekte	63
3.4	Bearbeitungsmöglichkeiten	67

Teil 2: Impulse zu ausgewählten Aspekten

4 Sechs Vignetten zu transnationaler Mobilität und wie sie diskutiert wurden — 71

4.1	Die Arbeit mit Fallvignetten	71
4.2	Die Auswahl der Beispiele für die Vignetten	74
4.3	Erste Auslandserfahrungen in der Schulzeit gewinnen (Vignette Lisa)	75
4.4	Familienbedingt temporär ins Ausland (Vignette Felix)	79
4.5	Nach der Schule im Herkunftsland der Eltern studieren? (Vignette Maria)	83
4.6	Offene Planung schon bei der Einreise mit einem aus beruflichen Gründen migrierenden Elternteil (Vignette Thiago)	87
4.7	Im Jugendalter Zugewanderter mit Bleibewunsch bei ungewisser Bleibeperspektive (Vignette Amir)	93
4.8	Begrenzte Schulerfahrungen in drei Ländern und Abschiebungsandrohung (Vignette Jelena)	98

4.9	Bearbeitungsmöglichkeiten	106
5	**Zur Bedeutung einer migrationssensiblen Haltung für die pädagogische Professionalität von Lehrkräften**	**108**
5.1	Grundlegendes zu *Haltung* als Bestandteil pädagogischer Professionalität in der Schule der Migratonsgesellschaft	110
5.2	Die Sprache von Lehrer*innen als Ausdruck von Haltung	117
5.3	Beispiele für pädagogischen Umgang mit migrationsbedingter Vielfalt	123
5.4	Stereotypen, Rassismen und Bildungschancen	128
5.5	Bearbeitungsmöglichkeiten	133
6	**Multiprofessionalität und Multilingualität von Kollegien**	**134**
6.1	Multiprofessionell ja – aber auch ein Team?	135
6.2	Kooperationsräume	138
6.3	Multiprofessionalität zur Ausdifferenzierung des Unterrichts	139
6.4	Multiprofessionalität zur Adressierung vielfältiger Persönlichkeitsentwicklungs- und Erziehungsbedarfe	141
6.5	Multilingualität	142
6.6	Einbeziehung von multilingualen und als mehrkulturell wahrgenommenen Professionellen in der Schule	145
6.7	Beispiele multiprofessioneller Kooperation an engagierten Schulen im Projekt TraMiS	146
6.8	Bearbeitungsmöglichkeiten	150

7	**Aufnahmemodelle für Zugewanderte**	**152**
7.1	Aufnahmemodelle – worauf es ankommen könnte	153
7.2	Ein integriertes Aufnahmemodell	154
7.3	Was wir über Wirkungen (nicht) wissen	157
7.4	Aufnahmemodelle in Aktion – Schlaglichter aus TraMiS-Schulen	159
7.5	Bearbeitungsmöglichkeiten	169
8	**Zeugnisrelevante Anerkennung von migrationsbedingt relevanten Sprachen**	**171**
8.1	Sprachenfächer und Schulabschlüsse	172
8.2	Fremdsprachenunterricht und Mehrsprachigkeit – quantitative Bedeutung	176
8.3	Veränderungsmöglichkeiten	178
8.4	Bearbeitungsmöglichkeiten	183
9	**Befristete individuelle Auslandsaufenthalte**	**185**
9.1	Temporäre Auslandsaufenthalte während der Schulbiographie – Umfang unbekannt	186
9.2	Institutionell organisierte Mobilität zu Lernzwecken – angestrebte Effekte	188
9.3	Temporäre Auslandsaufenthalte in Herkunftsland von Familienmitgliedern	192
9.4	Entwicklungsperspektiven für Schulen	195
9.5	Bearbeitungsmöglichkeiten	198
10	**Schule-Eltern-Kommunikation in der Migrationsgesellschaft**	**199**
10.1	Schule und Eltern in Recht und Bildungspolitik	201
10.2	Kommunikation als zentral in der Schule-Eltern-Beziehung	202

10.3	Eltern mit Einwanderungsgeschichte – eine besondere Gruppe?	206
10.4	Schule-Eltern-Kommunikation in Aktion: Schlaglichter aus TraMiS-Schulen	209
10.5	Bearbeitungsmöglichkeiten	213
11	**Ausblick: Transnationale Mobilität und Migration als Motoren der Schulentwicklung**	**215**
12	**Epilog zum Forschungs- und Entwicklungsprojekt TraMiS**	**220**

Vorgehensweise 223

Anhang

Literatur 229

Einleitung

Mit diesem Buch möchten wir Impulse setzen für eine Lehrer*innenbildung und Schulentwicklung, die migrationsgesellschaftliche Veränderungen von Schule nicht nur aus der Perspektive von Migration – verstanden als eigene Zuwanderung bzw. in der Vergangenheit liegende familiäre Migrationserfahrung – betrachtet. Wir wollen dazu beitragen, den Blick zu erweitern auf die Normalität transnationaler Mobilität als Erfahrung von Schüler*innen, die in der Vergangenheit, Gegenwart oder Zukunft liegen kann und damit das Selbstverständnis von Schule grundlegend betrifft. Wir möchten die Aufmerksamkeit auf damit verbundene Transformationsanforderungen an Schule und Lehrer*innenbildung legen.

Ausgangspunkt

Ausgangspunkt der Überlegungen zur transnationalen Mobilitätsperspektive in diesem Buch war unsere Wahrnehmung eines Widerspruchs: Migration ist in Deutschland durch wachsende Bevölkerungsanteile mit unterschiedlichen Migrationsbezügen bei gleichzeitig beachtlicher Fluktuation gekennzeichnet, aber die Konzepte zur schulischen Integration haben sich bislang meist auf singuläre Dimensionen von Wanderung ausgerichtet. In den Anfängen der Bundesrepublik wurde davon ausgegangen, dass ausländische Staatsangehörige das Land bald wieder verlassen und der deutsche Staat kaum Verantwortung für die befristet anwesenden Kinder übernehmen muss. Inzwischen ist die schulische Bildungspolitik so ausgerichtet, als würden alle Kinder auf Dauer in Deutschland bleiben, so dass der Staat keine Verantwortung für den Nutzen der Bildung im Fall einer Rückkehr oder Weiterwanderung trägt. Im Fokus ist die »Integration«, verstanden als Anpassung von Zugewanderten an die etablierte Ordnung der Schule, die den Nationalstaat Deutschland als Erfahrungshorizont, als Ausgangs- und Zielperspektive von Bildung definiert.

Damit wird nicht nur die Lebensrealität all derjenigen Kinder und Jugendlichen nicht adäquat berücksichtigt, die nach vorheriger Zuwanderung zurückkehren oder weiterwandern wollen oder müssen, sondern auch derjenigen, die einen befristeten Auslandsaufenthalt planen oder sich die Option eines Lebens in zwei oder mehr Ländern offen halten wollen oder sollen. Das betrifft z. B. auch in Deutschland geborene und aufgewachsene Schüler*innen, deren Eltern mit ihnen in Zukunft zeitweise oder dauerhaft ins Ausland gehen wollen oder die sich das selbst für ihre Zukunft vorstellen. Wie dieser Widerspruch aufgelöst werden kann, erfordert theoretische und empirische Forschung – eine Forderung, die auch in internationalen Fachdebatten geäußert wird (Zapata-Barrero 2017, 15).

Ein inklusiver, migrationsgesellschaftlich informierter Ansatz müsste eine Anpassung der Schule an die transnationalen Bildungswelten der Schüler*innen berücksichtigen, die durch eine Orientierung der Bildungsvorstellungen an mehr als einem Land geprägt sind. Diesen Ansatz verfolgen wir in diesem Buch. Dazu lassen sich viele Fragen stellen, zu deren Beantwortung dieses Buch Anstöße liefern will, z. B.: Was bedeuten transnationale Bildungswelten für das Selbstverständnis von Schulen und ihren Bildungsauftrag? Wie kann für die Thematik angemessen sensibilisiert werden? Welches Wissen brauchen Professionelle und welche Haltung müssten sie einnehmen? Wie müssten Teams aussehen? Wie müssten Lehrpläne, Prüf- und Aufnahmeprozesse überdacht werden? Was bedeutet das für die Schule-Eltern-Kommunikation?

Zielgruppen

Erste Zielgruppe des Buchs sind pädagogisch Professionelle in Schulen, die an Schulentwicklungsprozessen im Kontext Migration, Mehrsprachigkeit und transnationale Mobilität interessiert sind. Das Buch kann zum Beispiel in Schulentwicklungsgruppen oder als Unterstützung für schulinterne Fortbildungen genutzt werden. Darüber hinaus soll es Material für die Lehrer*innenbildung in allen Phasen bieten. Die einzelnen Kapitel sind so konzipiert, dass sie sich auch als Module für themenspezifische Workshops, Lerneinheiten und Seminare eignen.

Das Buch besteht aus zwei Hauptteilen sowie einem Ausblick und einem Epilog. Im Teil 1 werden grundlegende Aspekte zum Verständnis des Themas gelegt und Hinweise auf weiterführende Literatur gegeben. In Teil 2 werden Impulse zur Schulentwicklung und Bildungspolitik vorgestellt, die sich aus der erweiterten Perspektive transnationaler Mobilität als Entwicklungsbedarfe für Schule darstellen. Diese Impulse bilden keine, das möchten wir betonen, umfassende oder gar erschöpfende Bestandsaufnahme aller Entwicklungsbedarfe in der Schule der Migrationsgesellschaft – das würde die Möglichkeiten dieses überschaubaren Bandes übersteigen.

Vielmehr konzentriert sich das Buch auf Aspekte, die wir im Kontext transnationaler Mobilität als zentral betrachten. In jedem Kapitel wird zunächst anhand eines Comics oder Handouts[1] zur Reflexion über den dargestellten Sachverhalt aufgefordert. Dann folgt ein einführender Text in die Thematik. Die Kapitel werden mit Ideen zur Bearbeitung des Themas in Lehre und/oder Schulentwicklung abgeschlossen, der je nach Kontext angepasst werden kann.

---

1 https://arindacraciun.com/

Einleitung

Positionierung der Autorinnen

Wir sind zwei Autorinnen, die in der deutschen Migrationsgesellschaft biographisch wie fachlich unterschiedlich positioniert sind und die seit den 1990er Jahren ihre Entwicklungen forschend beobachtet und begleitet haben. Viele unserer Projekte sind dadurch gekennzeichnet, dass wir direkt mit pädagogischen Praktiker*innen und bildungspolitischen Akteur*innen an konkreten Schulentwicklungsvorhaben mitwirken. Da wir Selbstreflexion und Positionierung in allen lehrenden und forschenden Berufen für wichtig halten (▶ Kap. 6), möchten wir in einer persönlichen Form einige Anmerkungen zu unserer jeweiligen Verbundenheit mit der Thematik voranstellen.

Vorangestellt sei das, was uns beide verbindet. Dazu gehört, dass wir aus anderen akademischen Disziplinen im Zuge unserer akademischen Laufbahn zur erziehungswissenschaftlichen Migrationsforschung gefunden haben. Wir forschen multi-methodisch, inspiriert durch unterschiedliche theoretische Bezüge und überwiegend unter Verwendung qualitativer Methoden. Dabei interessieren uns besonders bildungspolitisch bedeutsame Fragen der Migrationsgesellschaft, die wir in kritisch-konstruktiver Weise forschend und entwickelnd aufgreifen. Wir möchten damit einen (hoffentlich) relevanten Beitrag zum Verständnis und zur Entwicklung von Handlungsperspektiven mit der und für die pädagogische Praxis leisten.

Yasemin Karakaşoğlu: Ich komme aus einem deutsch-türkischen Elternhaus und bin zweisprachig aufgewachsen. Bereits in jungen Jahren bin ich innerhalb Deutschlands vielfach umgezogen und habe im Grundschulalter eine Pendelmigration zwischen Deutschland und der Türkei erlebt. All meine Sommer verbringe ich seitdem dort. Zweisprachigkeit prägt auch mein heutiges, transnationales Familienleben. Diese Orientierung hat mich immer begleitet. In Hamburg und zwischenzeitlich als Gaststudentin auch in Ankara habe ich Turkologie mit den Nebenfächern Germanistik und Politikwissenschaft studiert. Meine ersten beruflichen Erfahrungen sammelte ich an einem Forschungsinstitut zur Türkei und türkischen Migration nach Deutschland. Den Wechsel zur erziehungswissenschaftlichen Migrationsforschung vollzog ich im Rahmen der Erstellung meiner Dissertation zu religiösen Orientierungen und Erziehungsvorstellungen bei Lehramts- und Pädagogik-Studentinnen im Ruhrgebiet. Meine wissenschaftliche Arbeit als Professorin und Leiterin des Arbeitsbereiches Bildung in der Migrationsgesellschaft an der Universität Bremen, in deren Mittelpunkt Schulentwicklung und pädagogische Professionalität in der Migrationsgesellschaft steht, verstehe ich auch als Teil meines gesellschaftspolitischen Engagements.

Dita Vogel: Ich bin in einem Dorf am Rande einer westdeutschen Großstadt monolingual deutsch aufgewachsen. Meine Mutter hat ihr Leben lang in ihrem Geburtsort gewohnt. Die Familie meines Vaters ist durch Flucht und Migration während und nach dem zweiten Weltkrieg geprägt. Als ich Anfang der 1990er Jahre nach einer journalistischen Ausbildung und einem Studium der Volkswirtschaftslehre mit historischem Schwerpunkt an der Universität Bremen promoviert habe, lag mein Büro über einer Turnhalle, in der Asylsuchende untergebracht waren. Seitdem habe ich überwiegend interdisziplinär und international vergleichend zu Migrationsfragen geforscht, u. a. zu Arbeitsmarktintegration und gesellschaftlichem Engagement von Zugewanderten, irregulärer Migration und Migrationspolitik. Eine erziehungswissenschaftliche Perspektive konnte ich mir zunächst in der Zusammenarbeit mit Rudolf Leiprecht an der Universität Oldenburg und ab 2012 mit Yasemin Karakaşoğlu an der Universität Bremen aneignen und darin meinen heutigen Schwerpunkt auf bildungspolitische und rechtliche Rahmenbedingungen für Migration und Mehrsprachigkeit in Sekundarschulen entwickeln.

Einleitung

Dank

Große Teile dieses Buchs basieren auf der Forschungs- und Entwicklungsarbeit im Projekt *Transnationale Mobilität in Schule (TraMiS)*[2], zu dem wir deshalb einen detaillierten Epilog angehängt haben. Die hier präsentierten Erkenntnisse hätten wir ohne die aktive Mitwirkung von Kooperationspartner*innen in diesem Projekt nicht erreichen können. Daher möchten wir uns an dieser Stelle noch einmal dafür bedanken, dass Schulleitungen, Lehrkräfte, Eltern und Schüler*innen aus Kooperationsschulen in Deutschland, Kanada, den USA, Italien und Schweden ihre Sichtweisen auf transnationale Mobilität, Migration und Mehrsprachigkeit und ihre Ideen für schulische Veränderungsmöglichkeiten mit uns geteilt haben. Dank gilt auch der Gewerkschaft Erziehung und Wissenschaft sowie der Freudenbergstiftung sowie den Critical Friends aus Wissenschaft und pädagogischer Praxis, die uns mit ihrem Rat im gesamten Projekt begleitet haben.[3] Das gilt auch für das Team des Arbeitsbereichs Bildung in der Migrationsgesellschaft, das immer wieder eigene Expertise und auch Arbeitszeit eingebracht hat.

---

2 Das Forschungs- und Entwicklungsprojekts Transnationale Mobilität in Schulen wurde von 2/2018–4/2021 vom Bundesministerium für Bildung und Forschung im Programm ›Migration und gesellschaftlicher Wandel‹ (01UM1803Y) gefördert.

3 Insbesondere Elina Stock, Referentin beim Hauptvorstand der GEW, Pia Gerber, Geschäftsführerin der Freudenberg Stiftung, Prof. Dr. Viola Georgi, Professorin für Diversity Education an der Universität Hildesheim, Dr. Marguerite Lukes, Research Director of the Internationals Network for Public Schools; New York, Prof. Dr. Paul Mecheril, Professor für Erziehungswissenschaft mit dem Schwerpunkt Migration an der Universität Bielefeld, Petra Perplies, Leitung des Landesinstituts für Schule in Bremen, Prof. Dr. Anatoli Rakhkochkine, Professor für Pädagogik mit dem Schwerpunkt Diversity Education und internationale Bildungsforschung an der Friedrich-Alexander Universität Erlangen-Nürnberg, Beate Seusing, MigrantenElternNetzwerk Niedersachsen

Unserer besonderer Dank geht an die beiden hochmotivierten Projektmitarbeiter Torben Dittmer und Matthias Linnemann, die am gesamten Forschungsprozess und der Erstellung der Projekt-Materialien beteiligt waren. Mit ihrem Einverständnis haben wir in diesem Buch auf gemeinsam erstellte Materialien zurückgegriffen.

Abschließend möchten wir den Herausgeber*innen der Reihe danken, die uns zu einer Veröffentlichung in diesem Rahmen eingeladen haben und den Fertigstellungsprozess mit viel Geduld begleitet haben.

Stil

Wir haben uns bemüht, die kurzen Kapitel für dieses Buch anschaulich und anregend zu schreiben, so dass Professionelle aus der Praxis sie lesen und nutzen mögen. Uns ist bewusst, dass wir dabei nicht auf alle Kolleg*innen in der Wissenschaft hinweisen konnten, die zu den Themen relevante theoretische Ausführungen und Studien publiziert haben. Vielen Kapiteln liegen jedoch längere Arbeitspapiere oder Aufsätze zugrunde, die wir an anderer Stelle publiziert haben und die eine vertiefte wissenschaftliche Beschäftigung mit den Themen sowohl abbilden wie ermöglichen.

Wir wünschen den Lesenden, dass sie für sich persönlich, für ihre Lehre in Schule und Hochschule, für ihre Schulentwicklungsgruppe oder für sich als bildungspolitisch aktiver Mensch in diesem Buch inspirierende Anregungen und weiterführende Informationen finden, die sie produktiv nutzen können.

Teil 1: Grundlagen

Im Teil 1 werden grundlegende Aspekte zum Verständnis des Themas gelegt und Hinweise auf weiterführende Literatur gegeben.

1 Leitende Begriffe und konzeptionelle Grundlagen

In diesem Kapitel geht es darum, nachvollziehbar zu machen, warum wir auf bestimmte Begriffe und leitende Konzepte zurückgreifen und an welche Fachdiskurse wir mit unseren Ausführungen anschließen. Denn wir bewegen uns mit schulischer Bildung und Schulentwicklung unter den Bedingungen transnationaler Mobilität und Migration – wie im Folgenden zu zeigen sein wird – in einem breiten, sehr dynamischen und wissenschaftlich wie politisch durchaus umkämpften Forschungs- und Praxisfeld der erziehungswissenschaftlichen Migrationsforschung und der Schulentwicklung. Die Bezüge sollen hier angemessen gewürdigt werden, da wir an vielen Stellen dieses Buches wieder auf sie zurückgreifen.

1.1 Transnationalität, Migration(en) und Mobilität

Dass wir von transnationaler Mobilität als zentralem Konzept sprechen, ist keineswegs selbstverständlich. Zwar wurde bereits seit den 1990er Jahren die Perspektive der *Transnationalität* in der Migrationsforschung eingeführt (Glick Schiller, Basch und Blanc-Szanton 1992). In der deutschen erziehungswissenschaftlichen Debatte wurde sie jedoch erst rund ein Jahrzehnt später aufgegriffen (Gogolin und Pries 2004; Adick 2005) und ist dort inzwischen theoretisch wie empirisch etabliert (vgl. dazu die Beiträge in Heinrich/Hummrich 2023). Diese Perspektive geht davon aus, dass es nicht nur zeitlich und

Teil 1: Grundlagen

räumlich befristete sowie maßgeblich auf Einwanderung ausgerichtete Migrationen gibt, sondern dass auch Mehrfachmigrationen einen »Normalzustand« der Lebensorientierung von Menschen weltweit darstellen. Diese Praxis wird als Transmigration bezeichnet. Mehrfachmigration führe dann zur Herausbildung von auf Dauer angelegten transnationalen Sozialräumen (Gogolin und Pries 2004), die als »neue soziale Alltags- und Lebenswelten quer zu der Ankunfts- und der Herkunftsgesellschaft« vorgestellt werden – also als ein zwei Gesellschaften sozial und kulturell verbindendes Phänomen, an dem einzelne Menschen in unterschiedlichem Umfang teilhaben können, z. B. über zwei oder mehrere Staaten übergreifende Verwandtschafts- und Freundschaftsbeziehungen oder soziale Netzwerke.

Die Rede von der Ankunfts- und Herkunftsgesellschaft ist allerdings immer noch der Vorstellung verhaftet, dass Migration grundsätzlich eine eindeutige Richtung mit Anfangs- und Endpunkt hat. Dabei erscheint es uns – um ein illustratives Beispiel zu wählen – durchaus nachvollziehbar, dass es in Familien, die z. B. seit Generationen im Sommer in Deutschland leben und Eisdielen betreiben und im Winter in den Dolomiten leben, zumindest nicht für alle Kinder eine eindeutige Antwort auf die Frage nach der Herkunftsgesellschaft geben muss.[4] Für die Wahrnehmung von Herausforderungen in Schulen durch transnationale Mobilität steht im Vordergrund, dass Wanderung zwischen verschiedenen (National-)Staaten nicht eine einmalige und endgültige Angelegenheit sein und Schule sich auf diese Lebensrealität einstellen muss. Ergänzend sei angemerkt, dass transnationale Räume nicht zwingend nur durch Migration entstehen müssen, sondern dass auch Grenzräume und digitale Räume Anlässe zu transnationalen Orientierungen geben können.

Migrationen (im Plural, da es sehr unterschiedliche Formen gibt, s. u.) werden als eine Verlagerung des Wohnsitzes im Raum beschrieben. Meist wird der Begriff verwendet, wenn nationalstaatliche

---

4 Eine anschauliche Schilderung diese Migrationsmusters, in dem die Situation der Kinder nur kurz angesprochen wird, liefert eine ältere Reportage (David, 1. April 2004).

politische Grenzen überschritten werden. Migrant*innen überschreiten aber auch ökonomische, kulturelle, sprachliche und symbolische Grenzen meist nationalstaatlich verfasster Gesellschaften und irritieren so nicht selten die Vorstellung einer Unhinterfragbarkeit dieser Grenzen. Spezifische Formen von Migration werden als Ein- oder Auswanderung, Pendel-, Ketten-, Transmigration, temporäre und zirkuläre Migration, Fluchtmigration und irreguläre bzw. illegalisierte Migration adressiert, je nach angenommener Dauer, Wiederholung und Rechtsstatus.

Mehrfachmigrationen stoßen im deutschen schulischen Kontext vielfach auf Unkenntnis und Unverständnis bei Lehrkräften, so dass mitgebrachte Sprachkenntnisse und Wissensressourcen bislang eher nicht wahrgenommen werden und der Wunsch, Bezüge zu transnationalen Bildungswelten aufrecht zu erhalten, etwa über den Erhalt und Ausbau von anderswo erworbenen Sprachen und Rückbezüge auf anderswo erworbene Wissensbestände, auf Ablehnung stößt (Bukus 2015, 82). Für Kinder und Jugendliche, die vor dem russischen Angriffskrieg seit 2022 aus der Ukraine nach Deutschland geflüchtet sind, wurde teilweise ermöglicht, ukrainische Abschlüsse auch in Deutschland weiterverfolgen zu können und Fachunterricht teilweise auch auf Ukrainisch zu erhalten. Ob und wie das auch auf andere Schüler*innengruppen erweitert wird, ist derzeit nicht absehbar. In der generellen bildungspolitischen Debatte in Deutschland bleibt die Perspektive auf Migration meist beschränkt auf unidirektionale »Einwanderung« (J. Schroeder und Seukwa 2018; Karakaşoğlu und Vogel 2020) und die pädagogische Anforderung beschränkt auf eine »Integration« in das Bestehende, so dass vor allem eine Beherrschung der deutschen Sprache und Kenntnisse kultureller und politischer Institutionen sowie historisch relevanter Ereignisse für den heutigen Raum des Staats Deutschland erwartet werden.

Dabei wird oft nicht ausreichend berücksichtigt, wie sich dieser soziale Raum unter dem Einfluss von Migrationen verändert. Mit dem Migrationshistoriker Jochen Oltmer (2012, 15; 2012) stellen wir fest: Migrationen tragen »zu Transformationsprozessen bei – sie verändern die Zusammensetzung von Bevölkerungen, modifizieren ökonomische und soziale Strukturen, religiöse Praktiken oder künstlerische Ausdrucksformen«.

Wie wir in Kapitel 4 (▶ Kap. 4) zeigen werden, ist die gegenwärtige Gesellschaft der Bundesrepublik Deutschland stark durch Migration(en) geprägt, so dass es angemessen ist, von Deutschland als einer »*Migrationsgesellschaft*« zu sprechen. Die Migrationsgesellschaft, zu der sich Deutschland in den vergangenen 70 Jahren gewandelt hat, ist gekennzeichnet durch eine Vervielfältigung, Übersetzung und Vermischung von Sprachen, Religionen und anderen kulturellen Ausdrucksformen, durch die Entgrenzung von Zukunftsorientierungen, durch neue ›hybride‹ individuelle und kollektive Identitäten, neue Formen transnationaler Zugehörigkeiten, Selbst- und Fremdzuschreibungen (Ein-/Ausgrenzung) in gesellschaftlichen Macht- und Hierarchieverhältnissen und nicht zuletzt durch Strukturen und Prozesse von Diskriminierung und Rassismus, aber auch deren Bekämpfung (Karakaşoğlu und Mecheril 2019).

Mobilität wird umfassender als Migration in einem weiten Sinn für die räumliche Bewegung von Menschen über Grenzen von Staaten verwendet. Die Statistikabteilung der Vereinten Nationen nutzt internationale Mobilität als Oberbegriff für alle räumlichen Bewegungen u.a. von Personen über Staatsgrenzen. Wenn jemand seinen Wohnort mit der tatsächlichen oder beabsichtigten Dauer von mindestens einem Jahr verlagert, wird die Person als *Immigrant* im statistischen Sinn bezeichnet (United Nations 2017, 7). In der dazugehörigen Statistik geht es um die Messung von in der Vergangenheit liegenden Vorgängen.

Mobilität verweist auf die Anerkennung der dynamischen und oft fluiden Natur von Migrationen (Triandafyllidou und Gropas 2014, 8). Die Verwendung von Mobilität betont, dass Migration ein offener Prozess ist, der zu vielfältigen Verbindungen zwischen Ländern führt und wiederholte Bewegungen mit unterschiedlicher Länge beinhalten kann (Pries 2012, 392). Im Gegensatz zu Migration ist der Begriff Mobilität und sind die mit ihm verbundenen Phänomene »durchweg positiv konnotiert« (Lehnert und Lemberger 2014, 45). Er steht z.B. für Aufbruch, Innovation, Flexibilität, Zukunftsorientierung.

1 Leitende Begriffe und konzeptionelle Grundlagen

Wenn wir von *transnationaler Mobilität* sprechen, beziehen wir Erwartungen an die Zukunft ein: dass Menschen zukünftige Migration in andere Länder als eine Möglichkeit der Zukunftsgestaltung betrachten oder aufgrund ihres aktuellen Aufenthaltsstatus zu betrachten gezwungen sind. Die Verwendung von Mobilität betont, dass grenzüberschreitende Migration zum mentalen Möglichkeitsraum gehört, unabhängig davon, ob sie konkret geplant oder tatsächlich möglich ist (Karakaşoğlu und Vogel 2019, 96).

Diese Erweiterung ist für erziehungswissenschaftliche Perspektiven hochgradig relevant, denn Bildung hat immer einen Zukunftsbezug. Bildungspolitische Debatten thematisieren, was Kinder und Jugendliche für die Zukunft lernen sollen. Was als sinnvoll erachtet wird, hängt auch davon ab, welche Lebensorte in den Zukunftserwartungen der Schüler*innen, der Eltern und des Staates als relevant und legitim angesehen werden.

Abbildung 1 fasst einige zentrale Aspekte vereinfacht zusammen und thematisiert, dass sich Schulen auf die Vielfalt und Unabgeschlossenheit von Migrationsprozessen einstellen müssen.

Teil 1: Grundlagen

Migration

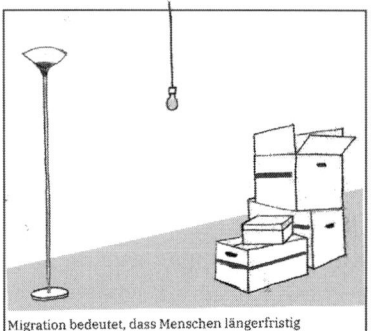
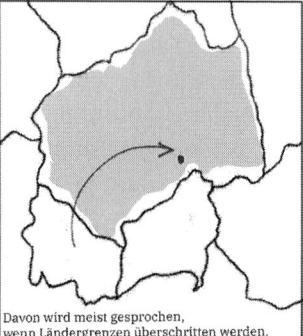

Migration bedeutet, dass Menschen längerfristig ihren Lebensort wechseln.

Davon wird meist gesprochen, wenn Ländergrenzen überschritten werden.

Häufig werden nur bestimmte Gruppen als Migrant*innen bezeichnet, zum Beispiel Menschen, die aus anderen Ländern geflüchtet sind.

Dabei gibt es in fast jeder Familie jemanden, der schon mal in einem anderen Land gelebt hat.

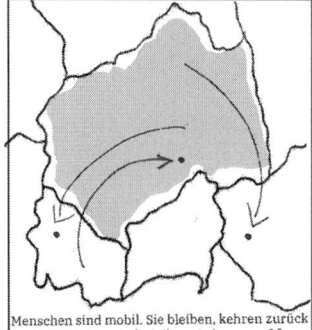

Menschen sind mobil. Sie bleiben, kehren zurück oder wechseln mehrfach ihren Lebensort. Oft verändern sich solche Pläne im Laufe der Zeit.

Wenn Kinder und Jugendliche in ein neues Land kommen, müssen sie dort zur Schule gehen. Häufig begegnet ihnen hier eine andere Sprache.

Abb. 1: Migration und Mobilität (Quelle: Transnationale Mobilität in Schulen. Impulse, Februar 2021; https://tramis.de/wp-content/uploads/2021/02/08_Handout_Migration-und-transnationale-Mobilita%CC%88t_fin.pdf)

1.2 Schule in der Migrationsgesellschaft

Schulen in Deutschland haben sich – das ist unsere zentrale These und Ausgangspunkt für die hier vorgestellten Ideen zur Schulentwicklung – noch nicht bzw. nicht ausreichend mit dieser umfassenden *migrationsgesellschaftlichen Transformation* auseinandergesetzt. Neu-Zugewanderte und Schüler*innen, die in ihrer Zukunftsperspektive nicht (allein) auf Deutschland ausgerichtet sind, treffen in der Schule in Deutschland (und an vielen anderen Orten der Welt) auf eine Institution, die auf Kontinuität im selben System angelegt ist, wie Schroeder und Seukwa treffend formuliert haben:

> In der altersphasenspezifischen Gliederung des Bildungssystems vom Kindergarten bis zur Seniorenbildung bauen die einzelnen Bildungssegmente aufeinander auf, und gesellschaftlich wird erwartet, dass Kinder, Jugendliche und Erwachsene das Bildungssystem ohne Unterbrechung durchlaufen (zeitliche Kontinuität). [...] in Nationalgesellschaften wird stillschweigend davon ausgegangen, dass Kinder, Jugendliche und Erwachsene ein einziges Bildungssystem – nämlich das des Landes der Geburt – durchlaufen (räumliche Kontinuität). (J. Schroeder und Seukwa 2018, 141)

Bevor wir in Kapitel 3 (▶ Kap. 3) ausarbeiten, wie die Funktionen von Schule transnational erweitert werden könnten, seien hier zentrale Ansätze der erziehungswissenschaftlichen Forschung und Lehre aufgegriffen, auf deren Erkenntnissen wir aufbauen.

Lange Zeit wurde Forschung und Lehre zum Themenfeld Migration und Bildung vor allem unter der Bezeichnung *Interkulturelle Bildung* durchgeführt, womit die Kategorie ›Kultur‹ zentral gesetzt wurde. Wir verstehen *Kultur* als »als ein bestimmtes Repertoire von Bedeutungsmustern und Zeichensystemen (Werte, Normen, Bräuche und andere Verhaltensregeln, allgemeine Wissensbestände und ›Selbstverständlichkeiten‹, Traditionen, Rituale, Routinen, Glaubensvorstellungen, Mythen usw.), über das Gruppen oder Gesellschaften verfügen« (Leiprecht 2004, 11). Dieses Repertoire, das gleichwohl nicht statisch ist, sondern sich stetig an neue Gegebenheiten anpassen kann, stiftet Gemeinschaft, hat Orientierungsfunktion, macht das Leben verstehbar und bedeutungsvoll. Migrationen haben das Potential, kulturelle Selbstverständlichkeiten zu irritieren und in Frage zu stellen. Das gilt schon für die Migration vom Land in die Stadt oder von Schleswig-Holstein nach Bayern, aber erst recht für Migration über die Grenzen nationalstaatlich verfasster Räume. Solche Irritationen können Konflikte erzeugen, die aber zugleich Möglichkeiten für individuelles und gesellschaftliches Wachstum bieten, wenn Kultur als menschliches Konstrukt begriffen wird, das von einzelnen und Gruppen weiterentwickelt werden kann.

Eine alleinige Fokussierung auf Kultur als zentraler Differenzkategorie in der Migrationsgesellschaft, wie sie die Bezeichnung Interkulturelle Bildung nahelegt, birgt jedoch Risiken, denn dabei werden die Effekte sozialer Ungleichheit und migrationsgesellschaftlicher Macht- und Hierarchiebeziehungen ausgeblendet. Postkoloniale und rassismuskritische Ansätze kritisieren die in frühen Konzepten Interkultureller Bildung verbreitete Konstruktion von hierarchisierenden Dichotomien in »deutsch« und »nicht-deutsch«, »wir« und »nicht-wir«, »einheimisch« oder »eigen« und »fremd« bzw. »anders« (Mecheril et al. 2010, 13). Als rassismuskritische und die Folgen von Postkolonialität berücksichtigende Alternative zu Interkultureller Bildung versteht sich in Deutschland der Ansatz der *Migrationspädagogik* (Mecheril et al. 2010) bzw. – für den angloamerikanischen Kontext – derjenige der *Critical Race Theory* (Gillborn et al. 2018). Wir sehen in der Adressierung von Rassismus als strukturelles Problem, das in Bildungssystemen reproduziert wird, einen Mehrwert dieser Ansätze gegenüber klassischen Konzepten Interkultureller Bildung. Zugleich fordern dezidiert kritische Varianten Interkultureller Bildung (u. a. von Hormel und Scherr 2004) durchaus dazu auf, »Kultur als identitätspolitisch umkämpfte Zone sichtbar und zum Gegenstand von Forschung zu machen, ihre ständige Bearbeitung und Veränderung im Rahmen kultureller Praxis zu berücksichtigen sowie Formate *intersektionaler Überschneidungen* und Auseinandersetzungen mit anderen Differenzmarkierungen – wie

Klasse, Ethnizität, ›Rasse‹, Geschlecht – bei der Betrachtung kultureller Prozesse zentral zu stellen« (Römhild 2018, 19). Ein solches Verständnis einer kritischen interkulturellen Bildung betrachten wir als wichtigen Bestandteil allgemeiner Bildung in der Migrationsgesellschaft.

Wir gehen für unsere Schulentwicklungsüberlegungen davon aus, dass die transnationalen Erfahrungen der Vergangenheit und Optionen der Zukunft eingebettet sein müssen in ein *inklusives Verständnis von Schule*. In der inklusiven Pädagogik ist allgemein die Anpassung der Schule an die individuellen Bedürfnisse der Lernenden Programm (Wocken 2010), auch wenn Inklusion in öffentlichen Debatten und administrativen Umsetzungen im deutschen Kontext oft darauf reduziert wird, Kinder mit besonderen Bedarfen aufgrund von körperlichen, geistigen und seelischen Beeinträchtigungen in Regelschulen zu unterrichten. Inklusive Bildung bezeichnet ein sehr viel weiteres und nicht auf eine bestimmte Zielgruppe ausgerichtetes Verständnis, einen Prozess der Adressierung der diversen Bedarfe *aller* Kinder und Jugendlichen einer Altersgruppe als strukturelle Verankerung und damit *als Verantwortung des Regelsystems der öffentlichen allgemeinbildenden Schulen* (UNESCO 2009, 8).

Ein weiterer normativer Bezugspunkt sind für uns die Debatten um *Globales Lernen/Transformative Bildung*. Dies betrifft insbesondere die Bildungsinhalte, die durch Schule vermittelt werden. Kern der Überlegungen ist, dass eine nationalstaatliche Beschränkung der Inhalte und Methoden von schulisch vermittelter Bildung globale ökologische, wirtschaftliche, politische und kulturelle Zusammenhänge, damit auch das Machtgefälle zwischen dem globalen Norden und dem globalen Süden ausblendet. Gefordert wird aus der Perspektive transformativer Bildung die Vermittlung einer systemisch begründeten, weltbürgerlichen Perspektive, die prägnant in dem Konzept der Bildung für nachhaltige Entwicklung, anknüpfend an die Nachhaltigkeitsziele der Vereinten Nationen (UN-Sustainable Development Goals), formuliert werden. Es geht dabei um die »Wechselwirkung globaler Abhängigkeiten und Verantwortungen« (Overwien 2018, 252) und das Bewusstsein für die persönliche Beteiligung an

Transformationsprozessen der Weltgesellschaft. Im an das Globale Lernen anschließenden Diskurs über transformative Bildung »wird davon ausgegangen, dass ein Nachdenken über und Handeln für Nachhaltigkeit kulturell und biographisch in den Identitäten von Lernenden stark verankert ist und Lernende daher von Methoden profitieren, die sie dazu befähigen, einen selbstorganisierten Prozess der Auseinandersetzung mit Wissen, Werten und Emotionen im Kontext der Nachhaltigkeit aufzunehmen« (Singer-Brodowski 2016, 16). In diesem Sinne wird im folgenden Kapitel über die Funktionen von Schule in der Migrationsgesellschaft nachgedacht.

2 Schulfunktionen im Kontext von transnationaler Mobilität

»Die gefährlichsten Schulwege der Welt« heißt eine Serie von Dokumentationen, in denen Kinder begleitet werden, die lange und gefährliche Wege z. B. über Flüsse, Seen und Berge zurücklegen, um zu einem Gebäude zu gelangen, indem sie mit anderen Kindern unter Anleitung einer Lehrerin oder eines Lehrers lernen. Im Fokus stehen die Gefahren und die Anstrengungen der Kinder, um diese zu überwinden – im Hintergrund ist eine grundlegende Annahme: Schulische Bildung ist diese Anstrengungen wert und erfüllt eine *Funktion* für Kinder und Eltern.[5] Dass es fast überall auf der Welt ein öffentlich organisiertes und zumindest teilweise öffentlich finanziertes Bildungswesen gibt, verweist darauf, dass Schulen nicht nur Funktionen für Schüler*innen und ihre Eltern, sondern auch für Kollektive wie Kommunen oder Nationalstaaten erfüllen. Funktionen können manifeste im Sinne von erwünschten und rechtlich anerkannten Leistungen für andere Systeme betreffen oder latente Leistungen, die aus den Wirkungen hergeleitet werden können.

Zum Nachdenken über die Funktionen von Schule nehmen wir auf das viel zitierte Buch von Fend (2008) Bezug, das ein hilfreiches theoretisches Gerüst liefert. Das Bildungssystem erfüllt nach Fend »aus gesamtgesellschaftlicher Sicht« »vor allem die Funktion der Reproduktion und Innovation von Strukturen von Gesellschaft und Kultur beim biologischen Austausch der Mitglieder« (Fend 2008, 49).

---

[5] Das Kapitel enthält eine überarbeitete und gekürzte Fassung eines Aufsatzes von Vogel (2023a), der ein umfassenderes gemeinsames Arbeitspapier der Autorinnen weiterentwickelt Karakaşoğlu und Vogel (2020).

Teil 1: Grundlagen

Die Zusammensetzung einer Bevölkerung ändert sich aber nicht nur durch Geburten und Todesfälle, sondern auch durch Migration. Eine weitere Verengung: Die gesellschaftlichen Funktionen von Schule werden als Funktionen für eine *nationale* Gesellschaft gedacht, in der ein »inneres Gefühl der Zusammengehörigkeit, des gemeinsamen Schicksals und der gemeinsamen Verpflichtungen« die Grundlage für die Existenzfähigkeit des Staates bilden (Fend 2008, 47).

Im Folgenden präsentieren wir Überlegungen, wie Schulfunktionen unter Berücksichtigung von Migration und Mobilität sowie räumlich umfassender gedacht werden müssen – lokal, regional, national und vor allem auch transnational –, bevor wir abschließend reflektieren, welche Implikationen damit für die Schulentwicklung verbunden sind.

In Tabelle 1 werden gesellschaftliche Schulfunktionen weiter ausdifferenziert und individuelle Funktionen zugeordnet. Außerdem wird jeder Funktion eine normative Orientierung und ein primäres schulisches Handlungsfeld zugeordnet.

Tab. 1: Funktionen des Schulsystems in einem demokratischen Staat (Quelle: Eigene Darstellung, Weiterentwicklung auf der Basis von Fend 2008, 49–54)

Gesellschaftliche Funktion	Individuelle Funktion	Normative Orientierung	Primäre schulische Handlungsbereiche
Sinnsystem-Reproduktionsfunktion: Erhalt und Weiterentwicklung von Sinnsystemen	Kommunikationsfähigkeit, persönliche Autonomie, Selbstwirksamkeit	Verstehen, Verständigung	Unterricht, schulisches Sozialleben
Kohäsionsfunktion: Erzeugung von gesellschaftlichem Zusammenhalt	Zugehörigkeit, Identität	Empathie, Solidarität	Sozial- und kulturwissenschaftliche Unterrichtsfächer, Schulkultur und -profile

2 Schulfunktionen im Kontext von transnationaler Mobilität

Tab. 1: Funktionen des Schulsystems in einem demokratischen Staat (Quelle: Eigene Darstellung, Weiterentwicklung auf der Basis von Fend 2008, 49–54) – Fortsetzung

Gesellschaftliche Funktion	Individuelle Funktion	Normative Orientierung	Primäre schulische Handlungsbereiche
Politische Stabilisierungsfunktion: Akzeptanz von Demokratie und Rechtsstaat	Fähigkeit zur politischen Willensbildung und Partizipation	Konflikt- und Reflexionsfähigkeit, Toleranz, Akzeptanz demokratischer Entscheidungen	Politische Bildung, schulische Mitwirkungsmöglichkeiten
Qualifizierungsfunktion: Voraussetzungen für wirtschaftlichen Wohlstand	Handlungswissen für Berufsorientierung und -einstieg, Beruf und eigenständige Lebensführung	Selbständigkeit, Wohlstand, gutes Leben	Fachunterricht, Vermittlung von Praxisorientierung und -erfahrungen
Legitimierungsfunktion: Rechtfertigung des Zugangs zu Positionen	Erfahrung der Selbstwirksamkeit, Orientierung für die Lebensplanung	Chancengleichheit, Leistungsgerechtigkeit	Feedback, Prüfungen, Benotung, Abschlüsse
Betreuungsfunktion: Freistellung von Erziehungsberechtigten für andere Aufgaben	Schutz	Sicherheit, Wohlstand	Erziehung, Aufsicht, Betreuungsprogramme

2.1 Sinnsystem-Reproduktionsfunktion

Bei der Sinnsystem-Reproduktionsfunktion geht es darum, dass Signale und Symbole verstanden werden – in einer Sprache, in einer Schrift, aber z. B. auch in der Mathematik oder z. b. das Periodensystem in der Chemie oder die Symbolik in Landkarten. Auch im alltagspraktischen Bereich gibt es Sinnsysteme, die gelernt werden können, z. B. Uhrzeiten und Kalender, Fahrpläne oder Verkehrszeichen. Durch das Erlernen von Sinnsystemen werden Kinder und Jugendliche in spezifischen Räumen kommunikations- und handlungsfähig. Sinnsysteme haben einen unterschiedlichen Grad an räumlicher Verbreitung und – bei länderübergreifendem Gebrauch – Transnationalität.

Damit Zugewanderte von Anfang an ihre fachlichen Lernprozesse fortsetzen können, müssen sie an bereits erlernten Sinnsystemen anknüpfen können. Eine Diagnostik des Lernstands, Unterricht in einer bekannten Sprache oder sprachsensibler Fachunterricht unter Nutzung von Ressourcen in bekannten sprachlichen und fachlichen Sinnsystemen sind Ansätze, um dies zu ermöglichen. Z. B. sollten Lehrkräfte auf thematisch übersichtlich beschriebene Online-Ressourcen für ihr Fach in einer Vielzahl von Sprachen zurückgreifen können, damit neue Schüler*innen Fachinhalte auch in einer besser beherrschten Sprache nachlesen können. Einiges gibt es bereits Online[6], wobei niedrigschwellige Beschreibungen, die eine Zuordnung zu Lernstoffen ermöglichen, teils fehlen.

Wenn transnationale Mobilität als Zukunftsperspektive mit bedacht wird, liegt das Erlernen von grenzüberschreitenden Sinnsystemen nahe – z. B. Mathematik, »Weltsprachen« wie Englisch zur vielseitig einsetzbaren Verständigung oder das kompetente Erlernen der Familiensprache(n) als Bildungssprache(n), um im transnationalen Beziehungsraum kommunikationsfähig zu sein.

---

6 Mundo. Die offene Bildungsmediathek der Länder https://mundo.schule/

2.2 Kohäsionsfunktion

Unter der gesellschaftlichen Kohäsionsfunktion wird hier verstanden, dass Kinder und Jugendliche in der Schule lernen, sich als Teil einer größeren Gruppe von ihnen nicht persönlich bekannten Menschen zu fühlen, die bestimmte Verhaltensnormen anerkennen und Wissensbestände teilen und sich bei Bedarf zu unterstützen bereit sind. Die leitende Norm ist die Solidarität. Kohäsion bedeutet auf der individuellen Ebene, dass die einzelnen sich zugehörig fühlen und Zugehörigkeiten in ihre Identität integrieren können. Schulkultur und -profile können beeinflussen, ob sich die Schüler*innen in der Schule und damit auch der Gesellschaft zugehörig fühlen.

Unterrichtsbereiche, die für die Kohäsionsfunktion besonders relevant sind, sind der Unterricht in den sozial- und kulturwissenschaftlichen Fächern. Sie können für lokale Räume wichtige orientierende und identitätsstiftende Aktivitäten beinhalten (z.B. den Stadtteil kennenlernen), sich auf einen Staat (z.B. Unterricht zu deutscher Geschichte), auf einen Sprachraum (englischsprachige Literatur) oder auf einen überstaatlichen Zusammenhang (z.B. Europabildung, globale Bildung) beziehen. Sie können weltweit in bestimmten Gruppen oder Schichten verbreitet sein (z.B. Musikrichtungen oder Religionen) oder auf weltweite Organisationsformen verweisen (z.B. Vereinte Nationen). Schulkulturen und -profile können in unterschiedlichem Maß transnational orientiert und eingebunden sein. Im Projekt TraMiS (▶ Kap. 12) spiegelt sich diese Vielfalt z.B. in der Beteiligung einer Waldorfschule, einer Europäischen Schule und einer Schule mit bi-national und bilingual polnisch-deutschem Zweig. Europa- oder UNESCO-Schulen als Schulprofil fördern explizit eine transnationale Orientierung.

Für eine transnational inklusive Schulkultur sind gemeinschaftsstiftende Rituale und Adressierungen wichtig, die für alle anschlussfähig sind. Bei lokalen, transnationalen und globalen Inhalten liegt es nahe, dass Lehrkräfte mit einem einschließenden Wir kommunizieren (Wir in unserer Stadt; Wir, die diese Musik hören), so dass sich alle Schüler*innen angesprochen fühlen. Das gilt auch z.b. für weltweit relevante Aspekte wie Klimawandel und Bildung für nachhaltige Entwicklung, weil alle Menschen auf der Welt betroffen sind. Wenn es dagegen um Inhalte wie z.b. das Regierungssystem der Bundesrepublik Deutschland geht, muss darauf geachtet werden, dass über eine Wir-Kommunikation keine Ausschlussgefühle erzeugt werden (z.B. ›Wir wählen den deutschen Bundestag‹ schließt Schüler*innen ohne deutsche Staatsangehörigkeit aus).

2.3 Politische Stabilisierungsfunktion

In allen politischen Systemen werden Schulen zur Stabilisierung der geltenden Staatsform eingesetzt – in unterschiedlich ausgestalteten demokratischen wie auch mehr oder weniger offen autoritären Staaten, wobei die Organisationen auf der Weltebene Demokratie, Rechtsstaatlichkeit und nachhaltige Entwicklung als Norm verbreiten. Die UNESCO formuliert Bildungsziele für nachhaltige Entwicklung, die in nationalen Kontexten unterschiedlich aufgenommen und implementiert werden. In Deutschland z.b. wurde ein Orientierungsrahmen für den »Lernbereich Globale Entwicklung« im Rahmen einer Bildung für nachhaltige Entwicklung formuliert, der Bildungsziele auf unterschiedlichen Handlungsebenen formuliert: Individuum, Familie/Kleingruppe, Gemeinde, Region, Nation/Staat, transnationale Einheiten, Welt (KMK und BMZ 2016, 37).

In autoritären Staaten werden Schulen auch zur Stabilisierung der Regierungsform und damit oft der Herrschaft einer Person, Familie oder Gruppe eingesetzt, z.B. durch Führerkult, nationalistische und rassistische Erzählungen sowie den Aufbau von Feindbildern außerhalb des eigenen Landes. Einige Interviewte in unserer Studie haben die Vermittlung von Demokratie als Staats- und Gesellschaftsform gegenüber Schüler*innen, die bislang nur formale Bildung in autoritären Systemen kennengelernt hatten, als eine besondere Herausforderung thematisiert. Andere verwiesen auf ähnliche Problematiken im Umgang mit Schüler*innen aus rechtsnationalen Milieus. Diese Herausforderungen könnten die Lehrkräfte nicht allein in Deutschlernklassen und im Politikunterricht bewältigen. Für die Wahrnehmung der umfassenden Aufgaben von Schule seien Lehrkräfte allein nicht ausreichend, sondern multiprofessionelle und multilinguale Teams notwendig. Dabei geht es um Konflikt- und Reflexionsfähigkeit, Toleranz, Akzeptanz demokratischer Entscheidungen als grundlegende normative Orientierungen eines demokratischen Rechtsstaats wie auch um Einsichten in den allgegenwärtigen gesellschaftlichen Widerspruch zwischen diesen normativen Orientierungen und realen Erfahrungen von sozialer Ungleichheit, Rassismus und vielfältigen Formen von Diskriminierung (z.B. bezogen auf Geschlecht, Beeinträchtigungen körperlicher und geistiger Art, Altersdiskriminierung etc.) zu vermitteln.

2.4 Qualifizierungsfunktion

Bei der Qualifizierungsfunktion geht es um Voraussetzungen für die Partizipation am Sozial- und Erwerbsleben. Bei Fend geht es in nationalstaatlicher Perspektive darum, dass die wirtschaftliche Wettbewerbsfähigkeit eines Landes durch den Aufbau von ›Humankapital‹ (Fend 2008, 52) gefördert werde. Damit wird die Vorstellung einer Akkumulation dieses »Kapitals« durch Schule im Interesse eines bestimmten Nationalstaats nahegelegt. In dieser Logik erfüllt Qualifizierung keine gesellschaftliche Funktion, wenn jemand nach seiner Schulzeit abwandert. In einer weltgesellschaftlichen Perspektive hat allerdings gerade Migration die Funktion, einen Beitrag zum globalen Wohlergehen zu leisten, wenn Menschen über Grenzen dahin gehen, wo sie Arbeit und Sicherheit finden, sich und ihre Familien ernähren können, Gelerntes anwenden können, Selbstwirksamkeit erfahren.

Normative Orientierung ist ökonomische Unabhängigkeit, Wohlstand und ein gutes Leben. Schule kann Interesse wecken, Grundlagenwissen und methodisches Handwerkszeug für spätere spezialisierte Studien oder Ausbildungen vermitteln und Eigenschaften und Haltungen fördern, die für die regulierte Erwerbspraxis nützlich sind – z. B. Zuverlässigkeit, Frustrationstoleranz, Fleiß, Kooperationswillen und Kreativität. Insoweit die Anforderungen im Erwerbsleben sich länderübergreifend ähneln, ist auch hier eine transnationale Reichweite der in Schule erworbenen Fähigkeiten und Kompetenzen anzunehmen.

2.5 Legitimierungsfunktion

Bei der Legitimierungsfunktion geht es um die Rechtfertigung von Zugängen zu Positionen. Die prinzipiell, aber faktisch durchaus nicht immer gegebene Möglichkeit von Aufstieg durch Bildung und Transparenz, welche formale Qualifikationen dazu nötig sind, tragen dazu bei, dass mit unterschiedlicher Macht und Bezahlung verbundene Positionen, die Mitmenschen in der Gesellschaft einnehmen, als legitim erachtet werden. Leitende Normen sind Chancengleichheit und Leistungsgerechtigkeit (Meritokratie).

Um diese Funktion zu erfüllen, wird in der Schule gewertet und zertifiziert. Vor allem Abschlusszeugnisse bieten Akteur*innen in nachgelagerten Bildungsstufen oder auf dem Arbeitsmarkt Möglichkeiten, Auswahlentscheidungen vorzubereiten und zu legitimieren. Für das Individuum bieten Bewertungen eine Orientierung, was er oder sie im Vergleich zu anderen im Lichte institutioneller Kriterien gut oder weniger gut kann (soziale Vergleichsnorm). Menschen erfahren Selbstwirksamkeit, wenn nach eigenen Anstrengungen Verbesserungen in den Ergebnissen sichtbar gemacht werden (individuelle Vergleichsnorm). Abschlüsse geben eine Orientierung, welche Lebenswege für sie systemspezifisch zugänglich sind. Dabei ist zu bedenken – und dies ist im Kontext transnationaler Mobilität besonders relevant –, dass Abschlüsse nur begrenzt, z. b. im Rahmen der Europäischen Union oder bei Europäischen oder internationalen Schulen, länderübergreifend anerkannt sind. In zahlreichen TraMiS-Interviews (▶ Kap. 12) wird thematisiert, dass im Ausland Gelerntes in Deutschland nicht anerkannt wird und dass Regelschulen oft nicht ausreichend darauf eingerichtet sind, auch z. B. im Alter von 15 Jahren Zugewanderten einen Schulabschluss im allgemeinbildenden Regelsystem zu ermöglichen. Von Ausnahmen abgesehen wird ein »klassischer« Schulabschluss als unrealistisch gekennzeichnet, so dass Zukunftschancen damit bereits im Jugendalter durch das System eingeschränkt werden. Wenn aber ein gesellschaftlicher Aufstieg über Bildung für einzelne Gruppen prinzipiell unmöglich erscheint, wird die Legitimationsfunktion von Schule als meritokratischem Versprechen nicht erfüllt.

2.6 Betreuungsfunktion

Während der mit Corona begründeten Schulschließungen wurde besonders deutlich, dass Schulen auch eine Betreuungsfunktion erfüllen. Betreuung als Aufgabe und Funktion von Schulen wird vor allem im Kontext von Ganztagsschulen thematisiert (z. B. Speck 2020a, 1456).

Indem die Schule nicht nur Bildung bietet, sondern auch für die professionelle Betreuung der Schüler*innen sorgt, stellt sie Eltern oder andere Erziehungsberechtigte für andere Aufgaben und insbesondere Erwerbsarbeit frei. Leitende Werte sind einerseits die Sicherheit und das Wohlergehen der Schüler*innen, aber auch Wohlstand, weil die Bereitstellung der Betreuung die ökonomische Betätigung der Erziehenden ermöglichen kann. Für Schüler*innen kann die Schule, wenn sie die Betreuungsfunktion erfüllt, einen

Entwicklungs- und Schutzraum jenseits der Kapazitäten der Eltern bieten. Während im Regelfall die schulische Betreuung die Anstrengungen der Erziehungsberechtigten ergänzt, könnte im Kontext transnationaler Migration – insbesondere bei Jugendlichen ohne Familienanbindung – auch eine weitergehende Betreuung durch Schule etwa in Form eines Internats sinnvoll sein. Die umfassende Betreuung in Internaten war im Rahmen der Spätaussiedler*innenzuwanderung der 1990er Jahre über den Garantiefonds der Bundesregierung ein Weg, in einer migrationsbezogenen Umbruchsituation und bei bereits fortgeschrittener Schullaufbahn in einem neuen System die Chancen auf höherwertige Abschlüsse zu erhöhen. Über diese Maßnahme hinaus jedoch werden Internate im öffentlichen System nicht finanziert und ihr Besuch ist daher stark abhängig von den ökonomischen Möglichkeiten der Familie. Nur in sehr begrenztem Maße bietet sich die Internatsoption sozio-ökonomisch Benachteiligten über Stipendien. Die Idee eines »Weltbürgerinternats«, das an eine Regelschule angeschlossen wäre, wurde in einem Interview mit Schulleitungen im Projekt TraMiS als wünschenswert thematisiert, z. B. wenn ein Umzug einen Schulabschluss gefährden würde, für Austauschschüler*innen oder für unbegleitete Minderjährige.

2.7 Transnationalität als Entwicklungschance

In der Perspektive eines breiten Inklusionsverständnisses müsste sich Schule in erster Linie daran orientieren, welche Funktionen sie für die Schüler*innen auf der individuellen Ebene erfüllt – wie sie an den Voraussetzungen und Ressourcen von Kindern und Jugendlichen anknüpft und ihnen eine bestmögliche Entwicklung ermöglicht. Viele Lehrkräfte haben das verinnerlicht – sie brennen für ›ihre‹ Kinder und engagieren sich dafür, dass diese in der Schule viel mitnehmen, was sie für das weitere Leben brauchen. Engagierte Schulen unterstützen diese Anstrengungen durch Schulentwicklung, die Raum für Individualisierung, Binnendifferenzierung, Kooperationszeiten und kollegialen Austausch bietet. Zugleich sind Schulen explizit oder implizit mit Anforderungen aus der Gesellschaft konfrontiert. Schulen sollen Leistungen für andere Bereiche erbringen und so Funktionen für das gesellschaftliche Zusammenleben auf unterschiedlichen Ebenen erfüllen. Die örtliche Handwerkskammer fordert ein, dass Schulabgänger*innen besser rechnen können sollen; Eltern protestieren, wenn Schulen keine zuverlässige Betreuung gewährleisten können; in Talkshows wird thematisiert, dass Schulen einer sozialen und politischen Spaltung der Gesellschaft entgegenwirken sollen; Gerichte fordern, dass Studienzulassungen auf vergleichbaren Abgangszeugnissen beruhen. Die Lehrpläne für die einzelnen Jahrgänge und die Vorgaben für Prüfungen sind Ausformulierungen der gesellschaftlichen Anforderungen, mit denen Schulen konfrontiert sind und die sie bei der individuellen Förderung ihrer Schüler*innen berücksichtigen müssen. Dies alles wird an Schulen herangetragen, die unter Bedingungen von regional durchaus unterschiedlich spürbaren gesellschaftlichen Umbrüchen u.a. mit akutem Lehrer*innenmangel und dem Mangel an weiterem Personal sowie unzureichenden räumlichen und sächlichen Ausstattungen zu kämpfen haben.

Auch wenn die Anforderungen an Schule heute eher national als lokal oder transnational formuliert sind, lassen sich dennoch Möglichkeitsräume eröffnen, die es immer wieder auszuloten gilt, damit die Schule ihren Schüler*innen individuell bestmöglich gerecht werden kann. Dabei wurde hier angeregt, die nationale Ebene nicht als einzig sinnvolle Bezugsebene zu betrachten, sondern über transnationale Anschlussmöglichkeiten auf unterschiedlichen Ebenen nachzudenken. Ausformulierungen von gesellschaftlichen Anforderungen sind nicht in Stein gemeißelt, auch wenn gerade die Veränderung z.B. von Schulstrukturen, des Fächerspektrums und fachbezogener Curricula in einem föderalen Staat eine zähe Angelegenheit ist.

2.8 Bearbeitungsmöglichkeiten

Der Text kann in der Aus- und Weiterbildung von Lehrkräften genutzt werden, um Funktionen für einzelne Schüler*innen und die Gesellschaft bewusst zu machen und sich dazu als Kollegium bzw. einzelne Lehrperson in ein reflektiertes Verhältnis zu setzen – etwa mit Fragen wie: Was kann und will ich in dem so strukturierten System leisten, was bräuchten wir für Rahmenbedingungen an unserer Schule, um dies umzusetzen? Wo definieren wir die Aufgabe und Rolle unserer Schule anders?

Vorschlag zur Vorgehensweise:

Angelehnt an die Schritte einer *Zukunftswerkstatt* schlagen wir folgendes Vorgehen vor.
Es werden sechs Gruppen gebildet. Jede Gruppe erhält die Tabelle 1 und den Textabschnitt zu je einer Funktion. Die Gruppen halten ihre Arbeitsergebnisse z. B. mit einem Online-Tool oder einer Moderationswand fest, so dass die weiteren Teilnehmenden später z. B. bei einem Gallery Walk Einsicht in ihre Ideen und Vorschläge erhalten und eigene Ideen ergänzen können.

Aufgabe für Gruppen:

1. Lesen Sie den Text zu einer Schulfunktion. Bereiten Sie sich darauf vor, die Schulfunktion im Plenum zu erläutern.
2. Sammeln Sie in Ihrer Gruppe Beispiele, wie Sie die Relevanz dieser Schulfunktion in ihrem konkreten schulischen Kontext wahrnehmen. Notieren Sie Fragen und aus Ihrer Sicht kritische Aspekte.
3. Überlegen Sie für ihren Schulkontext, in welcher Weise sie in der Schulorganisation wie auch im konkreten Unterricht die im Text skizzierten Ideen für eine Transnationalität berücksichtigende Funktion von Schule so aufgreifen könnten, dass sie der individuellen Stärkung von Schüler*innen dienen. Überlegen Sie dabei,

inwiefern sie damit sowohl Schüler*innen mit eher lokalen als auch solche mit vielfältigen transnationalen biographischen Bezügen einbeziehen.
4. Jede Gruppe stellt in einem 3-Minuten Pitch ihren Output vor. Anschließend können sich alle Teilnehmenden selbst damit vertraut machen.

In einer Abschlussrunde werden die Ideen, die für die jeweilige Schulfunktion entwickelt wurden, diskutiert, ggf. Priorisierungen anhand von Relevanz und Realisierbarkeit vorgenommen und konkrete Handlungsschritte für den eigenen Schulkontext festgehalten.

3 Ein Rückblick auf Migrationsgeschichte und transnational relevante Beschlüsse der Kultusministerkonferenz

3.1 Migrationen prägen die Bevölkerung Deutschlands

Schulen gehören zu den ersten öffentlichen Institutionen, die unmittelbar von Migration betroffen sind. Schulen haben in der Migrationsgesellschaft eine hervorgehobene Aufgabe, denn jedes Kind hat von dem Tag an, an dem es in Deutschland eingereist ist, ein Recht auf Schule, auch wenn dieser Rechtsanspruch administrativ oft nur mit Verzögerung realisiert wird. Kinder müssen in Schulen aufgenommen werden, unabhängig davon, ob sie Deutsch sprechen oder nicht und ob der Staat ihr Aufenthaltsrecht anerkennt oder nicht (Funck, Karakaşoğlu und Vogel 2015). Auf der anderen Seite sind Schulen die Orte, an denen registriert wird, wenn Kinder und Jugendliche fehlen, weil sie geplant ausreisen, abgeschoben werden oder nach einem Ferienaufenthalt nicht zurückkehren.

Ein Blick auf Wanderungsstatistiken zeigt, dass die Geschichte der Bundesrepublik Deutschland immer schon durch Wanderungen in beide Richtungen gekennzeichnet ist (► Abb. 2). Insgesamt wurden im Zeitraum von 1950 bis 2016 48,8 Millionen Zuzüge aus dem Ausland und 35,5 Millionen Fortzüge ins Ausland registriert. Über den Zeitraum von 1991 bis 2015 kamen auf zehn Zuzüge von Minderjährigen etwa fünf Fortzüge (Vogel und Dittmer 2019, 20). Mit anderen Worten: Es gab immer Bewegungen nach Deutschland hinein und hinaus, aber per Saldo sind mehr geblieben als gegangen, so dass Deutschland zum Einwanderungsland geworden ist. Das war politisch nicht immer anerkannt. Migrationswissenschaftler*innen wie Klaus J. Bade haben gegen die »politische Erkenntnisverweigerung« gekämpft, die »die dauerhafte, auf Einwanderung gerichtete Integration« erschwerte und ebenso »bei der »Gastarbeiterbevölkerung« der 1950er und 1960er eine »lange aufrecht erhaltene Rückkehrillusion« förderte (Bade 2017, 27). Damit verbunden war die Vorstellung, dass Migration eine vorübergehende und vom Staat nach Eigeninteressen beliebig steuerbare Bewegung sei.

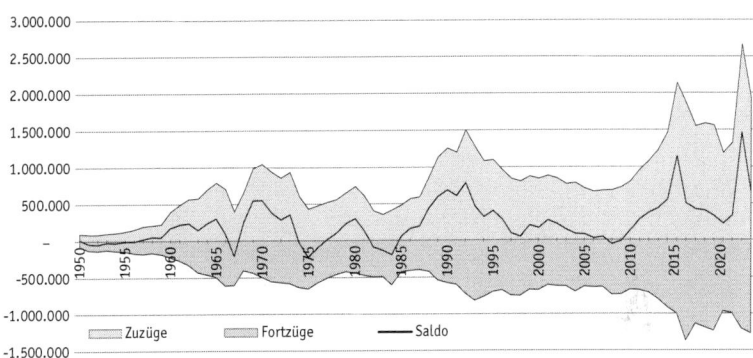

Abb. 2: Zuzüge und Fortzüge zwischen der Bundesrepublik Deutschland und dem Ausland[7]

---

7 Bis 1990 Früheres Bundesgebiet, 1950 bis 1957 ohne Saarland. Die Fortzüge der Jahre 2008 bis 2011 sind nur bedingt mit den Vorjahren vergleichbar, weil sie auch Registerbereinigungen in Folge der Einführung einer Steueridentifikationsnummer enthalten. Die melderechtliche Erfassung von Schutzsuchenden in den Jahren 2015 und 2016 enthält Ungenauigkeiten. Ein Teil der 2015 Eingereisten wurde erst 2016 erfasst. Quelle: Statistisches Bundesamt (destatis.de) Fachserie 1, Reihe 1.2 Wanderungen, Tabelle 1 Gesamtwanderungen im Überblick, ab 2015 eigene Recherche auf der Seite Genesis Online des Statistischen Bundesamtes

Tatsächlich war die damalige Arbeitsmigration nicht zuletzt durch das anfänglich favorisierte Modell des »Rotationsprinzips« durch hohe Fluktuation gekennzeichnet, wobei die Re- und Zirkulärmigration im Sinne eines mehrfachen Wechsel des Wohn- und Arbeitsortes zwischen Ländern tendenziell unterschätzt wurde und nach wie vor wird (Bock 2017, 64 ff.). »Abwanderung in ihren verschiedenen Formen« – resümiert Petra Götte in einem Aufsatz über Migration und Familie – »wird vergleichsweise wenig thematisiert« (Götte 2018, 5). Die Graphik zeigt auf, wie sehr Migrationen in beide Richtungen die gesellschaftliche Entwicklung der Bundesrepublik Deutschland beeinflusst haben.

Wie viele Menschen im Ausland leben, die irgendwann einmal in Deutschland gelebt haben, ist nicht bekannt. Wir wissen auch nichts über Charakteristika der Abgewanderten. Wie sich der Einfluss der Zuwanderung in der Bevölkerung Deutschlands widerspiegelt, wird statistisch erfasst. Im Zeitablauf hat sich dabei verändert, wie die Merkmale Staatsangehörigkeit, Geburtsland und Staatsangehörigkeit bzw. Geburtsland der Eltern berücksichtigt werden. Nachdem in den Anfängen der Bundesrepublik nur das Merkmal der ausländischen Staatsangehörigkeit erfasst wurde, war ab 2005 die Unterscheidung mit und ohne Migrationshintergrund die zentrale Kategorie, wobei ein mit ausländischer Staatsangehörigkeit geborenes Elternteil als ausreichend zur statistischen Zuweisung eines Migrationshintergrundes galt. Nach umfangreichen Debatten zum Beispiel im Rat für Migration e.V. (Will 2022) wurde 2023 eingeführt, dass das Staatsangehörigkeits- und das Wanderungskriterium nicht mehr verknüpft werden. Die Staatsangehörigkeit als rechtliche Bindung an einen Staat wird weiterhin abgefragt, aber im Bezug auf Migration wird nur noch nach der eigenen Migration und der Migration der Eltern über Staatsgrenzen gefragt, um eine »Einwanderungsgeschichte« zu konstatieren. Ob sich Befragte einer ›ethnischen‹ Identität zuordnen, die in anderen Ländern auf unterschiedliche Weise gerahmt und abgefragt wird (Supik 2017), ist in Deutschland nicht Gegenstand der öffentlichen Statistik.

Nach dem 2023 eingeführten Kriterium wird in der Gesamtbevölkerung 72 Prozent keine Einwanderungsgeschichte zugeordnet. Bei unter 18jährigen werden 62 Prozent als Personen ohne Einwanderungsgeschichte, 26 Prozent als Personen mit Einwanderungsgeschichte und 12 Prozent als mit »einseitiger« Einwanderungsgeschichte erfasst (Abb. 3).

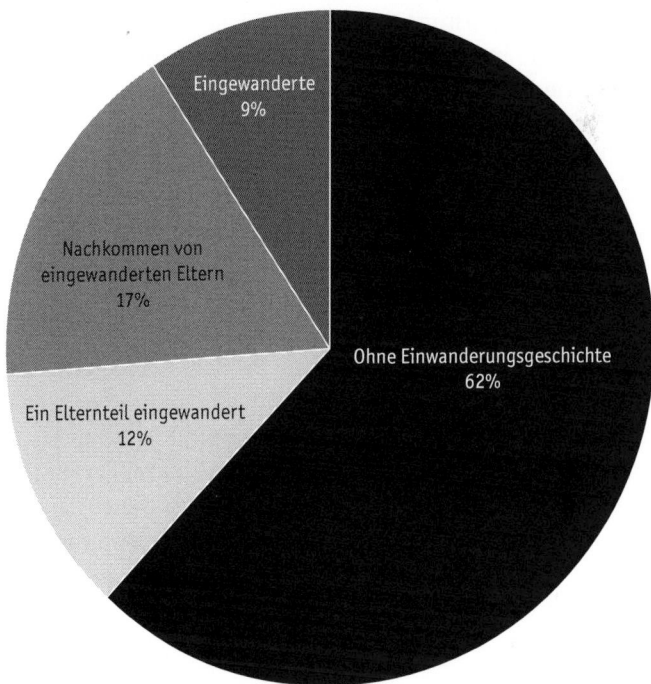

Abb. 3: Minderjährige nach Einwanderungsgeschichte (Quelle: eigene Graphik, basierend auf Statistisches Bundesamt 2023)

Schon diese Anteile machen deutlich, wie stark Schulen heute durch Migration geprägt sind. Transnationale Bezüge weisen noch mehr Schüler*innen auf, denn diese können auch z. B. durch kontinuierliche digitale Kontakte, befristete Auslandsaufenthalte oder Migration der Großeltern entstanden sein bzw. aufrecht erhalten werden.

3.2 Ein Rückblick in Phasen

Im Folgenden skizzieren wir, in grobe Zeitphasen eingeteilt, zentrale Aspekte der Migrationsgeschichte der Bundesrepublik Deutschland seit den 1950er-Jahren[8]. Zur Rahmung von Phasen, die keinesfalls trennscharf bestimmt werden können, und als erste Orientierung werden prägnante historische Ereignisse als symbolische Markierungen gewählt, in deren Umfeld sich migrationspolitische Maßnahmen sowie Umfang und Zusammensetzung der Migration substantiell verändert haben. Für jede Phase wird gefragt, welche schulpolitischen Rahmenbedingungen dominierten.

Im föderalistischen System der Bundesrepublik Deutschland werden schulische Angelegenheiten über Landesrecht geregelt, was 16 teilweise unterschiedliche Bildungssysteme zur Folge hat. Das zieht nach sich, dass in Bezug auf migrationsbezogene bildungspolitische Entscheidungen durchaus unterschiedliche und oft kurzfristige Maßnahmen zur Anwendung kamen. Deshalb lässt sich auf Basis begrenzter Informationen nicht angemessen beschreiben, wie Schulen in Deutschland mit grenzüberschreitender Migration *tatsächlich* umgegangen sind. Wenn wir hier pragmatisch Bezug auf KMK-Empfehlungen nehmen, die den Minimalkonsens der Bundesländer zum Umgang mit (Neu-)Zuwanderung bzw. migrationsbedingter Mehrsprachigkeit abbilden, ist uns bewusst, dass die Realitäten in den einzelnen Bundesländern z.T. erheblich anders aussahen als empfohlen.

---

8 Es handelt sich bei diesem Kapitel um eine überarbeitete und gekürzte Fassung von Karakaşoğlu, Linnemann und Vogel (2019), basierend auf der Analyse einschlägiger KMK-Beschlüsse und Empfehlungen und Überblicksliteratur zur Entwicklung Interkultureller Pädagogik/Migrationspädagogik sowie Vogel und Dittmer (2019), basierend vor allem auf einschlägigen Überblicksdarstellungen Bade (1994); Bade und Oltmer (2007); Heckmann (2015); Hoerder (2010); Meier-Braun (2002); Meinhardt und Schulz-Kaempf (2015).

3 Ein Rückblick auf Migrationsgeschichte

In der DDR waren die Wanderungsbewegungen vergleichsweise gering und betrafen nur selten Schulen, so dass wir diesbezüglich nur einen kurzen Gesamtüberblick geben (siehe Kasten).

Migrationspolitik der DDR

Bis zum Mauerbau 1961 wanderten etwa 2,7 Millionen DDR-Bürger*innen in die Bundesrepublik Deutschland aus (Bade und Oltmer 2007, 159). Migrationsbeziehungen der DDR bezogen sich vor allem auf die anderen kommunistischen Staaten im ehemaligen Ostblock und waren vom Umfang her gering und streng reguliert. Truppen der Sowjetunion waren im Land auf Zeit stationiert. Arbeitskräfte aus verbündeten kommunistischen Ländern, die als Entwicklungsländer eingestuft wurden, vor allem aus Vietnam und Mosambik, wurden befristet angeworben und separiert untergebracht (Vertragsarbeitnehmer*innen). Die rekrutierten Arbeitskräfte mussten im Sinne eines Rotationsprinzips das Land nach vier bis fünf Jahren wieder verlassen. Auch Studierende wurden befristet an Hochschulen aufgenommen. Familienzuwanderung oder Familiennachzug war nicht vorgesehen. Zudem wurde eine geringe Anzahl von Migrant*innen aufgrund ihrer kommunistischen Orientierung als politisch Verfolgte aufgenommen (Koch 2016, 100). Neben Chilen*innen, die aufgrund der Pinochet-Diktatur ausreisten und flüchteten, wurden in der DDR u.a. etwas mehr als 1 000 griechische Kinder und Jugendliche aufgenommen, die auf diese Weise dem Bürgerkrieg entfliehen konnten. Nach dem Fall der Mauer blieb ein Teil der etwa 93 000 ausländischen Vertragsarbeiter*innen, vor allem Vietnames*innen, im vereinten Deutschland (Hoerder 2010, 110 f.).

Ein kritischer Rückblick auf die Empfehlungen zur Beschulung in unterschiedlichen Migrationsphasen kann helfen, Kontinuitäten und Veränderungen zu erkennen und daraus Hinweise auf Schulentwicklungsmöglichkeiten zu gewinnen.

1949–1961 Von der Gründung der deutschen Staaten bis zum Mauerbau: Gesonderte Schulen und unterschiedliche Regelungen für deutsche und ausländische Kinder

Mit der Gründung der beiden deutschen Staaten nach dem Zweiten Weltkrieg dominierten Wanderungen von Menschen, die die deutsche Staatsangehörigkeit hatten oder aufgrund ihrer durch Abstammungsnachweise bestätigten »Volkszugehörigkeit« ohne weiteres erhalten konnten. Deutsche aus Osteuropa ließen sich dauerhaft nieder; andere wanderten in amerikanische Staaten aus. Außerdem siedelten vor allem DDR-Bürger*innen in die Bundesrepublik über, bis diese Wanderung durch den Mauerbau 1961 unterbunden wurde. Auch ehemalige Zwangsarbeiter*innen und Menschen aus Konzentrationslagern, die als Displaced Persons auf ihre Ausreise warteten, hielten sich zu dieser Zeit noch in Deutschland auf, während erstmals in der jungen Geschichte der Bundesrepublik in zunächst geringem Umfang Arbeitsmigrant*innen angeworben wurden (Anwerbeabkommen mit Italien 1955).

Für Kinder deutscher »Volkszugehörigkeit« aus den sozialistischen Staaten, die erst nach längerer Zeit im Ausland als »Spätheimkehrer« nach Deutschland kamen, wurden z. T. gesonderte Schulen eingerichtet. Sie konnten dort Deutsch lernen und einen Schulabschluss anstreben (J. Schroeder 2012, 205–207). Ein Beschluss der KMK von 1950 sah die Einrichtung von besonderen Klassen in Heimen für Kinder vor, »die die deutsche Sprache nicht beherrschten und deren Schulbildung erhebliche Mängel aufwies« (Puskeppeleit und Krüger-Potratz 1999b, 171). 1957 wurden Leitsätze verfasst, nach denen für unter zwölfjährige Kinder offene Maßnahmen am Wohnort der Eltern und für Ältere Internatsförderklassen als zweckmäßig empfohlen wurden. Bildungspolitische Beschlüsse und Maßnahmen zur Eingliederung der ausgesiedelten Kinder und Jugendlichen waren insgesamt dadurch gekennzeichnet, dass diese eine »reibungslose Fortsetzung ihrer Schul- resp. Bildungskarriere« ermöglichen sollten. Ihre Zugehörigkeit zu Deutschland wurde betont, indem z. B. in Bezug auf Deutschlernklassen nicht von Deutsch als Fremdsprache, sondern von Deutsch als »Zielsprache« die Rede war (Puskeppeleit und Krüger-Potratz 1999b, 170).

Die Perspektive auf und für Kinder nicht-deutscher Staatsangehörigkeit war gänzlich anders. Ihre Bildung wurde nicht als Verantwortung Deutschlands gesehen. Sie betraf zunächst nach dem Zweiten Weltkrieg in Flüchtlingslagern verbliebene Kinder und Jugendliche, die z.T. in Lagerschulen in geringem Umfang in ihrer Sprache unterrichtet wurden (Krüger-Potratz 2015, 111). 1952 empfahl die KMK erstmals, die »Schulpflicht der Ausländer« zumindest auf die dauerhaft in Deutschland lebenden ausländischen Kinder auszudehnen (Krüger-Potratz 2015: 112).

Nach einem KMK-Beschluss (1950; 1961 neu gefasst) war bei kleinen Zahlen ausländischer Schüler*innen eine Einschulung in Regelschulen und bei größeren Zahlen die »Errichtung von Schulen für fremde Volksgruppen« vorgesehen. Diese Schulen hatten eine andere Unterrichtssprache als Deutsch. Deutsch war als Fach vorgesehen und sollte auch in anderen Fächern verwendet werden (KMK 1950). Ausländische Lehrkräfte sollten in den Fächern Geschichte und Geographie den Unterricht auf die Herkunftsländer ausrichten (Krüger-Potratz 2015, 111). Neben öffentlichen Schulen gab es auch Privatschulen nach ausländischem Curriculum, deren Anerkennungsvoraussetzungen 1957 geklärt wurden (Krüger-Potratz 2015, 112).

1961–1973 Vom Mauerbau bis zur Ölkrise – rechtliche Gleichstellung mit Verzögerungen und Einführung von Vorbereitungsklassen zum Deutschlernen

Nach dem Bau der Mauer und Ausreisebeschränkungen der sozialistischen osteuropäischen Staaten kam nur noch eine kleine Zahl von Deutschen aus der DDR und Osteuropa, deren Einwanderung auch angesichts der politischen Lage als unumkehrbar betrachtet wurde. Die Zielrichtung der Bildungspolitik für Zuwandernde deutscher

Staatsangehörigkeit blieb im Wesentlichen unverändert (s.a. KMK 1971a).

Seit 1955 und verstärkt ab 1961 wurden im Zuge der wirtschaftlichen Entwicklung West-Deutschlands aktiv Arbeitskräfte überwiegend aus dem Mittelmeerraum für zeitlich befristete Beschäftigungen angeworben (Italien, Türkei, Jugoslawien, Griechenland, Spanien, Portugal, Marokko, Tunesien). Die Mehrheit derjenigen, die damals »Gastarbeiter« genannt wurden, kehrte tatsächlich nach einigen Jahren zurück, doch eine Minderheit verlängerte den Aufenthalt. Die Zuwanderung von Ehegatten und minderjährigen Kindern begann. Die Anwerbung endete, als mit abrupt steigenden Ölpreisen eine Rezession mit steigender Arbeitslosigkeit einsetzte und seitens der Bundesregierung ein offizieller Anwerbestopp erklärt wurde.

Die Kinder von Arbeitsmigrant*innen wurden in dieser Phase weder eindeutig noch überall als schulpflichtig angesehen. Darauf verweist die KMK Empfehlung »Unterricht für Kinder von Ausländern«, wonach drei Bundesländern ohne Schulpflicht die Einführung und allen Bundesländern die Durchsetzung der Schulpflicht empfohlen wurde (KMK 1964). Auch Anfang der 1970er-Jahre war die Beschulung ausländischer Kinder noch nicht selbstverständlich. Ein Hinweis auf eine geringe Bildungsbeteiligung und auf ein gestiegenes Bewusstsein für die Problematik liefert der Bericht über eine Aktion in Nordrhein-Westfalen, bei der in kurzer Zeit 10 000 schulpflichtige Kinder ausfindig gemacht wurden, die bis dahin nicht zur Schule gegangen waren (GEW [1972] zit. n. Röhr-Sendlmeier [1986]).

Erst zum Ende dieser Phase wurde mit den KMK-Empfehlungen »Unterricht für Kinder ausländischer Arbeitnehmer« von 1971 eindeutig die politische Verantwortung für die formale Bildung der in Deutschland lebenden Kinder mit ausländischer Staatsangehörigkeit anerkannt. Dieses KMK-Dokument wird als »Meilenstein in der Geschichte der Beschulung ausländischer Kinder« gesehen, weil es erstmals in allen Fragen zu einer formalen Gleichstellung mit Kindern deutscher Staatsangehörigkeit kam (Puskeppeleit und Krüger-Potratz 1999a, 13). Die Empfehlung enthält auch den Hinweis, dass der Schulpflicht in deutschen Schulen nachzukommen sei und dass die Rechtsgrundlage für die Errichtung nationaler Schulen als Ersatzschulen im Bereich der Grund- und Hauptschule entfalle. Nach wie vor konnten die Bundesländer Schulen im Verantwortungsbereich von Konsulaten zulassen (Puskeppeleit und Krüger-Potratz 1999a, 17), so z. B. für das in Bayern in den 1960er Jahren entstandene griechische Schulsystem von der Grundschule bis zum Lyzeum (Grigoropolou 2012, 20).

Die Grundzüge des noch heute empfohlenen Aufnahmemodells für Zugezogene ohne deutsche Sprachkenntnisse wurden in der Empfehlung von 1964 bereits skizziert und in der Empfehlung von 1971 näher ausformuliert (KMK 1971b). Ausländische Schulanfänger*innen sollten von Anfang an in eine reguläre erste Klasse eingeschult werden. Ältere Schüler*innen ohne ausreichende Deutschkenntnisse sollten in der Regel ein Jahr lang »Vorbereitungsklassen« besuchen und zusätzlich in »Musik, Kunst, Werken, Textilgestaltung, Hauswirtschaft und Sport gemeinsam mit deutschen Schülern unterrichtet werden«. Nach dem Übergang sollte neben dem Regelunterricht für eine begrenzte Zeit zusätzlich Förderunterricht im Deutschen gegeben werden. Kinder, die dem Unterricht ohne erhebliche Sprachschwierigkeiten folgen konnten, sollten alters- und leistungsgerecht in Klassen aufgenommen werden. Hinzu kam die Möglichkeit des »muttersprachlichen Ergänzungsunterrichts«, der durch Lehrkräfte aus den Entsendeländern erteilt werden sollte – in staatlicher Verantwortung oder in Verantwortung von Konsulaten. Außerdem wurde vorgesehen, dass dieser Unterricht an die Stelle des obligatorischen Unterrichts einer Fremdsprache treten kann.

Der obligatorische Fremdsprachenunterricht wurde in dieser Phase ausgeweitet und dessen hohe Bedeutung für Schulabschlüsse in bindenden Abkommen 1964 festgeschrieben. Englisch wurde in der Regel zur ersten Fremdsprache und ab 1969 auch an Hauptschulen zum Pflichtfach (De Cillia und Klippel 2016, 625). Die erste von heute drei Europäischen Schulen wurde 1962 in Karlsruhe errichtet, um den Kindern von Beschäftigten der Europäischen Union mehrsprachiges Lernen in drei Sprachen einschließlich der jeweiligen Herkunftssprache und europaweit anerkannte Abschlüsse zu ermöglichen und so eine temporäre Beschäftigung von EU-Beschäftigten mit Anschlussfähigkeit in allen Ländern der EU zu fördern (Hornberg 2010, 109).

1973–1989 Von der Ölkrise bis zum Mauerfall: Rückkehr zur Rückkehrorientierung und Verantwortungsabweisung

Mit Beginn der Ölkrise wurde die Anwerbung neuer Arbeitskräfte regierungsseitig gestoppt und arbeitslose Arbeitsmigrant*innen zur Rückkehr gedrängt. Beschäftigte konnten bleiben und richteten sich auf längere Aufenthalte ein. Der Familiennachzug zu allein eingereisten Vätern oder Müttern und zu Ehepartner*innen wurden z.T. rechtlich erstritten und als Zuwanderungsgrund wichtiger. Die Zahl der ausländischen Schüler*innen vervierfachte sich von rund 159.000 im Jahr 1970 auf 638.000 im Jahr 1980 und stieg bis zum Ende der Periode weiter auf 760.000 an (Puskeppeleit und Krüger-Potratz 1999a, 8). Für die Herkunftsländer Griechenland, Spanien und Portugal verbesserten sich die Migrations- und Bleibemöglichkeiten in den 1980er Jahren durch die Aufnahme in die Europäische Gemeinschaft. Für die übrigen ehemaligen Anwerbeländer sollte ein Rückkehrförderungsgesetz 1983/84 verbunden mit finanziellen Anreizen (Rückkehrprämien) die Zahl der aus diesen Ländern stammenden Ausländer*innen senken. Nachdem dies nur geringe Effekte zeigte, wurde ein neues Ausländergesetz u.a. mit mehr Rechtssicherheit und besseren Einbürgerungsmöglichkeiten für die Verbleibenden erarbeitet und zugleich die Regelungen für Neuzuwanderung erschwert. Credo der ausländerpolitischen Maßnahmen dieser Zeit war, dass die Zahl der Ausländer*innen in Deutschland begrenzt werden müsse.

Mit dem weiteren Anstieg der Zahl ausländischer Kinder gewann das Thema an Bedeutung und führte 1976 und 1979 zur Überarbeitung der KMK-Empfehlungen zum Unterricht für Kinder ausländischer Arbeitnehmer*innen. Die Regelungen, so die KMK (1976), sollten einen Beitrag »zur sozialen Eingliederung für die Dauer des Aufenthaltes in der Bundesrepublik Deutschland« leisten (KMK 1976).

3 Ein Rückblick auf Migrationsgeschichte

Während die 1971er Beschlüsse die rasche Integration in Regelklassen empfahlen, wurden zusätzlich weitere Möglichkeiten als wünschenswert aufgenommen, die auf eine häufigere und längere Trennung von ausländischen und deutschen Kindern im Rahmen schulischer Bildung hinwirkten (Langenfeld 2001, 37).

Die schon 1971 vermittelte, nicht evidenzbasierte Zielvorgabe, dass der Anteil nicht-deutschsprachiger ausländischer Kinder 20 Prozent in der Klasse nicht überschreiten sollte, wurde aufgenommen und nun mit konkreten Maßnahmen unterlegt: Es konnten gesonderte Ausländerklassen nach deutschem Lehrplan oder auch nationalhomogene Klassen mit Deutsch als Fach und Unterricht nach ausländischem Lehrplan gebildet werden. Der Unterricht in Vorbereitungsklassen konnte auf zwei Jahre ausgedehnt werden. Auch Rahmenbedingungen für die Aufnahme in Sonderschulen wurden aufgenommen.

Solche Regelungen wurden seitens zivilgesellschaftlicher Akteur*innen und Wissenschaftler*innen als Teil einer ausländerpolitischen Doppelstrategie kritisiert. Während Maßnahmen zum Deutscherwerb auf eher niedrigem Niveau zur vorläufigen Eingliederung eingerichtet wurden, sollte über die Förderung der Herkunftssprache der Erhalt der Rückkehrfähigkeit gesichert werden (Puskeppeleit und Krüger-Potratz 1999a, 20). Aus der Perspektive von transnationaler Mobilität ist eine Berücksichtigung von Bildungsinhalten und -sprachen aus Herkunftskontexten, die auf Anschlussfähigkeit in anderen Ländern abzielt, grundsätzlich zu begrüßen, allerdings unter der Prämisse, dass diese sich orientiert an einer qualifizierten Schulbildung mit bestmöglichen Abschlüssen. Die sich an der Doppelstrategie dieser Phase entzündende Kritik bezieht sich darauf, dass Einwanderung nicht anerkannt und die Verantwortung, allen in Deutschland lebenden Kindern und Jugendlichen unabhängig von ihrer Bleibeperspektive eine qualifizierte Bildung zu ermöglichen, zurückgewiesen wurde. Gesonderte Klassen waren – anders als bei Aussiedler*innen (Krüger-Potratz 2015, 111) oder bei Europäischen Schulen – nicht darauf ausgerichtet, einen qualitativ hochwertigen Unterricht für Zugewanderte anzubieten, der ihnen das Erreichen aller Schulabschlüsse einschließlich Abitur in Deutschland ermöglichte, sondern dienten – worauf die 20% Quote verweist – allein dem Versuch, den Leistungsstand der Regelklassen nicht durch die Anwesenheit von ausländischen Schüler*innen mit Unterstützungsbedarf in der deutschen Sprache zu beeinträchtigen.

In den 1980er Jahren wurde zunehmend davon ausgegangen, dass die verbliebenen Schüler*innen ausländischer Staatsangehörigkeit in Deutschland bleiben. Nationalhomogene Klassen wurden z.T. abgeschafft oder liefen aus. Als Zielsetzung des muttersprachlichen Unterrichts wurde z.B. in Nordrhein-Westfalen nicht mehr die Vorbereitung auf die Rückkehr, sondern der Erhalt der Kommunikationsfähigkeit in der Familie genannt (Puskeppeleit und Krüger-Potratz 1999a, 89). Zugleich verweisen erste Empfehlungen zum Thema Europa im Unterricht und zur »Dritten Welt« 1988 auf eine wünschenswerte transnationale Orientierung für alle Schüler*innen.

1989–2003 Vom Mauerfall bis zur EU-Osterweiterung: Deutschlernen und gemeinsames Leben in kultureller Vielfalt

Der Fall der Mauer zwischen der DDR und der Bundesrepublik 1989 steht symbolisch für den Zusammenbruch der sozialistischen Ordnung in Osteuropa und der damit verbundenen Lockerung von Ausreisebeschränkungen. Der Mauerfall hatte aber auch große praktische Bedeutung für das deutsche Grenzkontrollregime: Die Ostgrenzen konnten plötzlich ohne großen Aufwand überwunden werden, so dass die Zahl der Zuwandernden mit Anspruch auf Unterbringung und Unterstützung sich ab Ende der 1980er Jahre vervielfachte. Zuerst wurde die Zuwanderung von Deutschen durch die Wiedervereinigung 1990 und eine informelle Quote für Aussiedler*innen begrenzt und 1993 durch das Kriegsfolgenbereinigungsgesetz zu einer auslaufenden Regelung umgestaltet.

Nach der raschen Begrenzung der Zuwanderung Deutscher konzentrierte sich die politische Diskussion auf die weiterhin steigende

Zuwanderung von Asylsuchenden, die in oft provisorischen Sammelunterkünften untergebracht wurden. Aufgeheizt durch eine von alarmistischen Endzeitszenarien (»Die Grenze der Belastbarkeit ist erreicht«) für die deutsche Gesellschaft und rassifizierenden Zuschreibungen gegenüber Migrant*innen geprägte öffentliche Debatte wurden Sammelunterkünfte für Asylsuchende und ehemalige Vertragsarbeitnehmer*innen der DDR, aber auch Wohnhäuser von Familien mit Herkunft aus der Türkei wiederholt zum Ziel rassistischer Anschläge.

Mit der Einschränkung des Asylrechts 1993 und einem Ausbau der Grenzkontrollen an der neuen Ostgrenze zu Polen gingen die Zuwanderungszahlen deutlich zurück. Der größere Teil der Bürgerkriegsflüchtlinge aus dem zerfallenden Jugoslawien, die zunächst oft bei Verwandten untergekommen waren, musste nach Abschluss des Krieges in die Folgestaaten zurückkehren. Einhergehend mit der Akzeptanz der bis dahin politisch geleugneten Tatsache, dass sich Deutschland zu einem Einwanderungsland entwickelt hat, einigte sich die neue rot-grüne Regierungskoalition schließlich im Jahr 2000 darauf, das Staatsangehörigkeitsrecht, das bislang auf einem Abstammungsprinzip basierte, so zu ändern, dass in Deutschland geborene Kinder von ausländischen Staatsangehörigen mit sicherem Aufenthaltsstatus automatisch die deutsche Staatsangehörigkeit erhalten.

In Folge des Mauerfalls kamen Kinder ohne deutsche Sprachkenntnisse mit und ohne Anrecht auf die deutsche Staatsangehörigkeit in steigender Zahl. Die Unterschiede in der schulseitigen Aufnahme deutscher und ausländischer Kinder wurden weitgehend aufgehoben. In Nordrhein-Westfalen, dem diesbezüglich am Besten untersuchten Bundesland, machte ein Erlass schon im Januar 1990 möglich, dass gemeinsame Vorbereitungsklassen für deutsche und ausländische Kinder eingerichtet wurden – was Massumi (2019, 81) als »gleichberechtigte Aussonderung« interpretiert.

Zugleich wurde mit der Gründung der Europäischen Union die Bedeutung der Europabildung hervorgehoben. Anfang der 1990er Jahre legten mehrere Bundesländer Programme auf, nach denen

Teil 1: Grundlagen

Schulen den Titel ›Europaschulen‹ tragen durften, wenn sie bestimmte Voraussetzungen wie die Behandlung europäischer Themen im Unterricht, Unterricht in europäischen Fremdsprachen und Austauschprogramme nachwiesen (Hornberg 2010, 95). Mobilität und transnationale Beziehungen zwischen den Mitgliedsländern der Europäischen Union wurden auch in der Bildung zunehmend positiv begleitet.

Die erstmalig 1996 von der KMK veröffentlichte Empfehlung »Interkulturelle Bildung in der Schule« ging davon aus, dass viele der zugezogenen Migrant*innen auf Dauer bleiben würden. Konkrete schulorganisatorische Maßnahmen zur Aufnahme von neu zugewanderten Kindern wurden allerdings in dem Papier nicht erwähnt. Eine mangelnde Vorbereitung auf den Zuzug von Menschen unterschiedlicher Herkunft wurde als Problem der Vergangenheit angesprochen, während das Kernthema war, dass alle Kinder und Jugendlichen in einem sprachlich und kulturell pluralen Deutschland »interkulturelle Bildung« bzw. »interkulturelle Kompetenz« erwerben sollten – verstanden als Bewusstheit über die eigene kulturell geprägte Sozialisation, Kenntnisse der Diversität der Kulturen und Offenheit für andere kulturelle Prägungen. Konfliktsituationen, die »aus der von beiden Seiten empfundenen Andersartigkeit und Fremdheit entstehen können«, sollten durch Sachklärungen, die Fähigkeit zum Perspektivwechsel und Empathie bearbeitet werden (KMK 1996, 3,1). Neben diesem starken Fokus auf »Interkulturalität« als gegenseitiges Verständnis förderlichem Ansatz wurde zugleich unter dem Eindruck der zunehmenden rassistischen Übergriffe gegenüber Migrant*innen seit Beginn der 1990er auch das Ziel Antirassistischer Bildung explizit aufgenommen. Zur Umsetzung wurden Anregungen für unterschiedliche Fächer gegeben. Bemerkenswert ist, dass in diesem Dokument die Kompetenzentwicklung in der »Muttersprache« in einen Zusammenhang mit einer positiven Identitätsbildung gestellt wird. Der Unterricht sollte mit dem Regelunterricht durch ein »Höchstmaß an Kooperation« verzahnt werden sowie auch nicht muttersprachliche Schüler*innen aufnehmen (KMK 1996, 3.3).

In den Empfehlungen wird deutlich, dass hier nicht mehr nur für Zugewanderte, sondern für alle Schüler*innen ein Leben denkbar erschien, das außerhalb des nationalen Rahmens geführt werden kann. Der Beschluss griff damit pädagogische Konzepte der Erziehung für Europa und der Eine-Welt-Pädagogik auf und verband sie mit der Interkulturellen und Antirassistischen Bildung. Außerdem tauchte der Begriff »Mobilität« hier im Kontext zukünftiger Wanderungen auf.

2003–2013 Von der EU-Osterweiterung bis zur Flucht über die Balkanroute: Internationalität für alle und defizitorientierte Zielgruppenförderung für Kinder mit Migrationshintergrund

Die EU-Osterweiterung u.a. um die Nachbarländer Polen und Tschechien (2004) und um Rumänien und Bulgarien (2007) eröffnete neue Migrationsmöglichkeiten, die vor allem im Bereich hoch qualifizierter und gering qualifizierter Beschäftigungsverhältnisse zur Arbeitsmigration genutzt wurden. Das Aufenthaltsgesetz von 2005 führte auch für Nicht-EU-Bürger*innen erweiterte Möglichkeiten zur dauerhaften Arbeitsmigration ein. In dieser Phase gab es umfangreiche Migrationsbewegungen in beide Richtungen, die aber zunächst nur zu geringer und dann wachsender Nettozuwanderung führten, mit zunehmenden Anteilen Geflüchteter.

Empfehlungen zur Europabildung in der Schule wurden weiterentwickelt (KMK 2008) und im Rahmen eines mehrjährigen Projekts ein Orientierungsrahmen für den Lernbereich Globale Entwicklung erarbeitet, der den Fokus auf die Nachhaltigkeitsziele der Vereinten Nationen für das Zusammenleben in einer Welt legt (Appelt und Siege 2008; Schreiber und Siege 2016).

Globalisierung und europäische Integration werden auch als Themen aufgegriffen, wenn es um die Stärkung des Fremdsprachenunterrichts geht, da junge Menschen befähigt werden sollen, »kompetent mit den Anforderungen sprachlicher und kultureller Vielfalt umzugehen und sich auf Mobilität im Zusammenhang mit persönlicher Lebensgestaltung, Weiterbildung und Beruf einzustellen« (KMK 2013c). Fremdsprachenunterricht im Englischen wurde ab 2004 schon in der 3. Grundschulklasse zur Pflicht (Klippel 2007). Das Fremdsprachenlernen als das Erlernen einer fremden Sprache in der Schule soll, so heißt es dort, zwar auch »an Sprachlernerfahrungen und Kenntnisse von Schülerinnen und Schülern in nicht-deutschen Erstsprachen« anknüpfen (KMK 2013c, 4), sieht aber darüber hinaus migrationsbedingt relevante Sprachen selten als Fächer vor und berücksichtigt die Situation von Schüler*innen mit familiären Vorkenntnissen in den Fremdsprachen nicht systematisch (Vogel 2023b). Auch bilingualer Unterricht wird nicht als Möglichkeit für mehrsprachig aufwachsende Kinder, sondern als besseres Fremdsprachenlernen deutschsprachiger Kinder durch Anwendung von Fremdsprachen im Fachunterricht thematisiert (KMK 2013a).

Nach einer Phase relativ niedriger Zu- und Abwanderung fokussierten die KMK-Empfehlungen nach der Jahrtausendwende nicht mehr auf die Aufnahme neu Zugewanderter oder kulturelle Vielfalt, sondern auf in Deutschland aufgewachsene Schüler*innen, die in ihrer Familie nicht die Unterrichtssprache Deutsch sprechen. In Reaktion auf das schlechte Abschneiden Deutschlands in der international vergleichenden PISA-Studie kehrte die KMK im 2002 veröffentlichten und 2006 überarbeiteten Bericht mit dem Titel ›Zuwanderung‹ zur defizitorientierten Zielgruppenförderung zurück. Der Bericht greift zwar den PISA-Hinweis einer hohen sozialen Selektivität und Nicht-Berücksichtigung unterschiedlicher migrationsbedingter Lernvoraussetzungen im Schulsystem auf, zieht daraus aber lediglich die kompensationspädagogische Schlussfolgerung, dass Schüler*innen »mit Migrationshintergrund« vor allem im Deutschen mehr gefördert werden sollen (Gomolla 2023, 69).

In dieser Phase wurde auch die KMK-Empfehlung zur Interkulturellen Bildung überarbeitet. Der Abbau struktureller Diskriminierung wurde als besondere Herausforderung erkannt, der eine konsequente interkulturelle Öffnung der Institution Schule erfordere (Krüger-Potratz 2015: 121). Darauf aufbauend wurden vier Grundsätze für die schulische Praxis formuliert (KMK 2013b). Schule sollte erstens

Vielfalt als Normalität begreifen und darin Potentiale für alle erkennen, zweitens interkulturellen Kompetenzerwerb als Kern selbstreflexiver Bildungsprozesse in differenzsensibler und diskriminierungskritischer Perspektive anbahnen, drittens die Aneignung von Deutsch als Bildungssprache ermöglichen und viertens eine Bildungs- und Erziehungspartnerschaft mit den Eltern pflegen. Die Berücksichtigung interkultureller Kompetenz in der Aus- und Weiterbildung im Lehramt wird als wichtige Unterstützung für die erfolgreiche Implementierung dieser Grundsätze gefordert. Das Fehlen explizit rassismuskritischer Ansätze für die Lehrer*innenbildung in diesem Dokument wurde in der Folge scharf kritisiert (Fereidooni und Massumi 2015).

2014–2022 Von Flucht über die Balkanroute bis zum Ukrainekrieg: zwei Perspektiven auf mitgebrachte Sprach- und Fachkenntnisse

Das folgende Jahrzehnt ist durch zwei große Fluchtbewegungen geprägt, die durch Kriege in den relativ nahegelegenen Ländern Syrien und Ukraine ausgelöst wurden. Im Jahr 2014 hatte sich die Situation der syrischen Flüchtlinge in den Flüchtlingslagern des Erstaufnahmelandes Türkei drastisch verschlechtert, so dass sich ein Treck Geflüchteter aus der Türkei über Griechenland und die westlichen Balkanstaaten in Richtung Deutschland und Schweden in Bewegung setzte, u.a. weil dort die Aussicht auf Schutz und Perspektiven statt einer jahrelangen Unterbringung in menschenrechtlich fragwürdigen, provisorischen Lagern bestand (Oltmer 2016, 130 ff). Während einerseits Behörden, Hilfsorganisationen und Zivilgesellschaft mit großem Engagement Unterbringung und Unterstützung der Angekommenen organisierten, arbeitete die Regierung an der Grenzschließung, u. a. durch ein Abkommen mit der Türkei, der schnellen Ablehnung von Asylsuchenden aus den westlichen Balkanländern sowie der Reduzierung von Familiennachzugsmöglichkeiten für syrische Geflüchtete (Hess u.a. 2017).

In einem Bericht und einer Erklärung der KMK (2016) zur »Integration von jungen Geflüchteten durch Bildung« wird das Recht auf Bildung als verbindlich für schulisches Handeln hervorgehoben. Bericht und Erklärung stehen ganz im Zeichen der Deutschförderung als zentraler Aufgabe, weil »gelingende Integration der Kinder und Jugendlichen wesentlich davon abhängt, wie schnell und gut sie die deutsche Sprache erlernen und wie schnell sie in die Regelangebote unseres Bildungssystems aufgenommen werden können« (KMK 2016, 1). Damit werde der »Grundstein für gesellschaftliche Teilhabe auf der Grundlage des Grundgesetzes und der demokratischen Werteordnung« gelegt und eine spätere Einmündung in den Arbeitsmarkt ermöglicht (KMK 2016, 3). Für diese Geflüchteten wurde darüber hinaus, das ist dem Fokus auf »schnelle Eingliederung in das System« zu entnehmen, offenbar angenommen, dass sie auf Dauer in Deutschland bleiben und ausschließlich Kompetenzen für eine Zukunft in Deutschland erwerben müssten, obwohl staatlicherseits oft kein längerfristiges Aufenthaltsrecht vorgesehen war. Ein Verweis auf die Wertschätzung und Wahrnehmung mitgebrachter Bildungsressourcen und auf die Gestaltung sinnvoller inhaltlicher Anschlüsse in der Vermittlung von Fachwissen – eine pädagogisch naheliegende Grundlage für weiteren Bildungserwerb – erfolgte für diese Geflüchtetengruppen nicht.

Seit dem russischen Angriffskrieg auf die Ukraine am 26. Februar 2022 fliehen erneut Menschen – vor allem Frauen und Minderjährige – in großer Zahl zunächst ins benachbarte Polen und zu aufnahmebereiten Familienmitgliedern und Bekannten auch in Deutschland. Die EU setzte für diese Gruppe die Massenzustromsrichtlinie in Kraft, so dass Geflüchtete relativ unbürokratisch Zugang zu einem temporären Bleiberecht, zum Arbeitsmarkt und zu Sozialleistungen erhielten. Die in der Corona-Zeit aufgebauten Möglichkeiten des Online-Unterrichts in der Ukraine wurden nun auch von diesen Geflüchteten genutzt, um unterbrochene Bildungswege in Deutschland fortzusetzen. Zum Teil kehrten Geflüchtete nach kurzer Zeit zurück. Andere nahmen zunehmend öffentliche Unterbringungs- und Unterstützungsmöglichkeiten in Anspruch.

Im März 2022 formulierte die Ständige Wissenschaftliche Kommission der KMK mit Blick auf ukrainische Schüler*innen bildungspolitische Empfehlungen, nach denen die hohen Bildungsstandards des weitgehend digitalisierten ukrainischen Bildungssystems zu achten und ukrainische Schüler*innen nicht nur auf den für neu-zugewanderte Schüler*innen vorgesehenen Pfad der primär Deutsch vermittelnden Vorbereitungsklassen zu verweisen sind. Die Kommission greift die transnationalen Bildungsbiographien der Schüler*innen mit einer offenen Zukunftsperspektive (Deutschland, Ukraine oder anderswo) produktiv auf (Karakaşoğlu 2024). Angesprochen wird nicht nur eine Doppelorientierung in der Vermittlung von schulischer Bildung, sondern auch der Erhalt und die Ermöglichung qualitativ hochwertiger Bildung(sabschlüsse) aus dem Herkunftskontext in Ukrainisch durch ukrainische Lehrkräfte (SWK 2022). Im darauf aufbauenden Beschluss der KMK »Beschulung der schutzsuchenden Kinder und Jugendlichen aus der Ukraine im Schuljahr 2022/2023« vom Juni 2022 heißt es:

»Wo die Möglichkeit besteht, soll der Unterricht auf freiwilliger Basis auch Angebote in ukrainischer Sprache beinhalten.« Und »Eine Einbindung ukrainischer Online-Materialien kann im Regelunterricht ergänzend und flankierend erfolgen. Schutzsuchende Schülerinnen und Schüler können auf privater Basis zusätzlich Online-Lernangebote ihres Heimatlandes wahrnehmen und so gegebenenfalls auch nationale Abschlüsse anstreben.« (KMK 2022).

3.3 Zentrale Aspekte

Nachdem die Entwicklung der Migration und grundlegender Beschlüsse der Kultusministerkonferenz mit Bezug zu Migrationsbewegungen in chronologischer Reihenfolge skizziert wurden, weisen wir hier zusammenfassend auf die Entwicklung und Bedeutung zentraler Aspekte hin.

Teil 1: Grundlagen

Recht auf Schule und Schulpflicht. Wenn in Empfehlungen der 1950er- und 1960er-Jahre die allgemeine Schulpflicht für ausländische Kinder überhaupt erst empfohlen wird, zeigt dies, dass die Bildung aller in der Bundesrepublik lebenden Kinder – ohne Ansehen ihrer nationalen Herkunft – keineswegs selbstverständlich als Verantwortung des Aufnahmestaates Deutschland gesehen wurde. Dass restlos alle Schüler*innen unabhängig vom Aufenthaltsstatus und damit auch papierlose Kinder ein Recht auf Schule haben, wurde erst 2011 klargestellt (Funck, Karakaşoğlu und Vogel 2015) und seitdem auch bei Geflüchteten mit unterschiedlichen Status immer wieder als Ziel betont, aber in Zeiten ansteigender Aufnahmen nicht flächendeckend umgesetzt.

Herkunftssprachen als Unterrichtssprache und Fach. In der Anfangsphase der Bundesrepublik fand Unterricht in anderen Sprachen als Deutsch als Notbehelf in sog. Lagerschulen statt. In der Zeit der Arbeitsmigration wurde er als Vorbereitung auf eine Rückkehr ergänzend zugelassen, aber nicht flächendeckend erbracht – in eigenständigen Schulen außerhalb des deutschen Systems oder als zusätzliche Fächer innerhalb des deutschen Systems mit Unterstützung der Herkunftsländer oder in staatlicher Verantwortung. Solcher Ersatz- oder Zusatzunterricht hatte auch die Funktion, dass im deutschen System kaum erreichbare Studienberechtigungen erworben werden konnten. Dagegen wurden mit den nationalhomogenen Ausländerklassen der 1970er Jahre weder im Deutschland noch im Herkunftsland gehobene Anschlussmöglichkeiten geboten. Mit einer Fokussierung auf das Leben in Deutschland seit den 1980ern bot das öffentliche System nur noch punktuell die Möglichkeit, die Herkunftssprache als Zusatzfach außerhalb des Regelunterrichts zu entwickeln. Mit der Aufnahme ukrainischer Geflüchteter wurde erstmals wieder in größerem Umfang auch Fachunterricht in einer anderen Sprache als Deutsch für Zugewanderte zugelassen sowie neue Möglichkeiten zu Online-Unterricht im ukrainischen System nicht nur geduldet, sondern auch eröffnet.

Sprachfächer. Seit den 1960er-Jahren ist das Erlernen von Englisch als Lingua Franca Pflicht für alle Schüler*innen, womit

3 Ein Rückblick auf Migrationsgeschichte

Sprachkenntnisse gefördert werden, die eine Kommunikation nicht nur mit Menschen aus englischsprachigen Ländern ermöglichen, sondern auch mit Menschen aus vielen anderen Ländern, in denen Englisch ebenfalls als Fremdsprache gelernt wird. Konzepte für den Fremdsprachenunterricht wie auch für bilingualen Unterricht sind auf die Erweiterung der Kompetenzen einsprachig deutsch Aufwachsender ausgerichtet. Für zugewanderte Aussiedler*innen wurden Herkunftssprachen zwar nicht gefördert, aber vorhandene Kenntnisse gleichwertig mit Fremdsprachen anerkannt, was für ausländische Zugewanderte schwieriger war und ist. Migrationsbedingt relevante Sprachen, die auch den Alltag in Deutschland aufgewachsener Kinder und Jugendlichen begleiten, werden selten als Fremdsprachen angeboten. Entsprechende Vorkenntnisse werden in der Regel im Fremdsprachenunterricht nicht systematisch berücksichtigt.

Aufnahmemodelle und Deutschförderung. Bereits in den 1960er Jahren wurde als anzustrebendes Aufnahmemodell für ausländische Kinder ohne Deutschkenntnisse das Erlernen des Deutschen in Vorbereitungsklassen sowie gemeinsamer Unterricht mit Deutschen in sogenannten ›spracharmen‹ Fächern für die Einstiegsphase vorgesehen. Nach dem Übergang in die Regelklasse sollte es zusätzliche Unterstützung im Deutschen geben. Während in der Praxis eine Vielzahl von Modellen mit eher ausgrenzendem Charakter realisiert wurde und wird (Massumi und Dewitz 2015), blieb die Fokussierung auf Deutsch als einziger Sprache der Vermittlung schulrelevanter Bildungsinhalte bis in die Gegenwart stabil (für Alternativen ▶ Kap. 9 zu Aufnahmemodellen): Durchgängig werden gute Kenntnisse des Deutschen als zentrale Voraussetzung für fachliches Lernen betrachtet. Binnendifferenzierende, ressourcenorientierte Lernmethoden, individuelle Unterstützung und digitale Hilfsmittel werden kaum beachtet.

Interkulturalität und Rassismuskritik. Spätestens mit der 1996 veröffentlichten Empfehlung zur Interkulturellen Bildung werden zugezogene Schüler*innen als dauerhaft Bleibende adressiert. Der offene Umgang mit sozio-kulturellen Unterschieden wird für das

Zusammenleben in einer durch Migration geprägten Gesellschaft als zentral für alle gesetzt. Nachdem in der PISA-Studie erstmals zu Anfang der 2000er-Jahre die Auswertung und Darstellung der Daten nach Kindern mit und ohne »Migrationshintergrund« unterschied, und bei denen »mit Migrationshintergrund« im Durchschnitt schlechtere Testergebnisse ermittelt wurden, wurde dies verstärkt thematisiert und zu einer defizitorientierten Zielgruppenfokussierung zurückgekehrt. Die damit verbundene Fokussierung auf vermeintliche Gruppenmerkmale wie eine vom Mainstream abweichende »Kultur« und fehlende bildungssprachliche Deutschkenntnisse wird aus rassismuskritischer Perspektive als Sprachversteck für Rassismus identifiziert. Diese Kritik hat jedoch bisher kaum Eingang in offizielle Empfehlungen gefunden.

Transnationale Mobilität. Mobilität als Begriff taucht in Empfehlungen zum Fremdsprachenlernen, zum Globalen Lernen und zu Europa auf. Es scheint, als ob von in Deutschland sozialisierten Kindern zunehmend eine Offenheit gegenüber Vernetzung *mit* und Mobilität *in* der Welt erwartet wird. Dokumentiert ist diese Haltung in der Förderung ihrer Bereitschaft, sich sprachlich (weitgehend ausgerichtet auf einige sogenannte »Weltsprachen«) und kulturell auf grenzüberschreitende Mobilität vorzubereiten, während zugleich von (neu-)zugewanderten Kindern eine Fokussierung auf ein Lernen für ein Leben in Deutschland erwartet wird. Weil das Leben in Deutschland zugleich – rein aufenthaltsrechtlich – nicht für alle vorgesehen ist, zeigen sich hier deutliche Widersprüche. Sie manifestieren sich ebenfalls in einer weitgehenden Ausblendung der Relevanz von Wissensbeständen und Qualifikationen, die Schüler*innen aus anderen Bildungskontexten mitgebracht haben, deren Vorliegen jedoch kaum wahrgenommen wird. Mindestens aus pädagogisch-professioneller, inklusionsorientierter Perspektive wären allerdings individuelle Anschlüsse im hiesigen Bildungskontext über die weitergehende Anerkennung und Einbeziehung dieser Bildungsressourcen herzustellen.

3.4 Bearbeitungsmöglichkeiten

Das Kapitel kann in der Aus- und Weiterbildung von Lehrkräften genutzt werden, um in die Migrationsgeschichte einzuführen und für Kontinuitäten sowie Neuerungen in darauf reagierenden bildungspolitischen Entscheidungen zu sensibilisieren.

Abbildung 1 (▶ Abb. 1) kann genutzt werden, um Teilnehmenden einen individuellen Zugang zur Migrationsgeschichte zu erleichtern und über Wahrnehmungen im Vergleich zur Statistik zu reflektieren, z. B. als Vorbereitungsaufgabe zum Text oder für die Anwendung der Think-Pair-Share-Methode (1. Phase: individuelle Beschäftigung mit einer Aufgabe, 2. Phase: Weiterarbeit in Zweier- oder Kleingruppen, 3. Phase: Vorstellung und Diskussion im Plenum) in einem Seminar.

Aufgabe:

Schauen Sie sich Abbildung 1 genau an. Tragen Sie in die Graphik ein, wann Sie selbst geboren sind, wann ein Elternteil geboren ist und wann die älteste Person geboren ist, die sie kennen.

- Welchen Teil der Migrationsgeschichte haben Sie persönlich miterlebt? Welche Rolle spielten dabei eigene Erfahrungen und Darstellungen in den Medien?
- Welchen Teil der Migrationsgeschichte haben die älteren Personen aus Ihrem Umfeld miterlebt? Wie könnte das Ihre Sichtweisen geprägt haben?
- Gibt es etwas, was Sie an den statistischen Wanderungsverläufen erstaunt oder irritiert? Woran könnte das liegen?

Aufgabe:

Nachdem der Rückblick in Phasen mit Kernaspekten als Input aufbereitet und vorgetragen wurde, werden die Teilnehmenden in 6 Kleingruppen aufgeteilt, die jeweils zu einem der unter 3.3

(▶ Kap. 3.3) fett gedruckten Stichworte arbeiten. Dazu erhalten sie den vollständigen Text zu 3.2 (▶ Kap. 3.2) und ein Plakat (z.B. als Flipchart oder digitales Whiteboard).

Die Mitglieder der Kleingruppe diskutieren nach individueller Lektüre des Textes, was die wesentlichen Erkenntnisse zu dem jeweiligen Stichwort sind, und halten dies auf dem Medium der Wahl fest.

Anschließend stellen die Gruppen ihre Ergebnisse vor. Diskutieren Sie im Plenum z.B. folgende Fragen: Inwiefern stimmen die Teilnehmenden mit den Kurztexten aus dem Buch überein? Wo wurden andere Aspekte genannt? Welche Aspekte sehen Sie kritisch? Inwiefern gibt es in den einzelnen »Phasen« Maßnahmen, die sie aktuell kennen (aus dem Schulalltag, dem Praktikum, eigener Schulzeit...)? Was hat sich im Zeitverlauf in der Perspektive auf zugewanderte Schüler*innen und in Deutschland aufgewachsene Schüler*innen mit familiärem Migrationsbezug geändert? Was ist gleich geblieben?

Teil 2: Impulse zu ausgewählten Aspekten

In diesem Teil werden zunächst in Kapitel 4 (▶ Kap. 4) die sechs in Vignetten verdichteten Fallbeispiele aus dem Projekt TraMiS zu transnationaler Mobilität (▶ Kap. 12) vorgestellt – sechs kurze Geschichten, die in 12 Schulen von Schulleitungsmitgliedern, Lehrkräften, Eltern und Schüler*innen diskutiert wurden. Diese haben ihre Erfahrungen eingebracht und Wünsche und Ideen entwickelt, was sich verändern sollte.

Dabei sind Entwicklungsbedarfe für Schule und Bildungspolitik deutlich geworden, aber auch Entwicklungsmöglichkeiten – insbesondere, weil einige Schulen realisiert haben, was sich andere wünschen, aber auch, weil unsere internationalen Beispiele den Blick für erweiterte Möglichkeiten geöffnet haben.

Zu einigen zentralen Veränderungsperspektiven werden hier Comics oder Handouts als Reflexionsmaterialien vorgestellt und die Hintergründe in Kurztexten pointiert erläutert. Die Kapitel schließen mit Bearbeitungshinweisen, wie das Thema in Schulentwicklung, Lehre oder auch bildungspolitischen Workshops bearbeitet werden kann.

4 Sechs Vignetten zu transnationaler Mobilität und wie sie diskutiert wurden

In diesem Kapitel werden Fallvignetten als zentrales Instrument zur Anregung von Diskussionen über Handlungsmöglichkeiten vorgestellt. Wir führen zunächst in die einzelnen Vignetten ein und zeigen dann anschließend exemplarisch Auswertungsergebnisse auf. Damit hat das Kapitel zugleich die Funktion einer kurzen methodischen Einführung in das Projekt TraMiS (▶ Kap. 12).

4.1 Die Arbeit mit Fallvignetten

Vignetten sind konzentrierte Situationsbeschreibungen in wissenschaftlichen Kontexten. Wir stellen hier sechs Vignetten vor, die wir zur Anregung der Auseinandersetzung mit Transnationalitätserfahrungen von Schüler*innen entwickelt haben. Sie sind angeregt durch reale Fälle, von denen wir in akademischen Studien, in Lehr-Forschungsseminaren an der Universität Bremen und Gesprächen mit Kolleg*innen und Eltern erfahren haben. Um sie mit Lehrkräften, Eltern und Schüler*innen in unterschiedlichen Schulformen diskutieren zu können, sollten sie anschaulich sein, zugleich aber auf wesentliche Aspekte reduziert werden. Mit der notwendigen Abstraktion und Reduktion wurden sie zu realistischen, aber hypothetischen Szenarien (Kandemir und Budd 2018, 49). Sie sind so formuliert, dass sie Handlungsanforderungen an schulische Akteur*innen implizieren und so auch in der Fort- und Weiterbildung z.B. von Lehrkräften Reflexionsprozesse anregen können (Kiel, Kahlert und Haag 2014). Die Betonung liegt auf *Anregungen* zur Reflexion, denn es geht explizit nicht darum, Rezeptwissen oder konkrete Handlungsanweisungen aus den Vignetten abzuleiten. Für die Illustration der Vignetten wurden mit der Zeichnerin Arinda Crăciun gemeinsam Konzepte entwickelt, die sie künstlerisch umgesetzt hat. Dabei galt es eine Balance zu finden. Einerseits sollte die Illustration die Vorstellung einer konkreten Person erleichtern und durch zeichnerische Andeutungen Assoziationen als legitim erscheinen lassen. Andererseits waren damit die auch für Comics charakteristischen Überzeichnungen und Pointierungen verbunden, die bestehende Stereotype über Personengruppen und Lebenssituationen nicht reproduzieren und auf diejenigen, die sich mit den Situationen oder Personen identifizieren (könnten), nicht verletzend wirken sollten. Dies zu vermeiden, halfen uns Studierende und Kolleg*innen unterschiedlicher Positionierungen in der Migrationsgesellschaft, die in den Entwicklungsprozess einbezogen wurden und deren kritische Rückmeldungen wir für die Überarbeitung genutzt haben.

In der Studie wurde jeweils nach Erfahrungen, realistischen Handlungsmöglichkeiten und idealen Lösungen der an Schule Beteiligten gefragt. In einem Schulleitungsworkshop wurden dazu zunächst drei Gruppeninterviews zu den sechs Vignetten geführt, aufgenommen und transkribiert. Die transkribierten Gruppendiskussionen wurden inhaltsanalytisch ausgewertet, um das Fallverständnis, Handlungsoptionen und -barrieren, die in den Vignettenfällen sichtbar geworden sind, zu identifizieren.

Bei Schulbesuchen wurden anschließend Interviews mit Lehrkräften und Eltern geführt und protokolliert, um auf zusätzliche Perspektiven jenseits derjenigen, die bereits von den Schulleitungen thematisiert worden waren, aufmerksam zu werden. Außerdem führten die Schulen unterschiedliche Schüler*innenprojekte zu den Vignetten durch. Dabei hatten die Schulen weitgehende Freiheiten, um das Thema der Transnationalität mit Lernzielen der Klassen zu verbinden. In einzelnen Schulen wurden mehrstündige Projekte durchgeführt. Dazu wurden Protokolle angefertigt.

> **Beispiele für Projekte von Klassen oder Kursen**
> So konnten z. B. in einer Schule Schüler*innen eines Vorkurses ihre Deutschkompetenzen erproben und Selbstwirksamkeit erfahren, indem sie eigenständig Rollenspiele zu den Vignetten entwickelten und uns beim Schulbesuch vorführten. Andere nutzten die Arbeit mit den Vignetten, um mittels Posterpräsentationen zu einzelnen ›Fällen‹ ihre Vortragskompetenzen auszubauen, oder übten mit Bezug auf die in den Vignetten dargestellten Situationen für die mündliche Prüfung des Schulabschlusses, indem sie vor einer Gruppe eigenständig Fragen beantworteten. In einer Schule setzten sich Schüler*innen schriftlich und künstlerisch mit den Vignetten auseinander und fassten die Ergebnisse in einer selbst gestalteten Broschüre zusammen. In einzelnen Schulen fand eine von uns geleitete Schulstunde mit Gruppenarbeit zu ausgewählten Vignetten statt. Mit den Projekten wurden nicht nur Schüler*innenperspektiven für die Auswertung zugänglich gemacht, sondern zugleich auch in den Partnerschulen für das Thema auf der Ebene des Kollegiums sensibilisiert.

In der Zusammenführung der Ergebnisse wurden zu allen Vignetten Auswertungsberichte erstellt und in einem Team-Workshop diskutiert. Auf der Basis der Auswertungen hat das Team anschließend für jeden Vignettenfall zunächst zwei Szenarien entwickelt: Das *Real-Szenario* beschreibt, wie Schulen heute in der Regel mit dem entsprechenden Fall umgehen (können). Kontrastierend wurde ein *Ziel-Szenario* entworfen, in dem die Bildungsbedarfe der Jugendlichen besser berücksichtigt sind, um diese als Entwicklungsperspektive mit den schulischen Partnern zu diskutieren. Dabei wurden unterschiedliche Rahmenbedingungen der Schulen einbezogen. Das wiederum war die Basis für die Entwicklung von Impulsen zu einzelnen Querschnittsthemen (▶ Kap. 5 bis 9), zu denen wiederum Bilder oder

Comics in Kooperation mit der Zeichnerin Arinda Crăciun entwickelt wurden.

4.2 Die Auswahl der Beispiele für die Vignetten

Die Zusammenstellung der Szenarien umfasst höchst unterschiedliche Situationen, die gemeinsam haben, dass ein befristeter oder dauerhafter Aufenthalt im Ausland eine realistische Option für die in den Vignetten dargestellten Kinder und Jugendlichen ist – darunter ist die Geflüchtete ohne Bleiberecht ebenso wie der mit seinen als Fachkräfte berufsbedingt migrierenden Eltern Einreisende und eine an einem Auslandsaufenthalt interessierte Jugendliche ohne Beziehungen in ein anderes Land.

Wir erheben mit diesen sechs Vignetten keinen Anspruch, alle prinzipiell möglichen und empirisch vorfindbaren Situationen im Kontext transnationaler Mobilität von Schüler*innen wiederzugeben, haben aber versucht, unterschiedliche Arten von Auslandsaufenthalten zu berücksichtigen, die in den explorativen Vorgesprächen thematisiert wurden. Die Unterschiedlichkeit der Impulse sollte dazu führen, über Handlungsmöglichkeiten auf unterschiedlichen Ebenen nachzudenken – für einzelne Lehrkräfte, für die Schulentwicklung und für die Bildungspolitik.

Dabei sind Irritationen durch die Zusammenstellung der Vignetten beabsichtigt, denn üblicherweise werden ein Auslandsjahr von in Deutschland aufgewachsenen Jugendlichen und die Beschulung der Kinder mobiler Fachkräfte nicht im selben Kontext diskutiert wie der Schulzugang geflüchteter Jugendlicher. Uns ist selbstverständlich bewusst, dass die Situationen mit sehr unterschiedlichen Privilegien und Möglichkeitsräumen für die real Betroffenen verbunden sind. Die Idee dahinter ist, dass die Gegenüberstellung dazu anregt, Normali-

tätserwartungen und Routinen zu hinterfragen. Das kann dazu führen, dass manche Regeln und Routinen als diskriminierende Ungleichbehandlung erkannt und neue Möglichkeiten zu einem inklusiven Umgang überlegt werden.
Wir stellen im Folgenden die sechs Vignetten vor, erläutern einige Überlegungen zu ihrer Formulierung und fassen knapp zusammen, welche Real- und Idealszenarien dazu entwickelt wurden, wobei wir exemplarisch aufzeigen, auf welcher Art von Material diese beruhen.

4.3 Erste Auslandserfahrungen in der Schulzeit gewinnen (Vignette Lisa)

In der Familie von Lisa (14) hat noch nie jemand im Ausland gewohnt. Lisa möchte gern Auslandserfahrungen sammeln. Sie hat von einem Schüler gehört, der ein Jahr lang eine High-School in den USA besucht hat. Sie möchte wissen, welche Möglichkeiten sie selbst hat, eine längere Zeit im Ausland zu lernen. Sie fragt sich, welche Vor- und Nachteile damit für ihre Bildungslaufbahn verbunden sind.

Mit der Vignette »Lisa« wollten wir in Gesprächen generell erfahren, welche Handlungspraktiken in Schulen in Bezug auf Auslandsaufenthalte und Schüleraustausche etabliert wurden. Wir wollten wissen, inwieweit eine Person wie Lisa mit ihrem Wunsch unterstützt und bei der Entscheidung beraten wird, auch in Hinsicht auf die Folgen für ihre weitere Bildungskarriere, und die Frage stellen, ob nach Ansicht der unterschiedlichen an Schule beteiligten Akteur*innen ein Schuljahr wiederholt werden muss.

(Potentielle) Bildungserfahrungen im Ausland sind Teil dessen, was im Projekt unter transnationaler Mobilität verstanden wird. Uns war bewusst, dass Schulen in sehr unterschiedlichem Umfang Erfahrungen in diesem Bereich haben und Auslandaufenthalte traditionell eher an Schulen verortet sind, die zum Abitur führen. Eine Schätzung für das Schuljahr 2017/18 kommt zum Ergebnis, dass von 16.000 teilnehmenden Schüler*innen an Austauschprogrammen 82 Prozent ein Gymnasium besuchen, 8 Prozent eine Gesamtschule und lediglich 7 Prozent eine Mittel-, Real- oder Stadtteilschule (Weltweiser 2019, 8, 17). Wir haben in diesem Fall bewusst ein Beispiel gewählt, bei dem es in der Familie keine Migrations- und Auslandserfahrungen gibt, um zu erfragen, wie Schule unterstützen kann, wenn nicht auf persönliche Netzwerke und Erfahrungen zurückgegriffen werden kann. Der Verweis auf den Besuch einer Highschool von Lisas Freundin soll darauf aufmerksam machen, dass der Besuch einer US-amerikanischen Schule der am meisten verbreitete Pfad für Schüler*innen ins Ausland ist.

Im Folgenden werden Auswertungsergebnisse pointiert zusammengefasst und mit exemplarischen Auszügen aus dem Material veranschaulicht.

Wie es häufig laufen würde ...

An vielen Schulen hätte Lisa die Gelegenheit, an einem kurzen Schüleraustausch teilzunehmen, an einigen auch die Möglichkeit zu längeren Auslandsaufenthalten. Während an einigen Gymnasien systematisch beraten wird, ist dies vor allem bei Schulen bis Klasse 10 – also mit jüngeren Schüler*innen – in einkommensarmen, überdurchschnittlich durch Migrationen geprägten Stadtteilen jedoch eher nicht der Fall. Ein Schulleitungsmitglied erklärt sich das so:

> Aber wir haben eben den hohen Migrationsanteil, da ist mir das auch nicht immer ganz klar, wollen die das? Es gibt immer sicherlich immer ein paar, die das möchten, das andere ist, dass wir ein ganz, ganz sozial schwaches Einzugsgebiet sind. (Schulleitungsmitglied)

In diesem Kommentar verweist die Schulleiterin darauf, dass Migrationserfahrungen und sozio-ökonomische Benachteiligungen in den Familien sie eher daran zweifeln lassen, dass derartige Schüleraustausche von ihren Schüler*innen und ihren Familien gewünscht bzw. für diese umsetzbar wären. Der Hinweis auf den »hohen Migrationsanteil«, verbunden mit der Frage »Wollen die das?« verweist darauf, dass die Schulleitung für die als homogene Gruppe mit gemeinsamen Wünschen und Haltungen wahrgenommenen Migrant*innen pauschal eine spezifische Distanz gegenüber längeren Auslandsaufenthalten vermutet. Damit wird diesbezüglich offenbar auch kein Handlungsbedarf seitens der Schule identifiziert.

Was eine Schule mit wenigen Interessent*innen bieten könnte ...

In den Diskussionen zu dieser Vignette wurde schließlich deutlich, dass solche und ähnliche Stereotypen und damit verbunden Vorbehalte, die von Annahmen zu bestimmten Schüler*innengruppen geprägt sind, kaum förderlich sind, um Auslandsaufenthalte bei Schüler*innen aus benachteiligten Stadtteilen wahrscheinlicher zu machen. Sie stellen bereits eine Art Schere im Kopf dar, die verhindert, dass Informations- und Finanzierungsmöglichkeiten so niedrigschwellig aufbereitet werden, dass Schüler*innen Auslandsaufenthalte grundsätzlich als Teil des Möglichkeitsraums in ihrer Schule betrachten können. Ein anderes Schulleitungsmitglied beschreibt die Handlungsnotwendigkeiten von Schule im Kontext des Erziehungsauftrags zur »Weltoffenheit« daher wie folgt:

Also ich glaub, man kann die ja auch irgendwo weltoffener machen, indem man Angebote macht oder selber auch Fahrten ins Ausland macht, ne, dass man tatsächlich auch als Schule auch so agiert, dass die, gerade wenn die nur Stadtteilkinder sind, sag ich mal, dass man die weltoffener erzieht und einfach auch mehr Angebote macht. (Schulleitungsmitglied)

Dazu gehört dann z. B. bei einer ohnehin stattfindenden Informationsveranstaltung über Praktika deutlich zu machen, dass auch ein Praktikum im Ausland möglich ist. Die Initiative müsse dabei von der Schule ausgehen, um zu verhindern, dass sich die Chance für Auslandserfahrungen nur für Schüler*innen aus informierten und »engagierten Elternhäusern« ergibt, so ein anderes Schulleitungsmitglied. Eine Mutter an der Europäischen Schule Karlsruhe erkannte sich selbst in Lisa wieder. Als Kind vom Land ohne Kontakte, aber mit großem Interesse an internationalen Erfahrungen, konnte sie mit Unterstützung der Schule und einem Stipendium ins Ausland gehen und so einen persönlichen Traum verwirklichen.

Es könnte in jeder Schule (nicht nur in Gymnasien) eine feste Ansprechperson geben, die aktiv informieren würde und bei der sich Interessierte auch darüber hinaus individuell informieren können. Eine solche Person würde eine Schüler*in wie Lisa individuell beraten, sie auf Informationsveranstaltungen hinweisen, bei Stipendienanträgen helfen und informelle Alternativen mit Hilfe der Eltern prüfen. Auch eine Kooperation mit einer Nachbarschule mit bereits etablierten Programmen wäre denkbar.

Wie die optimale Schule für diesen Fall aussähe ...

Für Lisa wäre es optimal, wenn die Schule selbst bereits viele verlässliche Partnerschaften hätte, so dass sie ihren Schüler*innen unterschiedliche Möglichkeiten vom kurzfristigen Austausch über ein Praktikum bis zu einem Auslandsjahr in einer vertrauensvollen Kooperation anbieten kann. Über diese und ggf. weitere Möglichkeiten mit und ohne Wiederholung eines Schuljahrs würden Lisa und ihre Eltern systematisch von einer festen Ansprechperson informiert, wie dies z.B. beim Ratsgymnasium Minden praktiziert wird. Lisa würde in der Schule und Klasse über ihre Auslandserfahrungen berichten und damit anderen Schüler*innen in ähnlichen Lebensverhältnissen Mut machen, es ihr nachzutun. Äquivalente Lernerfahrungen im Ausland würden durch die Schule als Lernleistung anerkannt. Wenn Lisas Eltern einen geeigneten Aufenthalt nicht finanzieren könnten, würde ihr durch die Schule ein Stipendium vermittelt. Voraussetzung dafür ist der Aufbau von Beratungsstrukturen und die Identifikation der Schule mit dem Programm. Die Schulleiterin des Ratsgymnasiums erklärt ihre Erfahrungen mit diesem Vorgehen so:

4 Sechs Vignetten zu transnationaler Mobilität und wie sie diskutiert wurden

Ja, wir haben (..) ganz große Erfahrungen in dem Bereich, also, das ist wirklich auch Teil des Schulprogramms, und wir haben sowohl zahlreiche Schüler, die aus dem Ausland bei uns an der Schule sind und pro Jahrgang gehen 10 bis 20 Prozent der Schüler und Schülerinnen ins Ausland.

Anders als Lisa, bei der die Initiative der Schule gefragt ist, Schüler*innen die Option eines längeren Auslandsaufenthalt zu eröffnen, ist es bei Felix die familiäre Situation, die einen solchen explizit erfordert.

4.4 Familienbedingt temporär ins Ausland (Vignette Felix)

Die Mutter von Felix (14) kommt aus Tansania, der Vater aus Deutschland. Die Mutter muss im Mai für einige Monate nach Tansania zurückkehren, um ihre kranken Eltern zu unterstützen. Felix wird sie begleiten. Er freut sich darauf, bei dieser Gelegenheit sein Suaheli zu verbessern.

Mit der Vignette »Felix« wollen wir ein Beispiel zur Diskussion stellen, bei dem ein Schüler aus familiären Gründen für einige Monate ein Elternteil ins Ausland begleitet und dies auch als Chance betrachtet, seine Kenntnisse in einer der Familiensprachen zu erweitern. Ähnliche Fälle wurden uns in der explorativen Phase aus dem Kontext binationaler und anderer Familien mit transnationalen Familienbeziehungen als durchaus verbreitete Erfahrung geschildert. Da internationale Austauschbeziehungen von Schulen prinzipiell positiv gesehen werden, sollte die Vignette Felix Überlegungen anregen, wie auch ein familiär bedingter Auslandsaufenthalt zu einer wertvollen transnationalen Bildungserfahrung werden kann, bei der ggf. auch zusätzlich sprachliche Kompetenzen ausgebaut werden, und welche Hürden im Schulsystem die Entwicklung dieser Perspektive möglicherweise verhindern.

Im Folgenden werden Auswertungsergebnisse pointiert zusammengefasst und mit exemplarischen Auszügen aus dem Material veranschaulicht.

Wie es häufig laufen würde ...

Eltern haben zwar das Recht, über den Aufenthaltsort ihrer Kinder zu entscheiden, aber Schulleitungen müssen längere Auslandsaufenthalte genehmigen, damit sie nicht als Verletzung der Schulpflicht gelten. Dabei haben sie je nach Bundesland unterschiedlich großen Spielraum. Schulleitungsmitglieder berichteten, dass sie mit Eltern und Felix sprechen und die »Beweggründe« genau verstehen wollen, teilweise mit kritischer Tendenz:

da würde man dann eben gucken, wie man mit der Familie in Gespräch kommt, und ob es wirklich nötig ist, dass er geht (Schulleitungsmitglied)

Für Eltern, die mit der Schule kooperieren, stellt sich die Situation dann oft so dar, dass faktisch die Schule über den Auslandsaufenthalt entscheidet, da sie z.b. von Fällen berichten, in denen jemand aus schulrechtlichen Gründen sein Kind nicht mit ins Ausland nehmen durfte.

Einige Schulleitungen berichten eher misstrauisch von ihren Erfahrungen, dass Kinder ohne Benachrichtigung der Schulen mit ins Ausland genommen werden oder – wie im folgenden Beispiel – dass familiäre Gründe vorgeschoben werden, eine Erfahrung, die als wiederholte Erfahrung zur Verdichtung von kulturspezifischen Stereotypen bei der Schulleitung führt.

dann heißt es Oma stirbt gerade oder Opa stirbt gerade, sterben alle – muss ich dazu sagen – wenn man erstmal von 5 , 6 , 7 gehört hat, dann weiß man was Programm ist, dann sind die weg erstmal für 2, 3 Monate und kommen dann wieder und das ist ein Programm aber das ist ein Schema, deshalb ist das nicht wirklich vergleichbar mit diesem Fall (Schulleitungsmitglied)

4 Sechs Vignetten zu transnationaler Mobilität und wie sie diskutiert wurden

Dann werde nicht genehmigt und auch auf Bußgelder hingewiesen. Auch wenn der Fall Felix hier als nicht vergleichbar charakterisiert wird, können solche, als Vorspiegelung falscher Tatsachen wahrgenommene Erfahrungen, die sich zu stereotypen Annahmen verdichten können, andere Fälle beeinflussen. Wenn Eltern die Auseinandersetzung mit einer in vielerlei Hinsicht machtvollen und sprachlich überlegenen Schulleitung scheuen, vielleicht auch schon einmal für ein Anliegen kein Gehör gefunden haben, setzen sie ihre Pläne ohne Absprache mit der Schule um, oder unter Angabe von Gründen, die als legitim vermutet werden. Wenn kein Vertrauensverhältnis zwischen Eltern und Schule existiert, in dem transnationale Familienverhältnisse und damit verbundene Anliegen an Schule kommuniziert und entsprechende individuelle Lösungen entwickelt werden, kann dies zu einer in vielfacher Hinsicht problematischen Situation für Schüler*innen wie ›Felix‹ führen, weil ihre beim Auslandsaufenthalt ggf. erworbenen Kenntnisse nicht wertgeschätzt werden, ihnen keine Möglichkeit eröffnet wird, nach dem Auslandsaufenthalt in die eigene Klasse zurückzukehren, den Eltern ein Bußgeld droht.

Was jede Schule anstreben könnte ...

In Interviews mit allen Beteiligten wird deutlich, dass vertrauensvolle Gespräche zwischen Eltern und Schule unter Einbeziehung des Jugendlichen die wesentliche Voraussetzung sind, um eine gute Einbindung der Auslandserfahrung von Felix in seine in Deutschland fortzusetzende Schulkarriere zu finden. Die Eltern müssten wissen, dass sie mit jedem Anliegen an die Schule herantreten können, ohne bevormundet zu werden.

Schulen sollten flexibel sein in solchen Situationen, denn es gibt immer Gründe für Eltern so zu handeln und Schulen sollten dem Verständnis entgegen bringen. (Elternteil)

Einige Schulleitungen weisen darauf hin, dass sie gute Beziehungen zu den Eltern unterhalten und die Rahmenbedingungen für familiäre Auslandsaufenthalte in der Regel schnell abklären können bzw.

81

»großzügig« genehmigen. Außerschulische Lernmöglichkeiten im Ausland werden von ihnen als positiv für Persönlichkeits- und Identitätsentwicklung diskutiert. Eine Lehrkraft bezeichnete die Reisemöglichkeit für Felix sogar als »Sechser im Lotto«, weil er familiäre Wurzeln kennenlernen und Sprachkenntnisse verbessern könne.

Alle Beteiligten, auch die Skeptiker*innen unter ihnen, haben schließlich kreativ überlegt, wie der Aufenthalt im Sinne eines breiten, die Entwicklung der Persönlichkeit förderlichen Bildungsverständnisses fruchtbar gemacht werden kann. Je nach Umständen könnte das z. B. ein Schulbesuch von Felix in Tansania, das Führen eines Tagebuchs oder Blogs und eine spätere Projektpräsentation sein, oder eher Fernunterricht, Lernpatenschaften und Kontaktgruppen mit den Mitschüler*innen, die den Anschluss nach der Rückkehr und weniger die Erfahrungen im Ausland betonen. In jedem Fall sei wichtig,

dass Deutschland endlich anerkennt, dass woanders auch Bildung stattfindet.
(Schulleitungsmitglied)

Wie die optimale Schule für diesen Fall aussähe ...

Die Offene Schule Köln (OSK) ist eine private Reformschule mit umfangreicher Elternkooperation. Dort werden Schüler*innen explizit ermuntert, die Schule für längere Zeiträume zu verlassen, um zum Beispiel in die Praxis oder ins Ausland zu gehen. Aufgrund des modularen Unterrichts mit individuellen Lernplänen in jahrgangsübergreifenden Lerngruppen wäre ein Wiedereinstieg für Felix an der OSK kein Problem, so die Schulleitung. Schule und Eltern finden gemeinsam einen guten Weg, so wurde uns versichert. Ein Schulleitungsmitglied beschreibt das so:

Bei uns muss keiner was wiederholen, nachholen oder sonst irgendwas. Der hört mit seiner modularen Arbeit auf, geht aus der Schule raus, für eine Woche, für drei Wochen, für 10 Wochen, das ist vollkommen egal und kommt zurück und macht da einfach weiter [...] Es geht gar nicht um Kenntnisse, ne? Was der bei uns in vier

4 Sechs Vignetten zu transnationaler Mobilität und wie sie diskutiert wurden

Monaten, fünf Monaten vielleicht nicht mitkriegt, das gewinnt der durch einfach das Dasein in diesem völlig anderen Setting, in Afrika, in Asien, in Südamerika wo auch immer. (Schulleitungsmitglied)

4.5 Nach der Schule im Herkunftsland der Eltern studieren? (Vignette Maria)

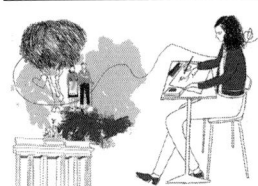

Maria (15) ist in Deutschland aufgewachsen. In ihrer Familie spricht sie Griechisch, kann aber Griechisch nur mit Mühe lesen und schreiben. Sie kennt Griechenland aus den Ferien. Sie will auf jeden Fall Abitur machen und dann entscheiden, ob sie in Deutschland oder in Griechenland studiert.

Mit der Vignette »Maria« wollten wir ein Beispiel zur Diskussion stellen, bei dem ein längerer, eigenständiger Auslandsaufenthalt im Herkunftsland der Eltern als gewünschte und realistische Zukunftsperspektive erscheint. Menschen, die diese Option realisieren, sind typischerweise nicht im Blick der Forschung in Deutschland. Eine der wenigen Ausnahmen ist die Studie von Aydin (2013), der in Deutschland aufgewachsene Menschen mit türkischem Migrationshintergrund interviewt hat, die inzwischen in der Türkei arbeiten. Auf der Basis der Interviews portraitiert er die Migration der Interviewten nicht als »Rückkehr«, sondern als Mobilität in einem transnationalen sozialen Raum, der die Beziehungen zwischen Mitgliedern der Familie im transnationalen Raum ebenso stärkt wie akademische, wirtschaftliche und kulturelle Beziehungen zwischen beiden Ländern.

Wenn die Familiensprache(n) nur im privaten Bereich gesprochen und nicht durch Unterricht ausgebaut werden, reichen die bildungssprachlichen Kenntnisse typischerweise nicht für ein Studium in dieser Sprache (Brehmer und Mehlhorn 2018, 25). Durch die Auswahl des EU-Landes Griechenland als Herkunftsland der Eltern wollten wir die Aufmerksamkeit auf Sprache und Schrift und weg von rechtlichen Hindernissen bei einem Auslandsaufenthalt lenken. Wir erhofften uns, dass die Frage thematisiert wird, wie weit die schulische Verantwortung reicht und welchen Beitrag Unterricht in der Familien- bzw. Sprache(n) des Herkunftslandes der Eltern leisten kann.

Im Folgenden werden Auswertungsergebnisse pointiert zusammengefasst und mit exemplarischen Auszügen aus dem Material veranschaulicht.

Wie es häufig laufen würde ...

Wir haben viele Marias, aber häufiger aus der Türkei. (Schulleitungsmitglied)

Mit ähnlichen Anmerkungen haben Schulmitglieder deutlich gemacht, dass mit der Vignette ein häufiger Fall vorgestellt wird, auch wenn die Frage nach einem Auslandsstudium selten thematisiert wird. In der Regel gibt es weder Unterricht in Griechisch als Fremdsprache noch einen konsularischen oder schulischen »Herkunftssprachenunterricht«. Falls es Unterricht in der Familiensprache gibt, entspricht er nicht immer den Qualitätsansprüchen eines schulischen Fremdsprachenunterrichts, aber selbst wenn, werden Leistungen nicht gleichwertig im Zeugnis berücksichtigt.

Bei uns lernen die Kinder auch im herkunftssprachlichen Unterricht, bringen Leistung über die Maßen, aber es wird nicht wertgeschätzt. Und es geht nicht ein in die Integrationsmöglichkeiten für die Gesellschaft. Es bringt ihnen keine positive Expertise für ihren weiteren Lebensweg. (Schulleitungsmitglied)

Wenn Maria Abitur machen will, kann sie Griechisch nicht als zweite Fremdsprache einbringen, sondern muss eine weitere Sprache, die von der Schule angeboten wird, neu erlernen. Dass diese Regelung nicht mehr zeitgemäß sei, wurde vor allem im Projektworkshop ausführlich erörtert. Eine Lehrkraft formulierte pointiert:

4 Sechs Vignetten zu transnationaler Mobilität und wie sie diskutiert wurden

Welche Bildungsideale haben wir eigentlich mit dem Abitur, sind die nicht auch überkommen? (Lehrkraft)

Viele Lehrkräfte und Eltern berichten von Beispielen, in denen transnational und bildungsorientierte Eltern für eine sprachliche Ausbildung ihrer Kinder privat gesorgt haben, z.b. durch Schulbesuch am Wochenende oder Unterricht durch die Eltern – das bedeutet weniger Freizeit für die Kinder und macht ihre Optionen, die Familiensprache weiter auszubauen allein vom Engagement der Eltern abhängig.

Wie die optimale Schule für diesen Fall aussähe ...

In einer multi- oder bilingualen Schule mit Griechisch-Unterricht könnte sich Maria auf ein Abitur und ein Studium in beiden Staaten vorbereiten. Ein deutsch-griechischer Bildungsgang ähnlich dem deutsch-polnischen bilingualen und binationalen Bildungsgang am Augustum-Annen-Gymnasium in Görlitz wäre in Großstädten mit einer ausreichenden Zahl von Interessierten optimal, denn er bereitet auf zwei Sprachen und Länder vor. Die Option wird von den Absolvent*innen des Görlitzer Gymnasiums auch im Anschluss an die Schule realisiert – manchmal als ganzes Studium im Nachbarland oder zumindest als Auslandssemester.

Bei der Vignette Maria lässt sich das Modell der Europäischen Schule Karlsruhe als nahe am Ideal bezeichnen. Dort haben Schüler*innen in bilingualen Klassen Unterricht in unterschiedlichen Kombinationen auf Deutsch, Englisch und Französisch. Darüber hinaus besteht – allerdings nur für EU-Bedienstete – ein Rechtsanspruch auf Förderung der Herkunftssprache. Wer die Schule bis zum Ende absolviert, hat eine international anerkannte Hochschulzugangsberechtigung und auch die tatsächliche Fähigkeit, den Veranstaltungen einer Universität in drei unterschiedlichen Sprachen einschließlich der Familiensprache zu folgen. Auf die Frage nach einem idealen Modell für Maria waren sich die interviewten Eltern der Europäischen Schule Karlsruhe einig: Es ist ihre ideale Schule. Von nicht bei der EU Beschäftigten kann das Angebot allerdings nur gegen die Zahlung eines erheblichen Schulgeldes in Anspruch genommen werden.

Was für jede Schule angestrebt werden könnte ...
In vielen Gesprächen wurde thematisiert, dass die Schule Maria bei der Entscheidungsfindung unterstützen könnte – z. B. durch Ermöglichung eines Griechenlandaufenthalts. Dabei wurden ähnliche Ideen entwickelt wie oben bei der Vignette ›Felix‹ (▶ Kap. 4.4).

Hauptthema ist die Frage, wie die Schule den Aufbau von Griechisch-Kenntnissen unterstützen könnte. Von mehreren Beteiligten wird geäußert, dass es einen Anspruch auf Unterricht in der Familiensprache geben sollte. Relativ weitreichend sind die Möglichkeiten dafür in Sachsen.[9]

Eine häufige Sprache könnte als Fremdsprache angeboten werden – der Unterricht müsste dann aber so binnendifferenziert gestaltet werden, dass sich Kinder mit Vorkenntnissen nicht langweilen. Seltener gesprochene Sprachen könnten in ein Förderband oder »*Sprachenfenster*« am Vormittag integriert werden. Sprachlernmöglichkeiten könnten auch in allgemeinen Förderbändern oder im projektorientierten Unterricht oder Arbeitsgemeinschaften als Teil des regulären Schultags angeboten werden.

Als sinnvoll wird die Zusammenarbeit in einer Region bezeichnet, so dass z. B. an bestimmten Schulen oder einem zentralen Ort alle Sprachen gelernt werden können. Auch Ideen zur Zusammenarbeit mit Universitäten, Volkshochschulen und Elterninitiativen, deren Zertifikate dann in Schule anerkannt werden müssten, wurden geäußert. Bundesweit könnten digitale oder hybride Angebote Maria zu Leistungen führen, die sie zum Studieren in Griechenland befähigen könnten, denn wenn sie dort studieren will – so Schüler*innen in

---

9 https://www.migration.bildung.sachsen.de/herkunftssprachlicher-unterricht-4060.html

einer unserer Schuldiskussionen –, muss sie ja auch »supergut schreiben« können.

Deutlich wurde, dass Schulen mit freien Lernphasen, Förderbändern und Ganztagsunterricht wie z.b. die Herbert-Grillo-Gesamtschule in Duisburg einiges an Innovation in diesem Kontext ohne rechtliche Änderungen realisieren können, während andere eher äußern, dass hier die Kultusministerkonferenz mit der Schaffung entsprechender Vereinbarungen und Beschlüsse gefragt ist.

4.6 Offene Planung schon bei der Einreise mit einem aus beruflichen Gründen migrierenden Elternteil (Vignette Thiago)

Thiago (12) lebt mit seiner Familie in Argentinien. Die Mutter ist Bauingenieurin und wird erstmals an einem großen Bauprojekt im Ausland arbeiten und dafür im nächsten Sommer mit ihrer Familie nach Deutschland umziehen. Das Projekt dauert voraussichtlich drei Jahre. Wo die Familie danach leben wird, hängt von den weiteren beruflichen Projekten der Mutter ab. Sie nimmt Kontakt mit der Schule auf.

Die Vignette Thiago wurde durch einen realen Fall inspiriert, der in der ersten Phase des TraMiS-Projekts (▶ Kap. 12) durch ein Interview erhoben wurde. Dieser Fall ist der einzige einer Anfrage aus dem Ausland bei geplanter Zuwanderung. Die Beschreibung legt eine ökonomisch gut situierte Familie nahe, bei der ihr Aufenthaltsrecht zumindest für die Dauer des Arbeitsvertrags der Mutter gesichert sind.

Mitte 2022 waren rund 415 000 Personen aus nicht der EU angehörigen Staaten registriert, die ihre Aufenthaltserlaubnis zu Erwerbszwecken bekommen haben. Von ihnen hatten Dreiviertel noch keine dauerhafte Niederlassungserlaubnis (Graf 2023, 29). Aus einer Studie zu Inhaber*innen der Blauen Karte EU in Deutschland geht außerdem hervor, dass gut ein Drittel von ihnen (37 %) mindestens ein Kind hat (Hanganu und Heß 2016, 344–45). Angesichts wachsender, öffentlich geäußerter Sorgen seitens Politik und Wirtschaft über Fachkräftemangel in Deutschland und der zunehmenden Erweiterung von Zuwanderungsmöglichkeiten für »Hochqualifizierte« liegt nahe, dass Schulen in Zukunft wieder mit mehr Fällen einer zunächst befristeten, möglicherweise aber auch dauerhaften Zuwanderung von Familien mit Kindern zu tun haben.

Wie es häufig laufen würde ...

In der Regel ist es für Eltern schwierig, vom Ausland aus vorab zu klären, ob die Schule passend ist und das Kind aufnehmen würde. Mehrere Schulen, an denen es Neuzugewanderte in hohem Umfang gibt, gaben an, Fälle wie Thiago nicht zu kennen. Der Grund liegt im üblichen Aufnahmemodell, nachdem Thiago zunächst längere Zeit (mehrere Monate bis zu zwei Jahre, je nach Bundesland und Umsetzung) eine Klasse zum Deutschlernen besuchen würde, ohne regulären Fachunterricht zu erhalten. Eine solche Situation ist für Eltern, die unter Umständen mehrfache Umzüge über Ländergrenzen in Erwägung ziehen (müssen), nicht wünschenswert, da in dieser Zeit fachliche Kenntnisse nicht nur nicht vermittelt würden, sondern auch bereits erworbene Kenntnisse in Vergessenheit zu geraten drohen. Wer Mittel und Kontakte hat, sucht eine andere Lösung. Bei angeworbenen Fachkräften arrangieren Unternehmen oder Universitäten vorab eine Einschulung in einem Gymnasium, wenn keine geeignete spezialisierte (z. B. internationale) Schule verfügbar ist. So sei es beispielsweise auch in Sachsen möglich, dass Schüler*innen mit bereits hohem Bildungskapital aus dem Ausland mit entsprechenden Kontakten an einem Gymnasium eingeschult würden, obwohl Neuzugewanderte grundsätzlich nur Oberschulen besuchen sollen.

4 Sechs Vignetten zu transnationaler Mobilität und wie sie diskutiert wurden

An einem regulären Gymnasium würde Thiago ein Abitur anstreben, aber dieses aufgrund des ausschließlich auf Deutsch stattfindenden Fachunterrichts ggf. nur mit Schwierigkeiten und unterstützt durch privaten Nachhilfeunterricht erreichen können, wie im folgenden Zitat deutlich wird.

ich gehe jetzt bei dieser Familie ganz ehrlich davon aus, dass der bei uns ganz richtig wäre vom... vom Hintergrund her, der hätte Unterstützung von Eltern, die gebildet sind und da schafft der bei uns garantiert auch einen... einen Schulabschluss, den wir ja sowieso in allen Varianten abnehmen oder anbieten. (Schulleitungsmitglied eines Gymnasiums)

Das Zitat impliziert, dass »gebildete« Eltern und private Unterstützung schulseitig selbstverständlich als zentrale Voraussetzung dafür betrachtet werden, dass Zugewanderte überhaupt einen Schulabschluss an einem Gymnasium schaffen können.

Wie die optimale Schule für diesen Fall aussähe ...

Die optimale Schule für Thiago muss bei der Aufnahme nicht nur den Anschluss in Deutschland, sondern auch einen möglichen künftigen Wegzug berücksichtigen – und das müsste eigentlich nicht nur bei einem Fall wie Thiago bedacht werden, wie das folgende Zitat eines Schulleitungsmitglieds zeigt.

Ich frage immer wieder, bei allen Kindern die kommen, wie können wir sie in der Muttersprache weiter unterstützen, und wenn sie wieder gehen, wäre dann die Frage, wenn sich das irgendwann klärt, welche Fremdsprache müssen sie denn noch erlernen. (Schulleitungsmitglied)

Thiago sollte einen international breit anerkannten Abschluss erlangen und neben Spanisch auch Englisch sowie Deutsch weiter entwickeln können. Daraus ergibt sich, dass für ihn ähnlich wie im Beispiel Maria (▶ Kap. 4.5) Schulen mit Schwerpunkten in bi- oder multilingualem Lernen ideal wären – z.B. die Europäische Schule oder eine Schule wie das Couven-Gymnasium in Aachen mit deutsch-englisch bilingualem Zweig und der Möglichkeit, Spanisch als Fremdsprache zu wählen.

Als ideal wird zudem seitens der TraMiS-Partner*innen vorgestellt, dass Schüler*innen notfalls auch allein bleiben könnten, um einen Abschluss zu erreichen. Ein Schüler mit einem Vater, der beruflich mehrfach international den Standort gewechselt hat, berichtete, dass die Familie irgendwann geblieben und der Vater allein ins Ausland gegangen ist. Sollte Thiago als älterer Jugendlicher allein in Deutschland bleiben wollen, wäre ein angeschlossenes Internat (von einer Schulleitung als »Weltbürger*inneninternat« bezeichnet) eine hilfreiche Struktur.

Informations- und Anmeldemöglichkeiten vom Ausland aus müssten auf überschulischer Ebene angeboten werden, so dass Schulen darauf verweisen können. Schulische Gesprächspartner*innen haben betont, dass auch die Aufnahme eines Kindes mit Eltern, die über ein vergleichsweise hohes ökonomisches und formales Bildungskapital verfügen, eine inhaltliche Diagnostik erfordert, wie z. B. an der Europäischen Schule Karlsruhe, denn Schulsysteme und die von ihnen vermittelten (nationalen) Inhalte unterscheiden sich. Schulen wünschen sich, dass sie nicht plötzlich mit neuen Schüler*innen konfrontiert werden, sondern mit Vorlauf Unterstützungsmöglichkeiten überlegen können, die aussehen könnten wie z. B. der Einsatz bilingualer Assistent*innen, die Schüler*innen im Unterricht in der Anfangsphase in Schweden unterstützen. »Intercultural support workers«, wie sie an Schulen in Kanada vorzufinden sind, könnten neu zugewanderte Schüler*innen und ihre Eltern gezielt über die Besonderheiten des Systems aufklären und im Eingliederungsprozess begleiten.

Was für jede Schule angestrebt werden könnte ...

Sprachsensibler Fachunterricht und zieldifferenter Spanischunterricht, in dem Thiago Kenntnisse sowohl nutzen als auch ausbauen kann, wäre für jede einzelne Schule prinzipiell realisierbar. Dabei könnten Erfahrungen wie im bilingual-binationalen Bildungsgang am Augustum-Annen-Gymnasium genutzt werden.

4 Sechs Vignetten zu transnationaler Mobilität und wie sie diskutiert wurden

Soziale Anschlüsse und das Gefühl der Anerkennung und des Wohlbefindens in einer neuen Umgebung sind auch bei Kindern von Hochqualifizierten keine Selbstläufer. Ein Schulmitglied der Europäischen Schule verweist darauf, dass die Migrationsentscheidung aus der Sicht der Kinder immer fremdbestimmt ist und manchmal auf Ablehnung stößt.

Die Familie will kommen, das Kind will nicht kommen, das bedeutet, das Kind ist auf eine Art und Weise gezwungen in unsere Schule zu kommen. (Schulleitungsmitglied ESK)

Diese emotionale Dimension wird vor allem in Schüler*innenprojekten häufig angesprochen. So hält z.b. eine Schüler*in einer Deutschlernklasse schriftlich fest, Lehrkräfte müssten »helfen, nicht nur beim Deutsch, auch bei Gefühlen.« In einem Brief, in dem sich ein Schüler in die Situation Thiagos versetzte, wird das eindrucksvoll deutlich.

Eine Unterstützung der Schule beim Aufbau von Freundschaften z.B. über Patenschaften wird gewünscht, idealerweise »Schüler oder Schülerinnen an der Seite, der beide Sprachen ganz gut kann und weiterhilft« (Schüler*in).

Teil 2: Impulse zu ausgewählten Aspekten

> Hallo Tim,
>
> Heute hat meine Mutter ein großes Bauprojekt von einem Bauunternehmen bekommen. Schon wieder müssen wir umziehen, dieses mal nach Deutschland. Voraussichtlich für 3 Jahre. Wenn ich ehrlich sein soll, habe ich keine Lust mehr ständig umzuziehen. Dauernd müssen wir uns erneut an die Umgebung anpassen und jedes mal bin ich traurig, weil ich meine Freunde nicht mehr sehen kann. Meine Mutter verspricht mir zwar immer, dass ich meine Freunde wiedersehen werde, jedoch ziehen wir immer wieder weiter um. Ich hoffe das wir irgendwann einen festen Wohnort haben und ich mich nicht mehr an eine neue Umgebung anpassen muss.
>
> Wie läufts bei dir so? Ist alles in Ordnung? Ich hoffe dir geht's gut und wir sehen uns hoffentlich bald wieder.
>
> Dein Thiago

Abb. 4: Brief an einen Freund aus einem Schüler*innenprojekt

4.7 Im Jugendalter Zugewanderter mit Bleibewunsch bei ungewisser Bleibeperspektive (Vignette Amir)

Amir (15) hat in Afghanistan sechs Jahre lang die Schule besucht. Nach längerer Flucht ist er vor einem Jahr ohne seine Eltern in Deutschland angekommen. Er lebt in einer Unterkunft mit anderen Jugendlichen. Er will unbedingt einen Schulabschluss schaffen und eine Ausbildungsstelle finden, weil er sich dadurch bessere Bleibechancen erhofft. Amir lernt schnell und konzentriert, kommt aber in einigen Fächern nicht mit.

Mit der Vignette »Amir« haben wir die Situation eines unbegleiteten männlichen Minderjährigen aufgegriffen, dessen ungesichertes Bleiberecht u. a. von seinen Schulerfolgen abhängt. Zugrunde liegen der Konstruktion dieser Vignette unter anderem Erfahrungen in der Lehr-Lernwerkstatt Fach*Sprache*Migration an der Universität Bremen (Baginski 2016). Dort wurde 2015 für eine Gruppe von 34 unbegleiteten Minderjährigen ohne reguläre Schulplätze eine eigens für sie konzipierte Ersatzbeschulung durchgeführt. Im Anschluss wurde ein Teil von ihnen bis zu den Sommerferien weiter durch Kurse an der Universität beim Schuleinstieg begleitet. Der Prozess wurde forschend begleitet. Viele der beteiligten Schüler wiesen umfangreiche Sprachenkenntnisse und eine hohe Bildungsmotivation auf, hatten aber zahlreiche Schwierigkeiten beim Schuleinstieg ins Regelsystem, das auf die Berücksichtigung ihrer sehr unterschiedlichen Bildungsvoraussetzungen und -bedürfnisse personell wie fachlich kaum vorbereitet war (Vogel 2016).

Bei der Vignette Amir haben wir erwartet, dass das Spannungsverhältnis zwischen hoher Motivation und schwierigen Startbedingungen thematisiert wird. Außerdem sollte die Möglichkeit bestehen, über Konsequenzen von Bleiberechtsregelungen für die Schule zu diskutieren.

Wie es häufig laufen würde ...

Anders als Thiago würde Amir in der Regel keinem Gymnasium zugewiesen, sondern einer Schule bis Klasse 10 oder einer Gesamtschule. Amir würde zunächst in eine Klasse (je nach Bundesland Vorklasse, Willkommensklasse, Internationale Klasse etc. genannt) mit anderen Zugewanderten gehen, in der er ca. ein Jahr nur Deutsch lernen kann, bevor er in den Regelunterricht in eine Klasse mit überwiegend Jüngeren integriert wird. Wenn die Schule keine Lernbänder mit unterschiedlichen Kursen oder individuelle Lernzeiten hat, müsste er danach für die Deutschförderung »on top arbeiten«, wie es eine Lehrkraft formulierte. Alternativ würde er nach einer Zeit in einer Deutschlernklasse aufgrund der verbreiteten Einschätzung, dass eine Eingliederung in das allgemeinbildende System mit Aussicht auf einen erfolgreichen Abschluss nicht realistisch erscheint, an das berufsbildende System weitergegeben.

Trotz Förderbemühungen wird für Amir auch in unseren engagierten Kooperationsschulen, wo oft Sozialarbeitende und Ehrenamtliche unterstützen, kein regulärer Schulabschluss prognostiziert. Das wird in den Interviews z. T. fatalistisch kommentiert:

aber die Fünfzehnjährigen fallen genau in ein Alter, wo sie nicht mehr in der 9. Klasse integrierbar sind, [Einwurf = Genau] das ist zu spät, sie haben keine Zeit in dieses Schulsystem einzusteigen. (Schulleitungsmitglied)
Die kriegen ja keinen klassischen Schulabschluss mehr hin. (Schulleitungsmitglied)

Lediglich als Ausnahmefall wird markiert, dass Jugendliche mit besonders hoher Motivation und guter Förderung das Abitur schaffen.

Wir haben durchaus auch Kinder, vergleichbar alt, die zu uns gekommen sind, die jetzt in der Oberstufe sind. Also ein syrisches Mädchen, die jetzt in der EF ist, also das gelingt. Man kann das schaffen, die Kinder sind da teilweise wirklich total motiviert. (Schulleitungsmitglied)

4 Sechs Vignetten zu transnationaler Mobilität und wie sie diskutiert wurden

In einem anderen Fall wird darauf hingewiesen, dass trotz großen Engagements von Seiten der Lehrenden der Weg zum Abitur zu weit war:

das konnte ich dann auch nicht leisten, ihn da so schnell fit zu machen, dass er ein Abitur noch schafft. (Schulleitungsmitglied)

Aus transnational inklusiver Sicht weisen solche Aussagen auf einen Defekt des hochselektiven deutschen Schulsystems hin, das von linearen Bildungsbiographien vor Ort ausgeht und Unterstützungsmöglichkeiten durch Familien voraussetzt. Dabei sollte jeder zugewanderten Person eine machbare Perspektive auf einen ihren Fähigkeiten und Interessen entsprechenden Abschluss geboten werden. Wenn Amir an eine berufsbildende Schule oder Übergangsmaßnahme weitervermittelt wird, besteht durchaus die Chance, einen Schulabschluss nachzuholen und weitere Perspektiven zu entwickeln – oft auch dort in Klassen von Zugewanderten. Aber es stellt sich dennoch grundsätzlich die Frage, warum nicht von vorneherein eine schulische Bildung aus einem Guss im allgemeinbildenden System möglich ist, die auch solchen transnationalen Bildungsbiographien gerecht wird, wie sie in der Vignette Amir repräsentiert sind.

Ein schulischer Grund für ein Verlassen der Schule ohne Abschluss liegt in den Prüfungsmodalitäten: Im Grunde werden immer Deutsch- und Fachkenntnisse zugleich geprüft und dadurch Schüler wie Amir systematisch benachteiligt. Als weitere Gründe thematisierten unsere Gesprächspartner*innen die Schwierigkeiten des Alleinlebens und der unzureichenden Betreuung in Wohngruppen.

Einige Lehrkräfte erwarten – das wurde in unseren TraMiS-Gesprächen deutlich – bei Amir auch Schwierigkeiten wegen Traumatisierungen durch Fluchterfahrungen und antizipieren zudem problematische Männlichkeitsvorstellungen allein aufgrund seines Herkunftskontextes. Amir müsse vor schlechten Vorbildern aus dem afghanischen Kontext bewahrt werden, so ein Schulleitungsmitglied, worauf ein weiteres darüber spricht, dass Amir selbst auch ein schlechtes Vorbild für seine männlichen Klassenkameraden sein könne. Auch Defizite in der demokratischen Kultur werden vermutet. Hier wird deutlich, dass mediale vermittelte stereotype und rassifizierende Bilder ihren Widerhall in Vorstellungen zu männlichen Jugendlichen aus muslimischen Ländern bei Lehrkräften finden, die in der Diskussion der Vignette Amir assoziiert werden, ohne dass dort Anhaltspunkte für entsprechende Vermutungen gegeben wurden.

Andere Lehrkräfte erkennen in Amir einen Schülertyp mit hoher Bildungsmotivation wieder, die eine beschwerliche Fluchtmigration in Kauf genommen hat, um bessere Zukunftschancen zu haben und ihr schulisches Verhalten konsequent darauf ausrichtet. Dies könne zu Friktionen mit Klassenkamerad*innen führen, die weniger Motivation zum Schulbesuch zeigen:

Häufig haben diese Jugendlichen eine geringe Frustrationstoleranz und auch ein hohes Maß an Unverständnis für Mitschüler, die die schulische Situation lässig nehmen (Schulleitungsmitglied)

Wie die optimale Schule für diesen Fall aussähe ...

Die optimale Schule würde auf jeden Fall mehr Zeit bieten, um einen Schulabschluss zu erreichen. In dieser Hinsicht hätte die Freie Interkulturelle Waldorfschule in Mannheim einen Vorteil, weil dort regulär der Mittlere Schulabschluss erst in der 12. Klasse abgelegt wird. Mehr Zeit bietet auch die zweijährige Vorbereitungsklasse am Alexander-von-Humboldt-Gymnasium Bremen, die sich dadurch auszeichnet, dass neben konventionellem Deutschunterricht in größerem Umfang altersangemessener Fachunterricht von regulären Fachlehrkräften mit zusätzlicher Qualifikation in Deutsch als Zweitsprache sprachsensibel durchgeführt wird.

Ganz auf die Bedarfe von im Jugendalter Zugewanderten fokussiert ist das Modell der Schulen im International Network of Public Schools in New York. Dort gibt es altersgerechten sprachsensiblen Fachunterricht mit hohen Anteilen gemeinschaftlichen Peer-Lernens von Anfang an. Die Jugendlichen können alle ihre sprachlichen Ressourcen für Lernfortschritte nutzen und zugleich ihre Englischkenntnisse entwickeln, wie dies auch im bilingualen Sach-Fachunterricht mit integriertem Fach- und Englischlernen angestrebt wird. Feste Bezugspersonen und sozial-emotionales Lernen in Kleingruppen gehören ebenfalls zu diesem Modell. Wie wichtig gerade die Sicherung des Wohlfühlens (wellbeing) sein kann, zeigt auch ein fiktiver Tagebucheintrag, bei dem sich eine Schülerin, die selbst auf ähnliche Erfahrungen zurückblickt, in Amir hineinzuversetzen versucht.

Ein Jahr ist es schon her und ich bin nicht bei meinen Eltern in Afghanistan. Ich vermisse sie, meine kleine Schwester Ela, meine Mam und mein Dad. Seit ein Jahr versuche ich mich in der Schule einzubringen und es funktioniert noch nicht so ganz. Deutsch ist schwer und es gibt niemand, der mich versteht. Ich bin so einsam hier. Wenn es nur jemand gäbe, der mich verstehen würde, wäre alles viel einfacher. Stattdessen bin ich alleine in der Schule und auch zuhause. (Schülerin)

Dies verweist auf die grundlegende Bedeutsamkeit von Sozialarbeitenden an möglichst allen Schulen, die sich um Kooperation mit Betreuenden in Wohneinrichtungen kümmern oder Communities und Ehrenamtliche in die Unterstützung einbinden können. Ebenso wichtig wäre die Unterstützung durch Schulpsycholog*innen als Mitglieder multiprofessioneller Teams, die den vielfältigen Unterstützungsbedürfnissen von Schüler*innen in ihren Bildungs- und Sozialisationsprozessen gemeinsam begegnen können (▶ Kap. 6.7).

Nicht zuletzt gibt es bei Prüfungsmodalitäten bildungspolitischen Handlungsbedarf, damit Fachkenntnisse nicht deshalb abgewertet werden, weil sie in einem noch nicht bildungssprachlich entwickelten Deutsch vorgetragen werden. Deutschlernende sollten die Chance haben, dass die Sprache bei Fachprüfungen nur in dem Maß mitbewertet wird, wie dies bei Deutschsprachigen in Fremdsprachen der Fall ist – so der Vorschlag eines Schulleitungsmitglieds. In der Europäischen Schule Karlsruhe wird das berücksichtigt. In Schweden kann von Neu-Zugewanderten Schwedisch als Zweitsprache als eigenes Fach alternativ zu Schwedisch bis zum Schulabschluss belegt werden.

Was für jede Schule angestrebt werden könnte …

An jeder Schule kann unabhängig von den bildungspolitischen Rahmenbedingungen an einer besseren Integration von Deutsch- und Fachlernen unter Berücksichtigung von Familiensprachen (und damit des Gesamtsprachenrepertoires) gearbeitet werden. Möglichkeiten gibt es durch mehr altersgerechte fachliche Förderung in Deutschlernklassen oder durch mehr fachsprachliche Förderung im deutschsprachigen Fachunterricht der Regelklassen. Amirs Stärken müssten erkannt und gewürdigt werden, und bei seinen Schwächen müsste er Unterstützung erhalten.

Teamteaching wie in manchen Provinzen Kanadas wäre optimal. Am Couven-Gymnasium in Aachen helfen z.B. Oberstufenschüler*innen als zusätzliche Person in Klassen oder unterstützen einzelne Schüler*innen. Dieses Engagement wird auch im Zeugnis erwähnt.

4.8 Begrenzte Schulerfahrungen in drei Ländern und Abschiebungsandrohung (Vignette Jelena)

Jelenas Eltern kommen aus Mazedonien. Jelena (13) ist in Italien geboren und ging dort in die erste und zweite Klasse. Danach lebte sie mit Eltern und Geschwistern in Mazedonien, wo sie nur unregelmäßig zur Schule ging. Seit zwei Jahren lebt sie in einer Unterkunft für Geflüchtete in Deutschland. Jelena hat der Klassenlehrerin und ihren Freundinnen erzählt, dass die Familie entweder freiwillig nach Mazedonien zurückkehren soll oder dahin abgeschoben wird.

4 Sechs Vignetten zu transnationaler Mobilität und wie sie diskutiert wurden

Mit der Vignette Jelena präsentieren wir ein Fallbeispiel, in dem eine Jugendliche schon in mehreren Ländern gelebt, aber in keinem der Länder eine längerfristige Aufenthaltsperspektive oder Erfahrungen mit einem längerfristigen Schulbesuch hatte. In diesem Fall werden die Klassenlehrerin und Jelenas Mitschüler*innen mit der Situation konfrontiert, dass Jelenas Familie entweder freiwillig ausreisen oder abgeschoben werden soll.

Die Vignette ist angeregt durch einen realen Fall unserer Bremerhavener Kooperationsschule am Ernst-Reuter-Platz, aus der ein Junge mit seiner Familie in das vorherige Aufenthaltsland abgeschoben wurde. An der Schule in Bremerhaven wurde ein Dokumentarfilm über ihn und seine Klasse gedreht.

> **Aus der Beschreibung des Dokumentarfilms »Möglichst freiwillig« von Allegra Schneider**
> Zijush ist 13 Jahre alt, als er Deutschland verlässt. Er muss mit den Eltern und seiner Schwester zurück in die mazedonische Hauptstadt Skopje. Seine Freunde und Freundinnen in Bremerhaven wollen das nicht akzeptieren. Weil Zijush in Mazedonien noch nicht wieder in die Schule geht, rufen sie ihn an – und holen ihn per Smartphone zurück in den Unterricht.
> Der Film folgt Zijush nach Skopje. Begleitet seine Lehrerin, die ihren Schüler in der mazedonischen Hauptstadt besucht.
> In Skopje wird Zijush angegriffen, weil er Roma ist. Hintergrund des Films ist die erzwungene Migration der Roma zwischen Nordwest- und Südosteuropa, das Ping-Pong mit Familien.
> http://dokuplus.org/ (Abfrage 18.5.2020)

Mit der Vignette wollten wir zur kritischen Diskussion der Umstände und Folgen einer drohenden Abschiebung und eines diskontinuierlichen Bildungsverlaufs (J. Schroeder und Seukwa 2018, 141) anregen. Diskontinuität bezieht sich in Jelenas Fall sowohl auf zeitliche Unterbrechungen der Schulzeit als auch auf räumliche Wechsel nationalstaatlicher Bildungssysteme. Zugleich hat uns interessiert, ob angesichts der offensichtlich schwierigen Lebens- und Schulsituation nur Defizite thematisiert werden oder ob auch Überlegungen formuliert werden, Kompetenzen und Stärken von Jelena aufzugreifen, die ebenfalls angedeutet sind – z.B. dass sie Freundschaften geschlossen hat und u.a. auch Italienisch spricht. Wie komplex die in wenigen Zeilen angedeutete Vignettensituation ist, hat eine Schüler*innengruppe aus der Partnerschule in Görlitz visuell herausgearbeitet.

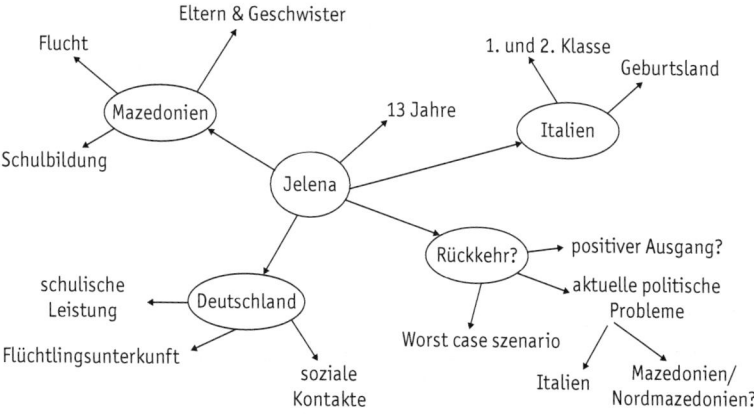

Abb. 5: Visualisierung der in einer Vignette angedeuteten Bezüge (Gruppenarbeit von Schüler*innen)

In allen Diskussionen zu dieser Vignette dominierte die Frage des Umgangs mit der drohenden Abschiebung. Wie die Beschulung eines Kindes mit einer diskontinuierlichen Bildungsbiografie aussehen könnte, wurde nur am Rande diskutiert – auch weil die Vignette Jelena oft als letzte vorgestellt wurde und solche Aspekte bereits bei anderen Vignetten angesprochen wurden. Daher sei dies hier auch nur einführend erwähnt: Jelena könnte in jedem Fall von ihrem Schulbesuch in Deutschland profitieren, wenn ihre Entwicklung zu einer selbstbewussten und handlungsfähigen Person in der Schule unabhängig vom künftigen Lebensort unterstützt wird. Sie könnte von der Aneignung international kompatibler Wissensbestände und

4 Sechs Vignetten zu transnationaler Mobilität und wie sie diskutiert wurden

Fähigkeiten, wie sie z.B. in Mathematik und Englisch vermittelt werden, und von der Anerkennung, der Nutzung und dem Ausbau ihrer Sprachenkenntnisse in Italienisch und Mazedonisch profitieren, wobei Italienischkenntnisse aus ca. 7 Jahren Aufenthalt in Italien interessanterweise in den zahlreichen Gesprächen kaum thematisiert wurden. Oft wird die hemmende oder lähmende Wirkung einer unklaren Aufenthaltsperspektive thematisiert.

> Was ungemein lähmend für Bildungserfolg ist, ist die unklare Bleibeperspektive. Es kommt immer wieder der entmutigende Moment, ich muss ja eh irgendwann wieder gehen, ich mach das alles hier umsonst. Jetzt redet der wieder von einer Berufsausbildung und im Grunde habe ich doch nur für drei Monate eine Duldung, so stellt mich doch kein Betrieb ein. (Lehrkraft)

In diesem Zitat wird noch etwas deutlich. Wenn die ggf. nur temporäre Teilnahme an schulischer Bildung in Deutschland vor dem Hintergrund als nutzlos betrachtet wird, dass sie nicht zu einem deutschen Schulabschluss und anschließender Beschäftigung in Deutschland führt, liegt diese Wahrnehmung nicht nur im Horizont der Schüler*innen. Auch das System selbst suggeriert, dass »Integration durch Bildung« nur dann erfolgreich ist, wenn diese sich in dem erfolgreichen Abschluss des deutschen Bildungssystems und anschließender Einmündung in Berufsausbildung/Studium/Arbeitsmarkt beweist. Der Eigenwert der Bildung und der Aufbau transnational relevanter Wissensbestände und Kompetenzen für die Stärkung von Selbstwirksamkeit und Resilienz wird – vor allem im Vergleich zu Deutschkenntnissen – bislang nicht ausreichend wertgeschätzt.

In zahlreichen Interviews berichteten schulische Beteiligte aus allen Gruppen von Fällen drohender Abschiebung aus ihrem Erfahrungsbereich, wobei solche Erfahrungen in einigen Schulen Einzelfälle waren, die einige Jahre zurücklagen, während sie in Schulen in Ankunftsstadtteilen von Großstädten immer wieder an der Tagesordnung waren. Anders als bei anderen Vignetten konnten wir weder eine Schule mit vorbildlichen Maßnahmen und Strategien noch

Herangehensweisen, die von einem auf andere Standorte übertragbar gewesen wären, finden. Stattdessen wurden unterschiedliche Umgangsweisen mit einer Situation geschildert, die als unauflösbares Dilemma empfunden wurde. Ohnmacht und Hilflosigkeit gegenüber übermächtigen Strukturen und politischen Vorgaben werden deutlich, wenn auf die Frage nach Handlungsoptionen in einer solchen Situation nur geantwortet wird, dass es solche Situationen einfach nicht geben solle.

Worin das schulische Dilemma besteht

Lehrkräfte als Pädagog*innen und Staatsbedienstete sind mit zwei widersprüchlichen staatlichen Politiken konfrontiert: Der Staat sieht eine erzwungene Ausreise für Jelena und ihre Familie vor. Während für die Dauer ihres Aufenthalts die Vorgabe ist, sie in das System zu integrieren und damit die für alle Schüler*innen antizipierte Zukunft in Deutschland vorzubereiten, ist die Schule für Jelena von dem Zeitpunkt ihrer erzwungenen Ausreise an nicht mehr zuständig. Zugleich gehört es zu einer inklusiven pädagogischen Grundhaltung, sich auf alle anvertrauten Schüler*innen einzulassen und auch ihr zukünftiges Wohlergehen im Blick zu behalten. Das spiegelt sich auch Äußerungen von pädagogischen Professionellen:

Also Schule hat den Auftrag zu integrieren und das tun wir dann, aber gleichzeitig müssen wir hinnehmen, wenn Schüler plötzlich wieder aussortiert werden – und das ist eine Unsituation. [...] Dann kommen die in solchen Unterkünften unter und gleichzeitig immer mit dieser unklaren Perspektive und das ist etwas, das überhaupt nicht passt. Schule versucht ja Perspektiven zu schaffen und, da sind zwei Systeme, die gegeneinander laufen. (Schulleitungsmitglied)

Eine zentrale Frage war für alle, wo die Verantwortung der Schule endet. Einige Eltern drückten klar aus, dass die Schule nur bestmögliche Unterstützung im schulischen Bereich leisten solle und weitergehendes Engagement nicht verlangt werden könne. Schulleitungsmitglieder betonten, dass die Unterstützung von Schüler*innen in prekären Lebenssituationen in der Regel von »besonders engagierten« Lehrkräften ausgehe, von »Enthusiast*innen«, die »diesen Zustand nicht ertragen können«. Das führe zu hohen Arbeitsbelastungen und Überforderungsgefühlen. Was geleistet werden könnte, wäre allerdings, so äußerte sich ein Schulleitungsmitglied, sich den Schüler*innen als empathisches, vertrauensvoll anzusprechendes Gegenüber zu zeigen.

Also die, wo die waren, was sie erlebt haben – eigentlich habe ich auch immer das Gefühl, dass wir das alles gar nicht leisten können, was so ein Kind dann da braucht – an Emotionalität, auch über diese Strukturen, diese rigiden Strukturen, die wir haben. Man kann da erstmal immer nur zuhören und versuchen, das zu verstehen. (Schulleitungsmitglied)

In Abbildung 6 (▶ Abb. 6) wurde versucht, die Herausforderungen einer unsicheren Bleibeperspektive bildlich herauszuarbeiten und aufzuzeigen, wie Lehrkräfte darauf aufmerksam werden können.

Andere betonen, dass sich aus der Einsicht in die Begrenztheit der pädagogischen Handlungsmöglichkeit, die sich hier als Dilemma offenbart, auch ein Überforderungsgefühl ergeben kann, dem wiederum professionell begegnet werden müsse, etwa mit der Einsicht, dass hier die Kompetenz bei anderen Institutionen liegt.

Hier endet meine Kompetenz, hier endet auch meine Kraft. Das übergebe ich an Institutionen, an andere Menschen und da abzuwägen, wie viel gebe ich persönlich an Engagement rein, und wann muss ich auch anfangen mich selber zu schützen. (Schulleitungsmitglied)

Das zweite Zitat deutet zugleich auch an, dass aus pädagogischem Verantwortungsbewusstsein übernommene Aktivitäten in solchen Fällen schwer abzugrenzen sind zu zivilgesellschaftlichem bzw. politischem Engagement und hier ggf. Lösungen gefunden werden müssten in Kooperation mit anderen, außerschulischen Aktiven. Einer solchen Situation professionell im Rahmen von Schule zu begegnen, kann gelingen, wenn es an der Schule etablierte multiprofessionelle und idealerweise multilinguale Teams gibt, in denen z. B. Sozialarbeitende Elternkontakte halten und auf aufenthaltsrechtliche Kenntnisse zurückgreifen können, um Familie und Kollegium situa-

Teil 2: Impulse zu ausgewählten Aspekten

Abb. 6: Abschiebungsandrohung

tionsangemessen zu informieren und zu beraten, wie es z. B. an der Oberschule Johannes Gutenberg in Dresden möglich ist.

Wie schulische Aktive auf die aufenthaltsrechtliche Situation Einfluss nehmen können

Fast alle Schulen berichteten zumindest von Einzelfällen, in denen sie vorab von Abschiebungsandrohungen erfahren haben, aber auch von Fällen, in denen Familien auf von einem Tag auf den anderen weg waren und erst im Nachgang klar wurde, dass sie ausreisen mussten. Mehrere Schulen hatten Erfahrungen mit Engagement für ein Bleiberecht von Schüler*innen. Schulleitungen haben sich mit einer entsprechenden Bitte an politische Entscheidungsträger*innen oder die Ausländerbehörden gewendet und dabei auf die gelungene Integration und regelmäßigen Schulbesuch verwiesen, was zugleich Voraussetzungen zeigt, unter denen ein Engagement aussichtsreich erscheint. Ebenfalls deutlich wird daran aber auch, dass den Leitungskräften in Schule seitens der Behörden hier eine erhebliche Kompetenz, diese Aspekte einschätzen zu können, zugeschrieben wird.

Die Initiative für den Verbleib von Schüler*innen und ganzen Familien kann von Lehrkräften, Schüler*innen oder engagierten Eltern ausgehen. An einer Schule konnte über eine Härtefallkommission eine Abschiebung verhindert werden, wobei sich die ganze Schulgemeinschaft auf eine gemeinsame Stellungnahme geeinigt hatte. In Schüler*innenprojekten werden besonders solidarische Aktionen hervorgehoben, die die Situation öffentlich machen, etwa durch Demonstrationen, Unterschriftenaktionen, Online-Petitionen und die Einbindung der regionalen Medien. Vorteilhaft ist dabei, wenn die Schule schon vor einem konkreten Fall gut vernetzt ist, Kontakte zu anderen Behörden und Community-Organisationen im Stadtteil hält, wie es z. B. an der Herbert-Grillo-Gesamtschule in Duisburg der Fall ist.

Während schulische Professionelle in erster Linie Fragen nach ihrem professionellen Umgang mit der Situation stellten, wurden vor allem in Elterninterviews und Schüler*innen-Projekten die Migrationspolitik direkt adressiert. Vor allem Eltern mit eigener Migrationsgeschichte problematisierten grundsätzlich die häufig mehrjährige und damit unzumutbare Dauer unsicherer Bleibeperspektiven für die Kinder und ihre Familien.

4.9 Bearbeitungsmöglichkeiten

Das Interviewformat, das für die Diskussionen in den Schulleitungsgruppen und bei Aktivitäten an den Schulen genutzt wurde, um reale und ideale Umgangsweisen mit den in den Vignetten geschilderten Situationen ansprechbar zu machen, kann auch als Einstieg in ein Schulentwicklungsprojekt im Themenfeld Transnationalität, Migration und Mobilität genutzt werden.

Vorschlag zur Vorgehensweise: Es werden Gruppen von 3 bis 5 Personen gebildet, die eine oder mehrere ausgewählte Vignetten erhalten.

Aufgabe:

Die Moderation führt ein: Sie erhalten kurze Geschichten. Es handelt sich um fiktive Personen, aber sie sind durch reale Geschichten angeregt. Lesen Sie sich die Geschichten durch und denken Sie kurz über folgende Fragen nach:

- An welche Erfahrungen erinnert Sie die Geschichte von [Name]?
- Wie könnte Ihre Schule [Name] unterstützen?
- Wie würde eine ideale Schule für [Name] aussehen?

4 Sechs Vignetten zu transnationaler Mobilität und wie sie diskutiert wurden

Dann berichten Sie sich der Reihe nach, was Ihnen zu den Fragen eingefallen ist. Diskutieren Sie, welche Antworten Sie danach ins Plenum weitergeben wollen.

In der Plenumsrunde berichten dann alle Gruppen, wobei die anderen jeweils die vorgestellten Ideen aufgreifen, ihre Umsetzbarkeit diskutieren und durch eigene Ideen ergänzen können.

Das Ergebnis wird mit gemeinsam vereinbarten Priorisierungen von Projekten, Maßnahmen, die die Schulentwicklung zum Thema Umgang mit transnationaler Mobilität voranbringen sollen, und dazugehörigen Meilensteinen für die weitere Arbeit schriftlich festgehalten und in geeigneter Form allen zur Kenntnis gebracht.

5 Zur Bedeutung einer migrationssensiblen Haltung für die pädagogische Professionalität von Lehrkräften

5 Zur Bedeutung einer migrationssensiblen Haltung

Abb. 7: Erwartungen

Reflexionsfrage: Versetzen Sie sich in die Rolle, Mitglied des Kollegiums zu sein. Stellen Sie sich vor, das Gespräch mitgehört zu haben. Was sind Ihre ersten Gedanken? Würden Sie sich in das Gespräch einbringen, und wenn ja wie?

5.1 Grundlegendes zu *Haltung* als Bestandteil pädagogischer Professionalität in der Schule der Migratonsgesellschaft[10]

In den Vignettendiskussionen hat sich bereits gezeigt, dass eine zugleich reflektierte wie offene Haltung gegenüber gesellschaftlichen Veränderungen, die mit Migration und transnationaler Mobilität verbunden sind und Schule ganz zentral betreffen, Kernbestandteil pädagogischer Professionalität ist. Nicht immer gelingt es den pädagogischen Fachkräften in der Schule jedoch, eine entsprechende Haltung, ethisch und/oder auch über entsprechende theoretische Kenntnisse motiviert, zum Ausdruck zu bringen. Auch kann nicht grundsätzlich damit gerechnet werden, dass es einen Common Sense im Kollegium über die angemessene Umgangsweise mit der Tatsache der Migration gibt. Im Folgenden wollen wir daher Orientierung geben und verdeutlichen, was wir unter einer migrationssensiblen Haltung verstehen und welche Rolle diese für die pädagogische Professionalität von Lehrer*innen in einem Schulalltag spielt, der von transnationaler Mobilität und Migration geprägt ist.

Eine migrationssensible Haltung zeichnet sich durch die Verbindung von Differenzsensibilität mit Diskriminierungskritik aus. Differenz zeigt sich etwa in den Lebenserfahrungen, -orientierungen, in Sprachen, Religionen und Weltanschauungen, Geschlecht und sexueller Orientierung, Möglichkeiten zur Nutzung von Teilhabechancen und weiteren Merkmalen. Differenz ist durch Merkmale gekennzeichnet, die die Person als Teile ihrer Identität benennt oder die ihr

---

10 Dieses Kapitel wurde aus Karakaşoğlu (2021) entwickelt.

von außen als relevantes Merkmal zugeschrieben werden. Insbesondere letztere sind maßgeblich abhängig von gesellschaftlichen Diskursen, Macht- und Hierarchiebeziehungen. Das findet im Migrationskontext seinen Ausdruck in gesellschaftlichen Debatten oder ist auch im Recht verankert. So eröffnet z. B. das Aufenthaltsrecht nicht allen die gleichen Möglichkeiten zu gesellschaftlicher Teilhabe und Zukunftsplanung. Unterschiedliche gesellschaftliche Anerkennungserfahrungen machen viele Familien mit transnationalen Bezügen darüber, dass die von ihnen gesprochenen Sprachen und praktizierten Religionen von machtvollen schulischen Akteur*innen nicht als relevant oder sogar beeinträchtigend für die formale Bildung gelten. Daraus entstehen spezifische Zugangsbarrieren in unterschiedlichen Lebensbereichen, die nur einzelne Bereiche oder Lebenssituationen betreffen können, aber auch je nach der Kombination von Differenzdimensionen zu umfassender Ausgrenzung führen können (Intersektionalität). Ein männlicher, neu-zugewanderter Jugendlicher aus einem nordafrikanischen Land, der ohne Eltern nach Deutschland gekommen ist und in einem Jugendheim lebt, begegnet anderen gesellschaftlichen Begrenzungen als eine gleichaltrige deutsche Jugendliche mit als asiatisch gelesenen Gesichtszügen, auch wenn beide mit je spezifischen Vorurteilen konfrontiert sein können.

Professionelles Handeln von Lehrer*innen in migrationsgesellschaftlichen Differenzverhältnissen wird bislang häufig mit der Aneignung »interkultureller Kompetenzen« bei Lehrer*innen gleichgesetzt (KMK 2013; Göbel und Buchwald 2017, 60). Der Bezug auf »Kompetenz« geht auf den vielen Professionalisierungskonzepten in der Lehrer*innenbildung zugrunde gelegten kompetenztheoretischen Ansatz (Baumert und Kunter 2006) zurück. Mit der Aneignung von »Interkultureller Kompetenz«, die im Zusammenhang mit dem Umgang mit heterogenen Schüler*innen und Eltern »mit Migrationshintergrund« als notwendig erachtet wird, ist oft die Vorstellung verbunden, ein kompetenter Umgang mit migrationsgesellschaftlichen Differenzverhältnissen drücke sich in einer Kenntnis kultureller Unterschiede aus, die es ermögliche, ein Verständnis für als irritierend geltendes Verhalten von Migrierten zu entwickeln (Ohm, Karakaşoğlu und Mecheril 2022).[11] Die »fremde Kultur« wird damit nicht nur als Ursache der Irritation von Lehrkräften identifiziert, sondern sie wird als zentrales, verobjektivierbares und absolut verstandenes Differenzmerkmal gesetzt, das mit den migrantischen Individuen quasi organisch verbunden ist. Abgesehen davon, dass diese Herangehensweise das Handeln der »Anderen« deterministisch aus einer (zugeschriebenen) Kultur ableitet, wird dabei eine wichtige Ebene von pädagogisch professioneller Haltung ausgeblendet: die Auseinandersetzung mit dem Wollen und Werten, also mit affektiven Aspekten von Handeln.

Ein ganzes Set an relevanten und vielfältig verknüpften »Mindframes« macht Hattie (Hattie und Zierer 2018) in seiner einflussreichen Metastudie zu Lehrer*innenkompetenzen für die Kennzeichnung »guter Lehrer*innen« aus. In der Abgrenzung gegenüber kompetenztheoretischen Zugängen zu pädagogischer Professionalität setzen sich strukturtheoretische Professionsansätze kritisch mit der technologischen Vorstellung von Wissen und Können als unmittelbar auf unterrichtliches Handeln wirkenden Kompetenzen auseinander. Sie konzentrieren sich stärker auf die Reflexion biographischer Erfahrungen und nehmen darüber das Wollen und Werten von (angehenden) Lehrkräften in den Blick (Helsper 2002). In ihnen werden individuelle Voraussetzungen und die eigene Biographiearbeit als notwendige Grundlage für Reflexivität als pädagogische Kernkompetenz betont. Eine solche Konzentration auf das biographische Gewordensein von Lehrkräften wiederum droht (migrations-)gesellschaftspolitische Rahmenbedingungen, die das Wollen und Werten (oder Einstellungen und Haltungen) prägen bzw. einschränken, aus dem Blick zu verlieren. Darüber hinaus fordern strukturtheoretische Professionsansätze auch die fallrekonstruktive Auseinandersetzung mit Situationen außerhalb der Praxis, die eine

---

11 Anders in der Definition bei Leiprecht (2006,41), der eine kritische Haltung gegenüber Kulturalisierung und Ethnisierung als »Basiskomponente« interkultureller Kompetenz betrachtet.

5 Zur Bedeutung einer migrationssensiblen Haltung

forschende Grundhaltung fördert und damit die Überprüfung von Deutungsgewohnheiten ermöglicht (Helsper 2020, 181), wie sie auch hier exemplarisch angeregt werden. Stärker noch als dies in den gängigen Professionalisierungstheorien geschieht, nehmen wir dabei eine diese Deutungsgewohnheiten gesellschaftstheoretisch einordnende Perspektive ein.

Hier soll daher der Blick geschärft werden für Haltungen und Handlungen von Lehrer*innen, in denen sich migrationsbezogene gesellschaftspolitische Diskurse spiegeln. Damit kann verdeutlicht werden, dass und wie Lehrer*innen in diese eingebunden (involviert) sind (Messerschmidt 2016). Eine Einsicht in diese Zusammenhänge stellt aus unserer Sicht eine wichtige Voraussetzung für die Arbeit an diesen Haltungen mit Konsequenzen für pädagogisch professionelles Handeln dar.

Über allem steht die Frage: Was macht eine migrationsgesellschaftlichen Verhältnissen gegenüber reflektierte, differenzsensible und diskriminierungskritische Haltung von Lehrer*innen aus und welchen Anteil hat eine solche Haltung an der Förderung von Bildungsgerechtigkeit und Bekämpfung von Rassismus in Schulen?

Lassen wir zum Einstieg ehemalige Schüler*innen und ihre Erfahrungen mit Lehrer*innenäußerungen zur Migrationsgesellschaft zu Wort kommen:

*Kim[12] schreibt: »Einer meiner ehemaligen Mathelehrer nahm mich des Öfteren bei Fragen an die gesamte Klasse dran, ohne dass ich mich gemeldet hatte, da er der Meinung war, die Asiatin müsse es ja wissen, die seien doch so gut in Mathe. Da Mathe nicht eine meiner Stärken war und ich dementsprechend keine richtige Antwort auf die Fragen geben konnte, hieß es seitens des Lehrers ›Da hätte ich aber jetzt mehr erwartet‹ (...). Obwohl ich zu diesem Zeitpunkt noch nie in Asien war und dementsprechend keinerlei Berührungspunkte oder persönliche Erfahrungen mit der Kultur und Mentalität habe, wird von mir erwartet, besser in Mathe zu sein als Schüler*innen, die nicht daher kommen.«*

Aleyna schreibt: »Vor allem im Latein- und Französischunterricht wurde ich aufgefordert, Vokabeln in meine ›Muttersprache‹ zu übersetzen, weil es mir so be-

---

12 Alle Namen wurden zum Zweck der Pseudonymisierung geändert.

Teil 2: Impulse zu ausgewählten Aspekten

stimmt leichter fiele. Da selbst meine Eltern in Deutschland aufgewachsen sind, ist die Annahme, ich könne besser Türkisch als Deutsch, eher irrational und es brachte mich jedes Mal in eine unangenehme Situation, dies regelmäßig wiederholen zu müssen. Auch die Lehrkraft im Fach Geschichte hat gerne auf mein ›Wissen‹ über die Geschichte des Osmanischen Reichs zurückgreifen wollen, obwohl ich aufgrund dessen, dass ich nur in Deutschland zur Schule gegangen bin und dies kein Teil des Curriculums ist, lieber über Deutschland berichtet hätte...«

Sarah schreibt über ein Erlebnis im Praktikum: »*Die Lehrerin Frau Mustermann spricht mit ihren Schüler*innen darüber, wie sie in den Ferien außerhalb der Schule mit der englischen Sprache in Berührung kommen. Sie sagt Folgendes: ›Ich weiß ja nicht, ob ihr da in euren Dörfern in der Türkei überhaupt Internet habt, oder ihr da nur den ganzen Tag mit Ziegenmelken beschäftigt seid.‹*«

Diese drei exemplarisch herausgegriffenen Berichte aus ca. 150 Rückmeldungen von Lehramtsstudierenden einer Pflichtvorlesung an der Universität Bremen im Jahr 2020 zur Frage, wo ihnen Beispiele für natio-ethno-kulturelle Zuschreibungen (Mecheril 2003) in Schule begegnet seien, verweisen auf die Alltäglichkeit der Erfahrung von Schüler*innen mit kulturalisierenden, diskriminierenden, ja rassifizierenden Sprachhandlungen von Lehrer*innen gegenüber Personen, die als migrantisch wahrgenommen werden. Während Kim sich mit der pauschalen, als Enttäuschung an ihre Erwartungen formulierten, diskriminierenden Zuweisung ihres Lehrers,»Asiat*innen seien doch so gut in Mathe«, konfrontiert sieht, wollen Aleynas Lehrer*innen den ihr zugeschriebenen sprachlich-kulturellen Wurzeln wohlwollend ressourcenorientiert, im Endeffekt aber kulturalisierend entsprechen, indem sie aufgefordert wird, diese in den Regelunterricht einzubringen. Die von Sarah beobachtete Sprachhandlung der Lehrerin gegenüber Schüler*innen, die als aus »Dörfern in der Türkei« stammend adressiert werden, weist klare Merkmale von Rassismus auf, da hier die Schüler*innen mit einem als grundsätzlich zivilisationsbedürftigen, geographischen Raum gleichgesetzt und damit als weniger bildungsfähig markiert werden.

In allen drei Beispielen kommt in den Deutungsmustern der Lehrer*innen ein Konzept von Kultur zum Tragen, dem rassifizierende Zuschreibungen zugrunde liegen, denen eine zugeschriebene natio-ethno-kulturelle Herkunft wird zu einem positiv oder auch negativ aufgeladenen, vererbbaren Merkmal, das den Schüler*innen vor der ganzen Klasse angeheftet wird. Als machtvolle Akteur*innen markieren Lehrpersonen damit ein dichotomes Gesellschaftsbild, das zwischen einem migrantischen *Anderen* und einer nicht-migrantisch markierten *Mehrheitsgesellschaft* unterscheidet.

Die Alltäglichkeit und die Rahmung dieser Erlebnisse durch asymmetrische, schulspezifische Machtverhältnisse zwischen Lehrer*innen und Schüler*innen verunmöglichen vielfach entsprechende Erlebnisse in der Situation selbst als das, was sie sind, einordnen und thematisieren zu können: nämlich Othering (Veranderung), Diskriminierung und Rassismus, wie schon seit längerer Zeit wiederholt vor allem in ethnographisch angelegten erziehungswissenschaftlichen Studien beschrieben wurde (Weber 2003). Über das Phänomen des »Stereotype Threat« – vorurteilsbedingt geringeren Leistungserwartungen – hat dies direkte und indirekte Effekte für ungleiche Bildungschancen im Migrationskontext (BIM und SVR 2017, 38). Wenn Lehrpersonen von Schüler*innen geringere Leistungen als von anderen erwarten, wirkt sich dies einerseits direkt auf die erbrachten Leistungen aus und hat zudem indirekt den Effekt, dass Schüler*innen diese geringere Leistungserwartung in ihr Selbstbild aufnehmen und den Glauben an sich und ihre Fähigkeiten verlieren. Die Arbeit an Haltungen ist daher ein wichtiger Bestandteil der Lehrer*innenbildung, in der es darum geht, auf der Basis theoretischen Wissens zu Migrationsverhältnissen, Diskriminierung und Rassismus sowie anhand eines an konkreten Fällen geschärften analytischen Blicks Erlebtes in der Retrospektive der pädagogischen Reflexion zuzuführen.

Haltungen der pädagogischen Fachkräfte sind eingebettet in strukturelle Gegebenheiten und Routinen von Schule, die es den Einzelnen nicht eben leicht machen, die bereits erwähnte differenzsensible, diskriminierungskritische Haltung zu entwickeln und zu bewahren (Karakaşoğlu, Mecheril und Goddar 2019, 35ff). Auch die häufig im Sinne einer Demokratisierung pädagogischer Verhältnisse geforderte Kommunikation zwischen Lehrer*innen und Schüler*-

innen »auf Augenhöhe« als Ideal stößt an strukturelle Grenzen. Denn in vielfacher Hinsicht (etwa im Hinblick auf das kanonische Wissen, die Bewertungsmacht und Freiwilligkeit der Anwesenheit) ist die in der Beziehung angelegte Asymmetrie konstitutiver »Bestandteil einer jeden pädagogischen Beziehung« (Rotter, Schülke und Bressler 2019, 214).

Gerade vor diesem Hintergrund jedoch ist die individuelle Arbeit an Haltungen eine wesentliche Voraussetzung, um pädagogische Beziehungen lernförderlich zu gestalten. Sie drückt sich u. a. in einer selbstkritischen Auseinandersetzung mit alltäglichen Bezugnahmen auf Stereotypen aus. Dies gilt etwa für im Lehrer*innenzimmer bei Gesprächen über Schüler*innen häufig unhinterfragt wiederholten Topoi vom »kleinen muslimischen Macho« bzw. das »fleißige, aber schüchterne russische Aussiedlermädchen« (Karakaşoğlu 2020a). Haltung drückt sich – anders als in Konzepten der Aneignung »Interkultureller Kompetenz« betont – gerade in der Hinterfragung von verbreiteten Bildern über »die Anderen« aus und darin, der Versuchung zu widerstehen, medial verbreitete Bilder über »bestimmte Kulturen« als Erklärung für problematische Situationen an Schulen, an denen Menschen »mit Migrationshintergrund« beteiligt sind, heranzuziehen.

Dass diese eine verkürzte Sicht auf Migration und ihre Folgen für Schule mit sich bringen, muss gelernt, etablierte Stereotype wiederum verlernt werden. Aus dieser Perspektive ist es notwendig, gewohnte Praxen und Ordnungsschemata von Schule grundlegend zu überdenken. Im Ergebnis ist es Ziel einer migrationssensiblen Lehrer*innenprofessionalisierung, ein Bewusstsein dafür entwickeln, dass Lehrer*innen mit ihrer Haltung, in der sich migrationsgesellschaftliche Wissensbestände und auch die Einsicht in die notwendige Begrenztheit des eigenen Wissens spiegelt, maßgeblich dazu beitragen, Schule zu einem Ort der Gesellschaft zu machen, der von allen gemeinsam gestaltet werden muss, der das migrationsgesellschaftliche »Wir« spiegelt (Karakaşoğlu, Mecheril und Goddar 2019).

5.2 Die Sprache von Lehrer*innen als Ausdruck von Haltung

Das wichtigste Werkzeug von Lehrer*innen im Hinblick auf den Ausdruck von Haltungen ist die Sprache. Die Einsicht in die Normalität von migrationsgesellschaftlicher Veränderung im Alltagserleben verbindet sich mit der Anforderung, Sprache als Werkzeug der Gestaltung von Gesellschaft zu verstehen (Dirim, Knappik und Thoma 2018, 51). Sprache – das haben die Eingangsbeispiele gezeigt – ist als Ausdruck von Haltungen bei Lehrer*innen ein wichtiges Instrument und zugleich Merkmal ihrer Professionalität. Um Sprache differenzsensibel und diskriminierungskritisch einsetzen zu können, wird eine über Wissen, Wollen und Werten fundierte Haltung zur gesellschaftlichen Bedeutung von Migration benötigt. Das bringt die Anforderung an Schule mit sich, sich in vielerlei Hinsicht, so auch im Hinblick auf den Umgang mit Sprache, quasi »neu zu erfinden«. Umgangssprachliche Metaphern bieten sich hier als Übungsobjekt an. Um ein Beispiel zu nennen: Das Vorspiegeln falscher Tatsachen wird nicht selten als »etwas türken« bezeichnet. Die Gleichsetzung einer negativen Handlung mit einer Nationenbezeichnung diskriminiert diejenigen, die sich mit der Nationenbezeichnung identifizieren. Es gibt keinen Grund an ihr festzuhalten und genügend andere Möglichkeiten, den Sachverhalt auszudrücken. Es ist die Aufgabe von Pädagog*innen, sich dessen bewusst zu sein, welche Haltung sich in ihrer Sprache ausdrückt und hier auch nachzujustieren, wenn Haltung und sprachliches Handeln nicht (mehr) zusammenpassen.

Haltung als Auseinandersetzung mit Sprache manifestiert sich u. a. auch darin, sich mit gesellschaftlich äußerst problematischen Begriffen, die sich in den pädagogischen Alltagssprachgebrauch eingeschlichen und dort festgesetzt haben, reflexiv auseinanderzusetzen und diese im eigenen Sprachgebrauch durch sachgerechtere Begriffe zu ersetzen, die keine das Gegenüber in spezifischer Weise markierenden, abwertenden Assoziationen reproduzieren. Wenn z. B. wegen der notwendigen Bezugnahme auf entsprechende öffentliche Debatten oder Statistiken ein Gebrauch unvermeidlich ist, sollte darauf geachtet werden, die Verwendung mit einem Verweis auf die Problematik zu verbinden.

z.B. »Migrationshintergrund«

Was kann ich tun, bei meinem Kind wurde ein Migrationshintergrund diagnostiziert, als wir es zur Einschulung anmelden wollten. Was passiert jetzt mit ihm? Womit muss ich rechnen? Kann ihm das zum Nachteil gereichen?

Das sind aufgewühlt vorgetragene Fragen einer Mutter, die sich mit der Bitte um telefonische Beratung an uns gewandt hat. Worauf beruht diese Verunsicherung der Mutter? Es ist zu vermuten, dass sie den gesellschaftlichen Diskurs zur negativen Konnotation des Labels »Migrationshintergrund« antizipiert. Scarvaglieri und Zech (2013) haben für die Bezeichnungspraxis »Migrationshintergrund« im öffentlichen Diskurs Zeitungsausschnitte, in denen der Begriff vorkam, anhand der Bebilderung und (mit dem Begriff verbundenen) Formulierungen, Adjektiven etc. untersucht und sind auf einer breiten empirischen Basis zu dem Schluss gekommen, dass der Begriff »Migrationshintergrund« überwiegend negative Assoziationen über Menschen aufruft, »die förderbedürftig, benachteiligt und nicht ausreichend integriert sind und die Gesellschaft aus diesen Gründen vor Probleme stellen« (Scarvaglieri und Zech 2013, 222). Genau in diesem Zusammenhang möchte sie ihr Kind nicht eingeordnet sehen, gegen diese Zuschreibung verwehrt sich die Mutter. Sie zeigen auf, dass der für die statistische Messung der Folgen von Migration entwickelte Begriff (▶ Kap. 4.1) im öffentlichen Diskurs eine ethnisierende und negativ aufgeladene Bedeutung angenommen hat.

Wir erklären, dass die Zuweisung eines »Migrationshintergrundes« wahrscheinlich im Zusammenhang mit der Zuweisung von Förderressourcen an die Schule, die entsprechend des Anteils der in der Schule angemeldeten Kinder »mit Migrationshintergrund« erfolgt, um Maßnahmen zur Deutsch-Sprachförderung anbieten zu können. Sie erwidert empört:

> *Er hat einen türkischen Namen, aber ich lebe seit langem von seinem Vater getrennt, er kann kein Wort Türkisch, er spricht nur Deutsch, er braucht keine Deutschförderung!*

Zugleich verweist ihre Äußerung darauf, dass der Einsatz des statistischen Indikators für die Zuweisung von Ressourcen in einer vielfältiger werdenden Migrationsgesellschaft an Eignung verloren hat und über zielgenauere Indikatoren für die Zuweisung von Mitteln an Schulen nachgedacht werden sollte, z.b. diagnostizierte Bedarfe an Deutschförderung und soziale Indikatoren (über einen Sozialindex, wie er etwa in der Stadtgemeinde Bremen zum Einsatz bei der Zuweisung von Ressourcen an die Schulen).

z.B. »Mehrheitsgesellschaft«

Ein anderer Begriff ist »Mehrheitsgesellschaft«, der häufig auch als wissenschaftliche Kategorie verwendet wird (Schmidt, Weick und Gloris 2020), um den Bevölkerungsanteil zu benennen, der keinen »Migrationshintergrund« hat.

Angesichts der demographischen Verhältnisse in westdeutschen Großstädten stellt sich allerdings die Frage, inwiefern z.B. in Bremen, Hamburg oder Frankfurt Menschen »ohne Migrationshintergrund« tatsächlich die »Mehrheitsgesellschaft« bilden. Die minderjährige Bevölkerung westdeutscher Großstädte wie Frankfurt, Berlin, Hamburg, Stuttgart oder Bremen hat inzwischen mehrheitlich statistisch betrachtet einen Migrationshintergrund.

Damit stellt die Bezeichnung »Mehrheitsgesellschaft« im Sinne des Anteils von Bevölkerung ohne eigene oder familiäre transnationale Migrationserfahrungen mindestens für westdeutsche Großstädte keine empirische Realität (mehr) dar. Die Erziehungswissenschaftlerin und Rassismusforscherin Birgit Rommelspacher hat recht früh in ihren Gesellschaftsanalysen die die Migrationsgesellschaft strukturierenden Machtverhältnisse in den Mittelpunkt gestellt und den

Begriff der »Dominanzkultur« (Rommelspacher 1995) bzw. »Dominanzgesellschaft« geprägt. Er ermöglicht, unabhängig von den Zahlenverhältnissen, dafür zu sensibilisieren, dass Dominanz sich nicht in Zahlen ausdrücken muss, sondern vor allem in den privilegierten Zugängen zu den Teilbereichen der Gesellschaft besteht, über die sich diese definiert (Politik, Wirtschaft, Bildung/Wissenschaft/Kulturbetriebe...).

z.B. »Brennpunktschule«

Ein weiterer problematischer Begriff, der im Kontext von Schule weit verbreitet ist, ja immer dann, wenn er im medialen und Alltagssprachgebrauch zur Anwendung kommt, weiter keiner Erklärung zu bedürfen scheint, ist »Brennpunktschule«. Dabei scheint klar, dass dieser Begriff in einem unmittelbaren Zusammenhang mit einem hohen Anteil an Problemlagen im sozialen Umfeld von Schule steht und fast immer mit einem hohen Anteil von Schüler*innen »mit Migrationshintergrund« an der Schule assoziiert wird. Der Begriff begegnet uns häufig auch schon bei Lehramtsstudierenden, die wir bei ihren Praktika an Schulen begleiten und die sich teils neugierig, teils besorgt dazu äußern, was sie wohl an der ihnen zugewiesenen »Brennpunktschule« erwarten mag. Der Begriff weckt Assoziationen mit der Gefahr einer derartigen Verdichtung von Problemlagen im konkreten Nahraum der Schule, dass es dort im übertragenen Sinne gefährlich »brennt«. Die Personen, die diesem »Brennpunkt« zugeordnet werden, werden so als Teil des Problems stigmatisiert, die sozialen Verhältnisse, die ihre Lebens- und Bildungsbedingungen negativ beeinflussen, geraten aus dem Blick. Bremm, Klein und Racherbäumer (2016, 326) verwenden daher die Bezeichnung »Schulen in sozialräumlich benachteiligter Lage« und ziehen ihn auch der Alternative »Schule in schwieriger sozialer Lage« vor, um deutlich zu markieren, dass eine benachteiligte Lage nicht per se mit »schwierig« gleichgesetzt werden sollte. Wir konnten in TraMiS (▶ Kap. 12) einige Schulen in benachteiligter Lage kennenlernen, in denen engagierte Schulleitungen es geschafft haben, öffentliche und zivilgesellschaftliche Ressourcen so in die Schule zu ziehen dass sie eine Schulkultur der Offenheit entwickeln konnten, um auf die Bedarfe ihrer vielfältigen Schüler*innenschaft adäquat einzugehen und soziale Benachteiligung in Familie und Stadtteil aufzufangen. Auch wenn also das Lehren und Lernen an Schulen in benachteiligten Lagen durch besondere Herausforderungen geprägt ist, kann so ein für Lehrende und Lernende konstruktiver, teamorientierter, erfüllender und zukunftsgestaltender Rahmen geschaffen werden, der sich ggf. für Bildungsprozesse in positiven Sinne als deutlich anregender erweist als eine Schule, die wenig dynamisch in traditionellen Lehr-Lernsettings verbleibt, da sie sich auf eine vermeintlich unproblematische bildungsorientierte Mittelschicht als Norm eingestellt hat.

Haltung als pädagogischer Kompass

Nach diesen Beispielen für den sprachlichen Ausdruck von Haltung wollen wir noch einmal zurückkommen zu der Frage, was Haltung als pädagogische Kompetenz (Rotter, Schülke und Bressler 2019) eigentlich ist? Haltung kennen wir im Alltagskontext als Grundeinstellung, die jemandes Denken und Handeln prägt. In ihr drücken sich die Selbst- und Weltverhältnisse aus, die Menschen im Laufe ihres Lebens und Erlebens entwickeln, ihre Überzeugungen, Wertungen und Einstellungen. Als professionelle pädagogische Kompetenz geht es bei Haltung um die Meta-Ebene – die Einstellung, dass alle übrigen Haltungen im professionellen Kontext wiederkehrend reflektiert und ggf. angepasst werden müssen.

Wie kann nun Haltung im alltäglichen schulischen Geschehen der Interaktion zwischen Lehrer*innen und Schüler*innen, das von der Notwendigkeit geprägt ist, spontan handeln zu müssen, ohne auf normierte Handlungsmuster zurückgreifen zu können (bekannt als »Technologiedefizit der Pädagogik«), wirksam werden? Die Schulpädagogin Claudia Solzbacher bezeichnet Haltung als eine Art »Inneren Kompass«. Sie stellt fest:

> Eine professionelle Haltung kann zweifellos nur eine authentische, stabile kontextsensible Haltung sein und dafür benötigen wir neben diversen Reflexionen über das Feld und über uns selbst auch eine mentale ›Beweglichkeit‹. (Solzbacher 2016, 7)

Sie spricht davon, dass dem ersten Impuls, einer sogenannten Erstreaktion, die häufig eher Vorbehalte ausdrückt gegenüber Neuem, eine professionell ausgebildete Zweitreaktion folgen müsse, die aus der Kombination von Empathiefähigkeit mit Reflexionsfähigkeit erwachse.

Es ist nicht zuletzt Aufgabe einer kritisch-reflexiven Lehrkräftebildung, genau dies zu fördern. Mit der Bezugnahme auf Erst- und Zweitreaktion greift Solzbacher (2016, 7) auf (sozial-)psychologisches Grundlagenwissen zu menschlichem Denken zurück, das der Nobelpreisträger Daniel Kahnemann in seinem Bestseller ›Schnelles Denken, langsames Denken‹ anschaulich beschrieben hat. Demnach ist das menschliche Denken als Denken mit zwei Systemen vorstellbar (Kahneman 2012, 33): System 1 urteilt schnell auf der Basis schnell verfügbarer Informationen, die sich zu konsistenten Narrativen verknüpfen lassen, und erlaubt so rasches Handeln. System 2 erfordert eine willentlich anstrengende mentale Aktivität, die oft mit dem Erleben von Handlungsmacht, Entscheidungsfreiheit und Konzentration einhergeht, und erlaubt so die Korrektur schneller Entscheidungen und langfristige Planungen. Das schnelle Denken ist für Stereotype und Verkürzungen anfällig und bedarf daher einer Korrektur durch System 2 – durch konzentrierte Reflexion und das Einholen zusätzlicher Informationen.

Auch Bourdieu stellt seinen Begriff des Habitus in einen unmittelbaren Zusammenhang mit Haltung, wenn er ihn als »eine allgemeine Grundhaltung, eine Disposition gegenüber der Welt, die zu systematischen Stellungnahmen führt« (Bourdieu 2005, 31), definiert. Entscheidend für den Zusammenhang ist die Verwendung des Adjektivs »systematisch«. Denn als Habitus wird dem Begriff Haltung eine überindividuelle, weitere Dimension zugesprochen. In diesem Sinne steht er nicht nur für individuelle Einstellungen, sondern für die Möglichkeit, die z. B. der Raum Schule bietet, diese zum Ausdruck bringen zu können. Im Anschluss an die antike und mittelalterliche europäische Philosophie kommen im Habitus »Haltungen, Gestimmtheiten und Gewohnheiten zum Ausdruck, die zwar individuell verkörpert werden, die aber über die Grammatik der sozialen Räume ihrer Aneignung auch auf kollektive Phänomene verweisen« (Rieger-Ladich 2010, 119).

5.3 Beispiele für pädagogischen Umgang mit migrationsbedingter Vielfalt

Daran schließt sich die Frage an, inwiefern es Lehrer*innen im sozialen Raum Schule überhaupt möglich ist, eine diskriminierungskritische und differenzsensible Haltung zu zeigen. Zwei Beispiele – sozusagen Evergreens – zum Umgang mit migrationsbedingter Vielfalt in Schule, zu denen die Diskussion in den vergangenen Jahren nicht abreißt, verweisen auf die Herausforderungen an Einzelne, Haltung als Selbstkompetenz in einem bildungs- und migrationspolitisch hoch verminten gesellschaftlichen Diskurs, der nicht nur auf Schule ausstrahlt, sondern sich dort auch in besonderer Weise manifestiert, auszubilden. An je einem Beispiel zu Sprache und Religion, den zwei meist umkämpften Ausdrucksformen von Kultur – wahrgenommen als Differenzmerkmal – in der Migrationsgesellschaft, soll dieser Zusammenhang zwischen gesellschaftlichen und pädagogischen Diskursen verdeutlicht werden.

Deutschpflicht auf dem Schulhof

Wir greifen hier zunächst einmal den schulischen Diskurs über erlaubte und nicht erlaubte Sprachen in der Interaktion von Kindern und Jugendlichen in der Migrationsgesellschaft auf, der sich durch ihren gesamten Bildungsverlauf von der Kita bis zum Schulabschluss zieht. Unter dem Stichwort »Deutsch auf dem Schulhof«, werden – so die Erfahrung vieler unserer Lehramtsstudierenden – auch aktuell noch Sprachverbote (als Verbot der migrantischen Familiensprachen, nicht dagegen offizieller Schulfremdsprachen wie Englisch oder Französisch) in Bildungseinrichtungen ausgesprochen. In der Sprachwissenschaft wird das damit deutlich werdende Sprachregime, bei dem migrantische Sprachen zu illegitimen Ausdrucksformen auf dem Schulgelände deklariert werden, mit (Neo-)*Linguizismus* bezeichnet (Dirim und Pokitsch 2018). Da nicht jede, sondern lediglich bestimmte Sprachen mit geringem Sprachprestige und großer Verbreitung in der Migrationsgesellschaft davon betroffen sind, stellt dies eine Form des sprachlichen Rassismus dar (Rösch 2019). Andere Ausdrucksformen von Linguizismus sind diskriminierende Bezeichnungs- und Kategorisierungspraktiken (siehe Eingangsbeispiele sowie problematische Begriffe ▶ Kap. 6.2) sowie eine fehlende Reflexion der eigenen sprachbezogenen Positionierung (Rösch 2019, 183). Letzteres meint die unhinterfragte Annahme, dass die eigene, dominanzgesellschaftlich positionierte Sprachkompetenz in Deutsch etwa, die über spezifische Sozialisations- und Bildungsprozesse und in einem bestimmten gesellschaftlichen Kontext erworben wurde, Maßstab für das »richtige Deutsch« sein müsste, an dem sich alle Schüler*innen messen lassen müssen.

Doch zurück zur Maßnahme »Deutschpflicht auf dem Schulhof«. Diese wird häufig begründet mit dem notwendigen Respekt vor den anderen, Respekt vor der Tatsache, dass sie ggf. die Sprache, die migrantische Subjekte als Alltagssprache sprechen, nicht verstehen. Es gehe damit um den Schutz der anderen, derjenigen ohne den sogenannten Migrationshintergrund, die die migrantischen Sprachen nicht beherrschen, vor dem Gefühl der Irritation und Ausgrenzung. Es geht vielfach aber auch um die Unterstellung, hier würden geheime negative Botschaften über andere ausgetauscht, denen man so versucht, Einhalt zu gebieten (Dirim, Knappik und Thoma 2018). Unter Ausblendung sprachwissenschaftlicher Erkenntnisse zum Aufwachsen unter Bedingungen von Mehrsprachigkeit wird das Sprachverbot bzw. -gebot hier vorgeblich pädagogisch auch mit der

Fürsorge für die mehrsprachigen Schüler*innen begründet, denen Gelegenheit gegeben werden soll, im Schulalltag jenseits des Unterrichts, im »Sprachbad« der Pause, ihre deutschen Sprachkompetenzen zu verbessern.

Alternative Sicht: Mehrsprachigkeit unter Berücksichtigung des Gesamtsprachenrepertoires

Auf der anderen Seite wird der Wert der Mehrsprachigkeit nicht nur in der Wissenschaft, sondern auch in Kultusministerien grundlegend anerkannt, in allgemeinen Verlautbarungen meist programmatisch als »Wertschätzung von Mehrsprachigkeit« ausgedrückt, inzwischen aber für einzelne Länderkontexte durchaus auch verbunden mit praktischen Empfehlungen für eine didaktische Umsetzung. Ein gutes Beispiel dafür ist ein vom nordrhein-westfälischen Bildungsministerium herausgegebenes Diskussionspapier zur Mehrsprachigkeit, das Schulen Anregungen für den professionellen Umgang mit Mehrsprachigkeit gibt (Bainski et al. 2017). Als Gesamtziel einer Didaktik der Mehrsprachigkeit wird dort u. a. ausgewiesen:

> Schülerinnen und Schülern zu ermöglichen, ihre Gesamtsprachigkeit, ihre sämtlichen sprachlichen Ausdrucks- und Verstehensfähigkeiten für das Lernen zu nutzen und sie auf diese Weise auch in ihrer Persönlichkeitsentwicklung zu unterstützen. (Bainski et al. 2017, 33)

In zehn Punkten werden dort praktische Aspekte einer Didaktik der Mehrsprachigkeit aufgeführt. Bei den meisten Punkten geht es um Sprachreflexion und Deutschförderung. In weiteren Punkten geht es aber auch darum, den Unterricht mit Blick auf Mehrsprachigkeit zu öffnen, Mehrsprachigkeit im Unterricht zu aktivieren (Translanguaging) und den Fachunterricht mit dem herkunftssprachlichen Unterricht zu verzahnen. Zu diesen didaktischen Strategien, die bisher eher weniger betont werden, haben wir im TraMiS-Projekt ein Handout unter dem Stichwort »Mit allen Sprachen lernen« entwickelt. Es geht von der pädagogischen Grundhaltung aus, dass der Einsatz aller Sprachen, über die Schüler*innen verfügen, nicht nur zum Lernen erlaubt sei, sondern dass dieser auch aktiv gefördert, durch geeignete Materialauswahl erleichtert und pädagogisch-didaktisch professionell begleitet werden sollte.[13] Mit einer solchen Grundhaltung ist ein Deutschgebot im Schulraum nicht vereinbar.

Religiöse Pluralität und der Kopftuchdiskurs

Mit Religion, genauer dem Umgang mit dem »sichtbaren« Islam als zweitem Kernaspekt, an dem sich migrationsgesellschaftliche Haltungen offenbaren, wird exemplarisch Bezug genommen auf Diskurse über die Legitimation, ein Kopftuch im Unterricht zu tragen, bezogen auf Schülerinnen und Lehrerinnen (Karakaşoğlu 2023).

Mit dem Verweis auf die Notwendigkeit, den Schulfrieden erhalten zu wollen (Kulaçatan und Behr 2020), wird auch hier die Gefühlswelt des antizipierten nicht-muslimischen oder zumindest nicht Kopftuch tragenden Gegenübers (Verunsicherung, Angst, Abscheu, Unbehagen) als Begründungsfolie für die Sinnhaftigkeit von Verboten des Tragens eines Kopftuches bei Lehrerinnen und bei Schülerinnen gemacht. Auch wenn das Tragen eines Kopftuches bei Schülerinnen juristisch eindeutig durch das Grundrecht auf Religionsfreiheit geschützt ist, so sehen sich diese nach wie vor in Schule wiederholt mit der Aufforderung durch Lehrer*innen konfrontiert, es abzunehmen. Auch hier werden vorgeblich pädagogische Begründungen ohne empirische Belege vorgebracht, es heißt dann etwa, Schülerinnen des gleichen religiös-kulturellen Hintergrundes müssten geschützt werden vor dem übergriffigen Versuch fundamentalistischer Gruppen, ihnen ihr Verständnis von Islam aufdrücken zu wollen. Auch hier gibt es zahlreiche Beispiele aus der Schule aus den Rückmeldungen von Studierenden, die auf das unreflektierte Diffundieren der medialen, gesellschaftlichen Diskurse in die Haltungen von Lehrer*innen verweisen. Wie anders wäre sonst die Bemerkung einer Lehrerin auf den Hinweis einer kopftuchtragenden Schülerin zu deuten, sie habe die

---

13 http://tramis.de/wp-content/uploads/2021/02/06_Handout_Mit-allen-sprachen-lernen_fin.pdf

von der Lehrerin gerade vorgestellte mathematische Formel nicht verstanden, dann möge sie doch das Kopftuch abnehmen, mit freien Ohren würde sie schon verstehen – eine Bemerkung, die den mit dem Kopftuch verbundenen Ausdruck religiöser Zugehörigkeit und Gefühle nicht nur ignoriert, sondern mit dem Hinweis auf das Kopftuch das religiöse Bekenntnis als Hindernis für die Aufnahme von Bildung markiert.

Die mit dem Kopftuch verbundene, negative Bedeutungszuweisung beim Gegenüber wird damit zum Kriterium für die Erlaubnis bzw. das Verbot gemacht, den Kopf bedecken zu dürfen. Als weitere Begründungsmuster gegen das Tragen des Kopftuches wird von Seiten der Schule vorgebracht, dass es sich beim Kopftuch um ein Symbol des islamisch-religiösen Fundamentalismus, der Unterdrückung von Frauen durch den Islam bzw. durch traditionalistische, männliche Familienangehörige handle, dass die Entscheidung, es zu tragen, nicht freiwillig geschehe und die Schule einen Raum bieten müsse, der religiöse Neutralität erlaube, zumindest aber Gelegenheit geben soll, sich von traditionalistischen oder gar fundamentalistischen elterlichen Vorgaben, die als Demokratie gefährdend markiert werden, zu befreien (vgl. hierzu die juristische und sozialwissenschaftliche Debatte, sehr übersichtlich und pointiert dargestellt bei Hecker 2022). Wie bereits im Falle der Sprachverbote entsprechen auch die hier vorgebrachten, vorgeblich pädagogischen Argumente nicht den wissenschaftlichen Befunden zur Bedeutung der Praxis für die Trägerin und ihrer Effekte für die Umgebung. Eine Studie, in der u. a. die Einstellung zum Kopftuch bei Lehrerinnen erfragt wurde, gibt einen Hinweis darauf, dass hier intergenerationale Erfahrungsunterschiede wirksam werden. So befürworten 77 % der in Ausbildung befindlichen Lehrkräfte, dass es Lehrerinnen erlaubt sein sollte, ein Kopftuch im Unterricht zu tragen, während dies lediglich 31 % der Lehrkräfte im Ruhestand so sahen (BIM und SVR 2017, 17).

Sowohl bezogen auf den hier skizzierten Umgang mit Mehrsprachigkeit bzw. Verwendung anderer Sprachen als Deutsch im schulischen Alltag wie auch im Umgang mit sichtbaren Zeichen von (muslimischer) Religiosität haben wir es mit Reaktionen auf die Irritation der etablierten gesellschaftlichen und in der Institution Schule repräsentierten Ordnungen zu tun. Das bisherige Normalitätsverständnis wird durch die Anwesenheit der *Anderen* und ihrer in einer pluralistischen Demokratie berechtigt vorgebrachten Ansprüche auf Anerkennung und Partizipation fundamental erschüttert. Erst in einem gesellschaftspolitisch aufgeladenen Diskursraum, der Migration und ihre Begleiterscheinungen potentiell als Gefahr markiert, werden individuelle Selbstverständlichkeiten (Mehrsprachigkeit, religiöse Praxis) als unzulässige Abweichungen von der Norm, als Ablehnung der Verantwortungsübernahme für die gemeinsame Gestaltung von Gesellschaft, pointiert ausgedrückt als Bestreben sog. »Parallelgesellschaften« zu bilden, gedeutet (Kulaçatan und Behr 2020; Karakaşoğlu 2020a; Dirim, Knappik und Thoma 2018).

5.4 Stereotypen, Rassismen und Bildungschancen

Lehrer*innen sind machtvolle Akteur*innen in der Schule, auch wenn sie sich selbst angesichts der vielfachen, oft auch widersprüchlichen Anforderungen an sie nicht selten hilflos fühlen. Dass Einstellungen und Kenntnisse von Lehrkräften zu Migration und migrationsgesellschaftlichen Veränderungen von Schule und Gesellschaft unmittelbar auf den Glauben ihrer Schüler*innen an sich selbst und ihre Leistungen einwirken, hat eine Studie des BIM und SVR (2017) empirisch nachgewiesen. Negative Haltungen zu Veränderungen von Schule durch Migration, die sich in diskriminierenden Zuschreibungen gegenüber Schüler*innen äußern, haben Einfluss auf den Glauben der Schüler*innen daran, dass sie von ihren Lehrkräften als klug und wissbegierig wahrgenommen werden, dass ihnen Leistung zugetraut wird, dass ihre Perspektiven respektiert werden, oder eben nicht (BIM und SVR 2017). Wie bereits oben ausgeführt, kann der negative Effekt von Erwartungen als »Stereotype Threat« den Glauben an die eigenen Fähigkeiten massiv beeinträchtigen.

Wie das in der Praxis aussehen kann, haben wir im Projekt TraMiS exemplarisch am Beispiel des geflüchteten Jugendlichen Amir verdeutlicht und dazu ein Comic entwickelt (▶ Abb. 7). Zu sehen sind hier drei Szenen, in denen (mögliche) Alltagssituationen dargestellt sind, in denen der Jugendliche sich jeweils konkret und interaktiv mit seinen Peers mit seinen beruflichen Zukunftsvorstellungen, der Lösung für eine Mathematikaufgabe und der Reflexion über ungleiche demokratische Mitwirkungsmöglichkeiten von Menschen in Deutschland befasst. In allen drei Fällen wird er von seinen Lehrer*innen beobachtet und sein Verhalten bzw. Gesichtsausdruck im Sinne ihrer miteinander fraglos geteilten stereotypen Erwartungen an ihn gedeutet. Alternative Wahrnehmungen des von ihnen beobachteten Sachverhalts kommen nicht zur Sprache. Die sich hier abbildende Haltung der Lehrer*innen lässt dementsprechend kaum Unterstützung beim Erreichen seiner Bildungsziele erwarten. Im Sinne einer Reflexion zur Erstreaktion und Entwicklung einer alternativen Zweitreaktion würde sich professionelles Handeln darin ausdrücken, dass die vor dem Hintergrund des gegenwärtigen Diskurses zu unbegleiteten minderjährigen, männlichen Geflüchteten nicht überraschend anmutenden Erstreaktionen der Lehrer*innen als solche von ihnen identifiziert würden. Die professionelle Folge wäre die Reflexion dieser Deutungen als Grundlage für die Artikulation einer Zweitreaktion, in der sich eine nicht-wertende, offene Haltung gegenüber der Beobachtung ausdrückt.

Die hier unter dem Begriff und Konzept der »Haltung« diskutierten Perspektiven gilt es in der Aus- und Weiterbildung von Lehrpersonen in allen drei Phasen als wesentliche Elemente der Ausbildung pädagogischer Professionalität aufzugreifen. Es geht dabei um Professionalisierung im Sinne einer kontinuierlichen Reflexion über die Verbindung zwischen der persönlichen Haltung und dem Handeln als Lehrer*in in komplexen Migrationsverhältnissen, in denen die Positionen und Rollen von Lehrer*innen und Schüler*innen nicht nur durch die übliche Asymmetrie in ihrer pädagogischen Beziehung geformt werden, sondern über migrationsgesellschaftliche Diskurse in spezifischer Weise gerahmt sind. Die eingangs zitierten Impulsbeispiele verweisen auf entsprechende Zusammenhänge: Die Erwartung des Lehrers an Kim, aufgrund ihrer asiatischen Herkunft besonders begabt zu sein, mathematische Probleme zu lösen, verweist auf darin erkennbar werdende, rassifizierende Zuschreibungen, die über im öffentlichen Diskurs verbreitete Vorannahmen über »Asiat*innen« zurückgeführt werden könnten. Aleyna wird im Unterricht durch verschiedene Lehrer*innen proaktiv auf ihre migrantische Herkunft angesprochen. Dies geschieht bei einer Lehrerin mit Verweis auf die Verwendung ihrer »Muttersprache« bei der Arbeit mit Vokabeln in einer schulrelevanten Fremdsprache. Die Lehrerin tut dies, so darf vermutet werden, in der Absicht, ihr damit Lernerleichterungen zu verschaffen. Im anderen Fall wird Aleyna aufgefordert, im Geschichtsunterricht ihre qua Herkunft vermuteten außerschulisch erworbenen Kenntnisse zur Geschichte des Osmanischen Reichs einzubringen. Beide Versuche, antizipierte spezifische kulturelle Wissensressourcen Aleynas im Unterricht zu berücksichtigen, werden von Aleyna als unzulässige Kulturalisierung erlebt und zurückgewiesen, da sie durch diese ohne Kenntnis ihrer tatsächlichen sprachlichen und Wissensressourcen kultureller Herkunft »besondert« wird. Im Fall der Beobachtung von Sarah unterstellt die Lehrerin den Schüler*innen, dass diese qua antizipierter Herkunft (Dörfer in der Türkei) in den Ferien keine bildungsrelevanten Erfahrungen machen, da dort weder Zugang zur englischen Sprache möglich sei (Internet) noch ihre antizipierte pauschale Einbindung in rurale Beschäftigung (Ziegen melken) dafür Zeit ließe. Eine solche – offenbar in bewusst pejorativ-überzeichneter Form formulierte – Zuschreibung von grundsätzlicher Bildungsunfähigkeit qua Herkunft verweist nicht nur auf bei der Lehrerin vorliegende Stereotype über türkische Schüler*innen. Die klassenöffentliche Artikulation dieser erniedrigenden Zuschreibungen verweist auf die Annahme, dass diese Form der Bloßstellung legitim sei, da geteilte Meinungen über eine gesellschaftliche Gruppe ausgesprochen werden.

5 Zur Bedeutung einer migrationssensiblen Haltung

In den drei Beispielen drücken sich zwar unterschiedliche Haltungen gegenüber der Tatsache der Migration aus, in allen drei Fällen spielen migrationsspezifische Stereotype jedoch eine zentrale Rolle im sich in den Äußerungen der Lehrer*innen offenbarenden pädagogischen Verhältnis. Kims Lehrer verbindet mit seiner pauschalen Zuschreibung positiver Attribute gegenüber der asiatischen Herkunft von Kim vielleicht keine bewusst rassistische Einstellung, und doch rassifiziert seine Erwartung Kim als mathematikaffiner Asiatin, da sie eine mit seiner ethnischen Herkunft assoziierte Leistungserwartung formuliert. Was könnte der Lehrer besser machen? Er müsste entsprechende Erwartungen in seiner Adressierung von Kim nicht an eine antizipierte (nationale/ethnische) Herkunft knüpfen, sondern an individuelle Leistungsfähigkeit und -bereitschaft. Dem Erstimpuls, automatisch von einer eindeutigen Verbindung zwischen Herkunft und Bildungszielen auszugehen, könnte er versuchen zu widerstehen oder zumindest im Nachgang (Zweitreaktion) darüber reflektieren, woher diese Art der Fokussierung auf (ethnische) Herkunft in seinen Leistungserwartungen rührt und in der Folge davon zugunsten einer individuellen Reaktion Abstand nehmen.

Aleynas Lehrer*innen wollen möglicherweise kultursensibel und Mehrsprachigkeit wertschätzend handeln mit dem Verweis auf eine andere »Muttersprache« als Deutsch und mit der Adressierung kulturspezifischen historischen Wissens, doch verweisen auch ihre Äußerungen auf eine pauschale Zuweisung von Defiziten und Ressourcen gegenüber einer spezifischen natio-ethno-kulturellen Herkunft sowie auf eine Ignoranz gegenüber der individuellen kulturellen Selbstverortung von Aleyna und ihrer konkreten Lebensverhältnisse. Hier wäre der Lehrerin anzuraten, aufmerksamer als bisher zu beobachten, ob die Schülerin selbst bislang entsprechende nationale oder historische Bezüge hergestellt hat, diese als Identität stiftend zu empfinden scheint und eine Ansprache auf der Ebene ihr entgegenkäme, oder ob diese Zuweisung spezifischer Kulturkenntnisse auf Zuschreibungsprozessen seitens der Lehrerin beruht und sie damit die Schülerin ethnisiert. Ein offenes Gespräch mit der Schülerin über die eigene Intention bei der Bezugnahme auf zugeschriebene national-kulturelle Wissensbestände kann helfen, Intention und Wirkung auf beiden Seiten angemessen transparent zu machen und für zukünftige Interaktionen der reflexiven Bearbeitung zuzuführen. Beide Lehrkräfte könnten, nachdem sie für die Sicht ihrer Schüler*innen durch kasuistische Ansätze in der Lehrer*innenfortbildung sensibilisiert wurden, zukünftig ihre Klassen bereits beim ersten Kennenlernen darüber informieren, dass sie sich bemühen wollen, nicht diskriminierend und rassifizierend in Äußerungen und Handlungen vorzugehen. Sie könnten, im Bewusstsein, dass affektive Bezugnahmen auf unreflektierte Wissensbestände immer wieder im Alltag vorkommen können, betonen, dass sie sich bei entsprechenden Situationen über kritische Rückmeldungen seitens der Schüler*innen freuen, da sie diesbezüglich an sich arbeiten wollten. Damit würden sie eine differenzsensible und diskriminierungskritische Haltung zeigen und zugleich Fehlerfreundlichkeit demonstrieren, die dann auch von den Schüler*innen eingefordert werden kann. Ergänzend sollte die Lehrkraft auch auf vertrauliche schulische Angebote wie eine Vertrauenslehrkraft oder ein*e Schulsozialarbeiter*in oder Ombudsperson hinweisen.

Im Fall der Lehrerin in Sarahs Bericht allerdings stellt die offensichtlich vorliegende Verfestigung von rassistischen Stereotypen über »anatolische Lebensverhältnisse« und die Ferienbeschäftigung der Schüler*innen im Mindset der Lehrerin eine größere Herausforderung für Sensibilisierungsbemühungen in Fortbildungen dar und verweist darauf, dass es weiterer Maßnahmen in Schulen bedarf, um Diskriminierung und Rassismus strukturell zu begegnen. Hier wäre es wichtig, an Schulen unabhängige Obleute oder Vertrauenslehrer*innen mit einer professionellen Haltung gegenüber Diskriminierung und Rassifizierung im Schulalltag zu haben sowie von den jeweiligen Schulkontexten unabhängige Beschwerdestellen, an die sich die betroffenen Schüler*innen wenden könnten, um die erlebte rassistische Beleidigung der Lehrerin zur Sprache bringen und Hilfe einfordern zu können, ohne Sorge haben zu müssen, dass diese Meldung sich in Form schlechterer Bewertungen oder weiteren diskriminierenden Verhaltens der Lehrer*in gegen sie wendet. Es geht darum, Schulen als sichere Orte für von Diskriminierung und Rassismus bedrohte Menschen zu entwickeln.

5.5 Bearbeitungsmöglichkeiten

Der Comic, der als Einstieg zu diesem Kapitel gewählt wurde, kann auch als Einstieg in die Thematisierung eines Seminars der Lehrkräftebildung oder einer Schulentwicklungsveranstaltung genutzt werden, bei der es um die Entwicklung einer migrationssensiblen Haltung geht.

1. Betrachten Sie in jeder Zeile der Darstellung das erste Bild: Was erfahren Sie über den Schüler Amir? Welches Selbstbild/welche Zukunftsvorstellungen scheinen Amir zu kennzeichnen?
2. Betrachten Sie jetzt in jeder Zeile das zweite Bild: Mit welchen Vorannahmen und Erwartungen begegnen die Lehrkräfte dem Schüler? Welche politischen Rahmenbedingungen und Mediendarstellungen könnten die Erwartungen der Lehrkräfte beeinflusst haben? Welche Folgen könnten die Diskrepanzen zwischen dem Dargestellten auf dem ersten Bild jeder Zeile und den Lehrer*innenwahrnehmung auf dem zweiten Bild jeder Zeile für den Bildungsverlauf von Amir haben?
3. Überlegen Sie, wie der Dialog weitergehen könnte, wenn sich eine der Lehrpersonen in einer Zweitreaktion bewusst wird, dass eigene Erwartungen als Stereotypen reproduziert werden?

6 Multiprofessionalität und Multilingualität von Kollegien[14]

Abb. 8: Ein Teamraum[15]

Reflexionsfrage: Wie unterscheidet sich der in der Zeichnung angedeutete Teamraum von klassischen »Lehrer*innenzimmern«?

---

14 Dieses Kapitel beinhaltet eine Kürzung und Überarbeitung eines Arbeitspapiers von Torben Dittmer (2021).
15 https://tramis.de/wp-content/uploads/2021/05/09_Kollegien-erweitern_fin.pdf

6 Multiprofessionalität und Multilingualität von Kollegien

Bei den Besuchen der TraMiS-Kooperationsschulen wurde deutlich, dass es sehr unterschiedliche Rahmenbedingungen und Formen gibt, wie außer den klassischen Fachlehrkräften eine Vielzahl weiterer Professioneller das Schulleben professionell und oft auch mehrsprachig unterstützen. Wir haben im Ausland wie auch bei den Schulpartner*innen in Deutschland vielfältige Möglichkeiten des Einsatzes von Fachkräften mit Kompetenzen jenseits der klassischen Lehrkräfteausbildung in Beratung, individueller Begleitung, in der Wahrnehmung der Kooperation mit Eltern bzw. Erziehungsberechtigten, als Teamlehrkraft und im Schulmanagement kennengelernt, die auch zur besseren Berücksichtigung sprachlicher Vielfalt und transnationaler Bildungsbiographien eingestellt wurden. Daher wollen wir in diesem Kapitel daraus resultierende Anregungen zur Entwicklung multilingualer und multiprofessioneller Teams vor dem Hintergrund ausgewählter Literatur weitergeben.

6.1 Multiprofessionell ja – aber auch ein Team?

Entwicklungen der letzten Jahre, insbesondere im Kontext von Inklusion und Ganztag, haben dazu geführt, dass zunehmend unterschiedliche Berufsgruppen an Schulen arbeiten (Speck 2020a). Die lange Zeit übliche Strategie, leitende, administrative, beratende und unterstützende Aufgaben durch Lehrkräfte abzudecken und ihnen durch eine Reduzierung der Unterrichtsverpflichtung Zeit dafür zu schaffen, stößt nicht zuletzt durch den akuten Mangel an ausgebildeten Lehrkräften an ihre Grenzen. Trotz Ansätzen einer multiprofessionellen Ausdifferenzierung arbeiten Lehrkräfte meistens noch als Alleinverantwortliche im Klassenraum und übernehmen Aufgaben außerhalb des Klassenraums, für die sie über- oder fehlqualifiziert sind und sich bestenfalls nachqualifizieren.

Teil 2: Impulse zu ausgewählten Aspekten

Nach wie vor sieht der Regelfall aber so aus, wie ihn der Schulpädagoge Werner Helsper beschreibt:

> *Den allergrößten Teil der in Schule verbrachten Zeit steht ein/e LehrerIn allein vor der Klasse, in der Regel hinter verschlossener Tür, ohne den Einblick Anderer, individualisiert und mit einer erheblichen Autonomie, was die Ausgestaltung des Unterrichts anbelangt. Informell, zwischen ›Tür und Angel‹, findet ein Austausch im Lehrerzimmer statt[,] [...] allerdings nicht koordiniert und strukturiert, sondern abhängig davon, wer gerade eine Freistunde hat oder in der Pause anwesend ist. Das Lehrerzimmer als Hinterbühnenort ist eben kein fest institutionalisierter Raum kollegialer Kooperation.* (Helsper 2021, 260-61)

Oft bedeutet Unterricht nach dem Eine-Lehrkraft-ein-Klassenraum-Prinzip auch, dass alle das Gleiche auf gleichem Niveau lernen sollen – dies gilt häufig sogar als explizites Qualitätsmerkmal für Gymnasien selbst in solchen Schulsystemen, die sich weitgehend auf Inklusion ausgerichtet haben (z. B. Bremen). Die Illusion, durch Jahrgangsklassen und jahrgangsspezifische Bildungsstandards von einer weitgehend homogenen Lerngruppe auszugehen, wird nicht zuletzt durch die migrationsgesellschaftliche Realität durchbrochen, in der u. a. individuell sehr unterschiedliche Lernerfahrungen und -voraussetzungen sowie vielfältige Familiensprachen die Schüler*innenschaft prägen. Im erweiterten Verständnis von Inklusion (Vereinte Nationen 2010) stellt eine vielfältig differenzierte Schüler*innenschaft den Normalfall dar. Schon jetzt lernen an explizit inklusiven Sekundarschulen mit verschiedenen Abschlussmöglichkeiten Schüler*innen mit einem weiten Spektrum an Voraussetzungen und Leistungsniveaus gemeinsam.

Heterogenität in einer Vielzahl von Differenzmerkmalen erfordert Differenzierung. Um eine anspruchsvolle Differenzierung umsetzen zu können, braucht es Fachkräfte mit vielfältigen pädagogischen Kompetenzen für unterschiedliche Lern-, Sozialisations- und Erfahrungsbereiche, die Schule den Schüler*innen ermöglichen soll. Wichtig ist, dass andere Professionen nicht einfach dafür eingesetzt werden sollen, Lehrer*innen in ihren Sozialisations- und Erziehungsaufgaben zu »entlasten«. Oft genug wird z. B. sozialpädagogische Arbeit durchaus anerkannt, aber in Aufrechterhaltung der Differenz zur Lehrtätigkeit und in einer Form, in der die Aufgaben an sie als »Expertin für soziale Probleme« delegiert werden (Helsper 2021, 269–70).

Insbesondere an Gymnasien ist die Realität noch weit von einer multiprofessionellen Ausrichtung entfernt, so dass es zunächst einleuchtend scheint, wenn zusätzliche Professionelle in erster Linie als Entlastung der Lehrkräfte betrachtet werden. So äußert z.B. die Schulleiterin eines Gymnasiums im Hinblick auf die Vignette Jelena, bei der es um ein von Abschiebung bedrohtes Mädchen geht:

> *So lastet eben sehr viel auf der Schule, denn wir kennen die Menschen, die sind uns ans Herz gewachsen, und wir fühlen uns persönlich verantwortlich zu helfen und uns zu kümmern. Das müsste besser verteilt und institutionalisiert werden. Oder man müsste genügend Menschen an der Schule beschäftigen, die nur dafür zuständig sind, die eben auch diese Entlastung leisten können. Da sind wir wieder bei Ressourcen und Kompetenz. Multiprofessionelle Teams haben wir ja nicht. Wir sind alles Lehrer. Wir haben eine Sozialarbeiterin für tausend Schüler und das ist natürlich Wahnsinn. Die ist auch nicht kompetent in solchen Fragen [der schulischen Reaktionsmöglichkeiten bei Abschiebung]. (Schulleitungsmitglied)*

Dass der Einsatz von Personal mit unterschiedlichen Qualifikationen in einer Schule nicht notwendigerweise zur Bildung multiprofessioneller Teams führt, betont auch die Erziehungswissenschaftlerin Birgit Lütje Klose in einem anschaulichen Interview für das Deutsche Schulportal.[16] Sie verweist darauf, dass »drei Niveaustufen der Kooperation« – Austausch, Arbeitsteilung und Ko-Konstruktion – als progressiv zu verstehen sind. In den Strukturen, die inzwischen an vielen Grund- und Sekundarschulen etabliert sind, werde überwiegend der gegenseitige Austausch umgesetzt, kaum jedoch Arbeitsteilung und noch seltener Ko-Konstruktion im Sinne einer echten konzeptionellen Zusammenarbeit am gleichen Gegenstand. Häufig fänden sich multiprofessionelle Teams erst dann zusammen, wenn

---

16 Deutsches Schulportal (https://deutsches-schulportal.de/schulkultur/birgit-luetje-klose-multiprofessionelle-teams-die-ressourcen-werden-oft-nicht-gut-genutzt/, vom 09. 3 2023, aktualisiert am 18.4.23)

gravierende Schwierigkeiten zu bewältigen sind und die einzelne Fachkraft allein nicht mehr weiterweiß.

6.2 Kooperationsräume

Kooperation und Ko-Konstruktion braucht vor allem Motivation und Zeit, die immer knapp ist. Sie umzusetzen ist auch abhängig von der räumlichen Gestaltung und der Infrastruktur von Schulen. Bei Schulneubauten und Umbauten werden daher zunehmend auch Raumgestaltungen gewählt, die flexible und binnendifferenzierende Lehrformen erleichtern wie z.b. große Flure mit Sitzmöglichkeiten, Ruheräume, Einzel- und Gruppenarbeitszonen, Sichtfenster zu Klassenräumen und Arbeitszonen.

Für schulische Beschäftigte ist es relevant, wie und wo sie in der Schule für sich und miteinander arbeiten können. Wenn von einem »Lehrer*innenzimmer« gesprochen wird, verweist das darauf, dass Lehrkräfte die einzig relevante Profession in der Schule sind, in der weitere Professionen bestenfalls geduldet sind. Vor allem in älteren Schulgebäuden ist die Abschottung gegenüber anderen Beschäftigten nicht selten auch räumlich und organisatorisch markiert durch Nicht-Einsehbarkeit und streng reguliertem Zugang.

Neue Kooperationen brauchen neben festen Strukturen der Zusammenarbeit und klaren Absprachen über Rollen und Zuständigkeiten auch neue Räume und Zeitfenster für die Kooperation. Verantwortlich für die Organisation und langfristige Bereitstellung dieser Ressourcen ist die Schulleitung, denn »wie die Zusammenarbeit von multiprofessionellen Teams läuft, hängt wesentlich davon ab, welchen Wert die Schulleitung der Kooperation zumisst und wie sie die Strukturen gestaltet« (siehe Fußnote 14).

6 Multiprofessionalität und Multilingualität von Kollegien

Abb. 9: Flure als Kooperationsräume für Schüler*innen am Ratsgymnasium Minden

6.3 Multiprofessionalität zur Ausdifferenzierung des Unterrichts

Binnendifferenzierter Unterricht mit Gruppenarbeits- und Selbstlernphasen zielt darauf ab, alle Schüler*innen zu aktiven Lernprozessen anzuregen und allen die Möglichkeit zu geben, gemäß den eigenen Lernvoraussetzungen weiterzukommen. In einem solchen Unterricht ist neben der fachlichen Anleitung eine Unterstützung durch Fachkräfte möglich, die kein Lehramtsstudium und Referendariat absolviert haben müssen. Zugleich können spezifische Kenntnisse z.B. zum Umgang mit spezifischen Beeinträchtigungen oder Sprachkenntnisse zur Kommunikation mit einzelnen Schüler*innen und Eltern gezielt eingesetzt werden.

Dass zusätzlicher Personalbedarf besteht, zeigt sich auch daran, dass aktuell die Bundesländer aufgrund des eklatanten Mangels an Lehrer*innen in zunehmendem Umfang und ad hoc Möglichkeiten eröffnen, mit unterschiedlichen professionellen Kenntnissen und Ausbildungen als seiteneinsteigende, unterstützende pädagogische Kraft oder auch als Fachlehrer*in mit Auflagen zur Nachqualifizierung in der Schule angestellt zu werden. Dabei zeichnet sich ab, dass die Bereitschaft, Personen ohne Lehramtsausbildung in den Zuständigkeitsbereichen regulärer Lehrkräfte einzusetzen, mit zunehmendem Mangel steigt und noch in Ausbildung befindliche Lehrkräfte, bis hin zu Lehramtsstudierenden, inzwischen ohne fachliche Begleitung selbstverantwortlich Unterricht gestalten und Noten vergeben. Diese ad-hoc-Erweiterung des Personals birgt – neben den damit in Schule eingebrachten vielfältigen Erfahrungen und Perspektiven – für alle Beteiligten Risiken der De-Professionalisierung.

Die deutschsprachige und internationale Forschung sowie gewerkschaftliche Perspektiven machen deutlich, dass der Status von Assistenzkräften durch Prekarisierung und Marginalisierung geprägt ist (Dittmer 2021, 5,11). Wenn solche Modelle Zukunft haben und zu einer längerfristig angelegten multiprofessionellen Kooperation führen sollen, braucht es auch neue bundesweite Berufsbilder mit einer eigenen professionellen Identität und Rolle, denn ohne diese Professionalisierung kann auch keine Kooperation auf Augenhöhe gelingen. In neuen Berufen würden Aufgaben und Qualifikationen ausdifferenziert und Wege zur Anerkennung unterschiedlicher formell oder informell erworbener Fähigkeiten aufgezeigt. Das könnten handwerkliche oder pflegerische Kompetenzen sein, aber auch Sprachkompetenzen, die mit den im Einzugsbereich der Schule verbreiteten Sprachen korrespondieren.

Vor dem Hintergrund steigender Zuwanderungszahlen 2015/16 veröffentlichte die Bertelsmann Stiftung eine Studie der Prognos AG, die einige Beispiele für schulische Assistenzen sammelte und die Machbarkeit der Einführung eines Berufsbildes und einer Ausbildung für diese beinhaltete. Dies sollte allen offen stehen, aber besonders für geflüchtete Lehrkräfte und andere Geflüchtete mit pädagogischen Vorkenntnissen kurzfristig ein Beschäftigungsfeld in Schulen eröffnen, zu dem dann in einem weiteren Schritt auch berufsbegleitend Anpassungen zu einer vollen Anerkennung als Lehrkraft betrieben werden könnten (Münch 2017). Insofern wurden in der Studie Überlegungen angestellt, die auch nach unseren Forschungsergebnissen naheliegend sind. Allerdings wurde für das neue Berufsbild die unglückliche Bezeichnung ›Paraprofessionals‹ vorgeschlagen – ein Begriff, der im Englischen eben nicht für ein eigenständiges Berufsbild steht, sondern der für einen Beruf nur teilweise qualifizierte Personen bezeichnet und im Deutschen außerdem Assoziationen zu Parapsychologie weckt.

Inwieweit sich durch die multiprofessionelle Erweiterung von pädagogischen Teams in Schulen neben der Wahrnehmung vielfältiger Aufgaben im Bereich Erziehung und Sozialisation auch positive Auswirkungen auf eine inklusive Schulkultur, auf die Zusammenarbeit mit Eltern, auf Selbstwirksamkeitserfahrungen von Schüler*innen und auf deren Schulleistungen feststellen lassen, ist empirisch bislang nicht hinreichend untersucht worden. Im Kanadischen Kontext allerdings werden multiprofessionelle Teams schon länger als wichtige Voraussetzung dafür betrachtet und eingesetzt, das *wellbeing* der Kinder und Jugendlichen in der Schule zu unterstützen.

6.4 Multiprofessionalität zur Adressierung vielfältiger Persönlichkeitsentwicklungs- und Erziehungsbedarfe

An vielen Schulen wird im Rahmen von Schulentwicklungsprozessen auf der Organisations- wie auch Personalentwicklungsebene bereits auf die diversen Lernvoraussetzungen durch eine Ausdifferenzierung des Personals reagiert. An ihnen gibt es neben Schulsozialarbeiter*innen weitere Professionelle wie Verwaltungsfachkräfte, Schulpsycholog*innen und Assistenzkräfte zur Unterstützung einzelner Schüler*innen mit sonderpädagogischem Förderbedarf. Ergänzt wird das Tableau professioneller Mitarbeitender durch eine engere Vernetzung mit dem Gemeinwesen z. B. über sportliche Nachmittagsangebote oder Pat*innenprogramme, in denen etwa Eltern, Studierende und andere Ehrenamtliche Unterstützungsaufgaben bzw. Bildungsangebote im Bereich von Freizeitangeboten am Nachmittag im Raum der Schule übernehmen. Die Erweiterung des Kollegiums um nicht nur pädagogische Berufsgruppen bietet auch Chancen, die Zusammensetzung des schulischen Personals schneller und zielgerichteter an die Bedürfnisse eines durch unterschiedliche Dimensionen von Vielfalt geprägten Stadtteils anzupassen. So wurden z. B. an der Herbert-Grillo-Gesamtschule in Duisburg ein Metzgermeister und ein Schauspieler für die Berufsorientierung eingestellt, die neue Vernetzungen in den Stadtteil sowie Horizont erweiternde Praxiserfahrungen mitgebracht haben. Zusammen mit Handwerker*innen wurden Wohnungen im Stadtteil renoviert, um Schüler*innen Praxiserfahrungen zu vermitteln, die sie als Nachweis bei Bewerbungen nutzen können.

6.5 Multilingualität

Während multiprofessionelle Kooperation bisher überwiegend im Kontext von Ganztagsbeschulung und Inklusion im Sinne der Öffnung von Regelschulen (meist unter Aussparung des Gymnasiums) für die Berücksichtigung unterschiedlicher Förderbedarfe diskutiert wird (Dittmer 2021), werden die migrationsgesellschaftlichen Anforderungen (Umgang mit Mehrsprachigkeit, natio-ethno-kultureller Vielfalt und transnationalen Lebens- und Bildungserfahrungen) in diesem Zusammenhang bislang kaum einbezogen. Auch wenn Inklusion als pädagogischer Ansatz die Anpassung der Schule an die Bedarfe aller Schüler*innen beinhaltet, steht im Mittelpunkt der schulpolitischen und pädagogisch-praktischen Debatte in Deutschland bisher die Frage der gemeinsamen Beschulung von Schüler*innen mit und ohne sonderpädagogischem Förderbedarf (vgl. Budde 2018, 50; A. Textor 2015, 28). Inklusion und migrationsgesellschaftliche Öffnung werden somit selten als eng miteinander zu verknüpfende Perspektiven berücksichtigt (zur Kritik Amirpur und Platte 2017; Karakaşoğlu und Vogel 2017).

In einem erweiterten Konzept von Inklusion müsste auch gefragt werden, wie etwa neu zugewanderte Schüler*innen, ihre Lernfortschritte und auch ihre Selbstwirksamkeit sowie Erfahrung der fraglosen Zugehörigkeit zur Schulgemeinschaft durch die Zusammenarbeit mit (mehrsprachigen) Professionellen besser unterstützt werden können. Daraus sind auch Effekte für die Weiterentwicklung der inklusiven Schulkultur insgesamt zu erwarten.

Wenn neue Berufe oder sprachliche Spezialisierungen innerhalb von Berufen geschaffen werden, muss zugleich darauf geachtet werden, dass die unterstützten Schüler*innen damit nicht zum Sonderfall gemacht werden, für die Lehrkräfte die Verantwortung an Spezialist*innen abgeben. Zugleich bieten eine Ausdifferenzierung schulischen Personals und Kooperationen mit außerschulischen Partner*innen »die Chance, andere Rollen, Sichtweisen, Lernzugänge sowie Methoden in die Schule hineinzubringen« (Speck 2018, 105). In diesem Sinne kommt etwa die zunehmende Beschäftigung von Schulsozialarbeiter*innen diesem Bedarf entgegen.

Doch ebenso wie in der Professionalisierung von Lehrer*innen kommt auch in der sozialarbeiterischen Professionalisierung dem Aspekt gesellschaftlichen Wandels durch transnationale Mobilität bislang nur wenig Relevanz zu. Ein Blick in eine aktuelle Einführung in die Schulsozialarbeit (Speck 2020b) z. B. lässt nicht erkennen, dass dem Thema eine besondere Bedeutung in der allgemeinen Ausbildung zugesprochen wird. Wenige Beiträge innerhalb der Fachdiskussion beschränken sich auf bestimmte Zielgruppen, wie etwa geflüchtete Jugendliche (vgl. Brungs 2018, 478). Es gibt aber auch

Ansätze, die den advokatorischen Auftrag gegenüber allen Schüler*innen in der Migrationsgesellschaft betonen, gleichzeitig aber auch von einem besonderen Unterstützungsbedarf zugewanderter Schüler*innen ausgehen und besondere Anforderungen einer migrationssensiblen Schulsozialarbeit formulieren, wie etwa in der folgenden Aufzählung zur Beschreibung des Aufgabenprofils dieser Berufsgruppe im Kontext von Schulsozialarbeit in der Migrationsgesellschaft deutlich wird:

> Dazu zählen die allgemeine Beratung, Mithilfe zur Überwindung von Sprachbarrieren, psychosoziale Hilfen bei Trauer oder Traumatisierung, Aufklärung über das Bildungs- und Ausbildungssystem sowie Beratung bei administrativen Fragestellungen, (aufsuchende) Arbeit mit den Eltern oder Familienangehörigen, Berufsorientierung, gegebenenfalls Vermittlung und Begleitung von Betriebspraktika, etc. Selbstverständlich muss eine so konzipierte Schulsozialarbeit über das regionale Hilfesystem informiert und mit anderen professionellen Einrichtungen gut vernetzt sein. (Brungs 2018, 479)

Auch wird auf strukturelle Aspekte von Diskriminierung verwiesen, der u. a. mit einer institutionellen Öffnung von Schule für mehrsprachige Fachkräfte begegnet werden müsse (Brungs 2018, 479). Allerdings zeigt sich auch in diesem migrationssensiblen Ansatz eine Verengung der Perspektive auf Zuwanderung und Integration als einseitiger Bewegung mit Betonung damit verbundener, spezifischer Problematiken. Wenn schulische Sozialarbeit die Vielfalt transnationaler Mobilität von Kindern und Jugendlichen (Vogel und Dittmer 2019) berücksichtigen soll, müssten Ansätze der transnationalen Perspektivierung innerhalb der Sozialen Arbeit (Schirilla 2018) auf das Feld Schule übertragen werden, etwa indem Konzepte der Sozialraumorientierung nicht auf das Nationale beschränkt bleiben, sondern die in der Migrationsgesellschaft vielfältig repräsentierten transnationalen Lebensrealitäten und -orientierungen berücksichtigen.

6.6 Einbeziehung von multilingualen und als mehrkulturell wahrgenommenen Professionellen in der Schule

Wenn Terkessidis (2015, 130) im Kontext der Migrationsgesellschaft vom »Lehrerzimmer als Parallelgesellschaft« spricht, meint er in erster Linie, dass die meisten Lehrkräfte in monolingual-deutschsprachig bürgerlichen Haushalten aufgewachsen sind, während sich die Migrationsgesellschaft im Klassenzimmer sehr viel erkennbarer abbildet (dazu auch BIM und SVR 2017). Befunde aktueller empirischer Studien verweisen darauf, dass (angehende) Lehrkräfte, denen eine ›Migrationsgeschichte‹ zugeschrieben wird oder die sich selbst als People of Color (PoC) verorten, in Schule auf migrationsgesellschaftliche Ordnungen treffen, in denen ihre Anwesenheit keinesfalls als selbstverständlich wahrgenommen wird (Shure 2021). Analog zu den Schüler*innen erleben sie die Adressierung als *Migrationsandere* nicht selten in Verbindung mit mehr oder weniger subtilen rassifizierenden Zuschreibungen (▶ Kap. 6), zu denen sie sich als Professionelle, die teilweise auch einen advokatorischen Auftrag für ihre Schüler*innen wahrnehmen (wollen), in besonderer Weise in Bezug setzen müssen (Akbaba 2017; Shure 2021; Doğmus 2022). Wenn einerseits eine »Vielfalt im Lehrer*innenzimmer« (BIM und SVR 2017) im Sinne einer Repräsentation der Vielfalt der Gesellschaft auch unter den Lehrkräften zu Recht politisch gefordert wird, zugleich aber die Adressierung der Professionellen als eine Art »Vielfaltsbringer« und »Migrantenflüsterer«, d. h. als derjenigen, die sich mit »den Anderen« auskennen, einen Akt der Veranderung darstellt, offenbart sich ein Dilemma des angemessenen Verhältnisses zwischen Differenzsensibilität und Diskriminierungskritik.

Folgende Überlegungen sollen Orientierung geben: Zunächst wäre darauf hinzuweisen, dass die multidimensionale »Vielfalt« der Gesellschaft sich in allen Mitgliedern des Kollegiums widerspiegelt, also jede*r Teil der pluralen Migrationsgesellschaft ist, nicht nur die migrantischen »Anderen«. Darüber hinaus teilen sie ihre Aufgaben und Rollen in Schule als Professionelle mit ihrem jeweiligen fachlichen und pädagogischen Können. Zugleich stellt eine reflektierte Bezugnahme auf biographische Grundlagen der eigenen Persönlichkeit, der Fähigkeiten und Fertigkeiten grundlegend Bestandteil von Professionalisierungsprozessen in pädagogischen Berufen dar (vgl. Wittek und Jacob 2020; Doğmus 2022). Diese fließen in vielfältiger Weise in die jeweilige Ausgestaltung der Rollen und Aufgaben in der Praxis ein.

Für den kollegialen Umgang miteinander ist es angemessen, den Individuen selbst zu überlassen, inwiefern sie sich auf möglicherweise biographisch erworbene Kenntnisse und Fertigkeiten, etwa Sprachen oder Einblicke in kulturelle Deutungsmuster und Praktiken, in ihrer pädagogischen Arbeit beziehen wollen. Nicht zwangsläufig muss ein nicht-deutsch klingender Name verbunden sein mit bestimmten Sprach- oder Kulturkenntnissen. Und selbst wenn diese vorliegen sollten, mag es nicht dem Wunsch der einzelnen entsprechen, diese in die professionelle Arbeit einzubringen. Ein differenzsensibler und diskriminierungskritischer Umgang miteinander im Kollegium drückt sich in einer entsprechenden Kommunikation aus, die natio-ethno-kulturell verortete Kenntnisse und Fähigkeiten nicht einfach zuschreibt, sondern den Einzelnen Raum lässt, sich dazu eigeninitiativ zu verhalten, diese in die Arbeit einzubringen.

6.7 Beispiele multiprofessioneller Kooperation an engagierten Schulen im Projekt TraMiS

Im Folgenden wollen wir, zum Weiterdenken und zur Inspiration am Beispiel der besonders engagierten TraMiS-Kooperationsschulen Einblicke in eine unterschiedliche Umsetzung der Arbeit in multiprofessionellen Teams geben, bei denen auch Migrations- und transnationale Mobilitätsaspekte berücksichtigt werden. Es hat sich gezeigt, dass an fast allen TraMiS-Schulen zumindest Schulsozialarbeiter*innen tätig sind. Schulen in benachteiligten Stadtteilen setzen zusätzlich auf Praxisprojekte und Schüler*innenfirmen und beschäftigen pädagogische Mitarbeiter*innen, aber zunehmend auch andere Professionen wie Handwerker*innen und Schauspieler*innen. Über die zunehmende Anwerbung von Seiteneinsteigenden für den Lehrberuf, befördert durch den akuten Lehrer*innenmangel, der sich in sozio-ökonomisch benachteiligten Regionen besonders bemerkbar macht, eröffnen sich hinsichtlich multiprofessioneller Kollegien vielfältige Perspektivenerweiterungen. Inspiriert durch reformpädagogische Ansätze geht es bei diesen Projekten um soziales und praktisches Lernen, auch um die Vorbereitung auf das Berufsleben.

An besonders gut ausgestatteten Schulen wie der Europäischen Schule Karlsruhe[17] werden Kommunikations-, Beratungs- und Verwaltungsaufgaben auch von Erziehungsberater*innen übernommen, sodass sich die Lehrer*innen ganz der unterrichtlichen Tätigkeit widmen können. Eine solche Arbeitsteilung mithilfe zusätzlichen Personals anderer pädagogischer Professionen als der des Lehramts ist an Schulen in Deutschland aber bislang noch eher die Ausnahme und wird gegenwärtig v. a. auf Projektbasis umgesetzt.

Die Offene Schule Köln (OSK)[18] mit ihrem reformpädagogischen inklusiven Ansatz stellt tradierte Formen der Schul- und Unterrichtsgestaltung radikal in Frage, was sich auch in der Zusammensetzung der Klassen und des Personals zeigt. Die altersgemischten Lerngruppen werden von einem Team aus Fachlehrkräften, Sonderpädagog*innen, Inklusionsbegleiter*innen und Bundesfreiwilligen begleitet, sodass im stark individualisierten Unterricht immer mehrere Fachkräfte kooperieren. Inklusionsbegleiter*innen sind vornehmlich für Schüler*innen mit sonderpädagogischem Förderbedarf

---

17 https://tramis.de/schulen/11_esk/
18 https://tramis.de/schulen/7_osk/

zuständig – sofern es die Lernsituation erfordert, unterstützen sie aber auch andere Schüler*innen einer Lerngruppe. Vor allem sind sie hier in das Kollegium integriert, statt eines »Lehrerzimmers« teilen sich die kooperierenden Lerngruppenteams eine Teamstation, in der ein intensiver Austausch zwischen den Professionellen möglich ist. Die Einbindung in das Kollegium und der Ansatz, alle Schüler*innen beim Lernen individuell zu fördern, verweisen darauf, dass die Inklusionsbegleiter*innen der OSK tatsächlich als gleichberechtigte Mitglieder eines multiprofessionellen Kooperationsteams, als Teil des Kollegiums verstanden werden.

Die Johannes-Gutenberg-Oberschule in Dresden verbindet Multiprofessionalität und Multilingualität und wirbt damit gezielt um Schüler*innen, wie an dem Folgenden wortwörtlich wiedergegebenen Einladungslfyer zu einem Tag der Offenen Tür im Jahr 2022 deutlich wird:

Frühzeitig haben wir unsere Schule als »Schule für alle« entwickelt, das Schulprogramm greift inklusive Beschulung und interkulturelle Integration auf. Bei uns lernen Schülerinnen und Schüler aus 41 Nationen, wohnhaft im gesamten Dresdner Stadtgebiet und Schülerinnen und Schüler mit Entwicklungshandicap. Diversität ist Schulleben, ständige Veränderung ist Programm.

Folgerichtig kooperiert das engagierte Kollegium mit Kulturmittlern, einer Inklusionsassistentin, dem Praxisberater und Berufseinstiegsberatern, um die individuellen Schülerpersönlichkeiten feinfühlig zu begleiten.

Nicht wegzudenken ist die Schulsozialarbeit an der 101. Oberschule mit vielen offenen Angeboten und sehr persönlicher Unterstützung.

Sprachsensibilität schreiben wir »groß« und wir sind auf dem Weg, uns gut aufzustellen. Sprachvielfalt ebenso. An unserer Schule sprechen Lehrkräfte auch Arabisch, Persisch, Russisch, Englisch, Litauisch, Türkisch und Kurdisch. (März 2022)

Die Zuteilungen personeller Ressourcen für andere Professionen als Lehrkräfte orientieren sich häufig an Kriterien wie dem diagnostizierten sonderpädagogischen Förderbedarf bei Schüler*innen oder aber dem Anteil an Kindern und Jugendlichen, die Deutsch nicht als Erstsprache sprechen. Auch wenn bestimmte Fachkräfte für spezifische Schüler*innen(gruppen) eingestellt werden, so zeigt sich in der

Praxis, dass diese häufig auch Zuständigkeit für aller Schüler*innen einer Lerngruppe entwickeln, die Unterstützung benötigen.

Die selbstverständliche kollegiale Zusammenarbeit mit Vertreter*innen unterschiedlicher Berufsgruppen an Schulen, die im Bereich Migration und Mehrsprachigkeit spezialisiert sind, konnten im Projekt TraMiS vor allem bei Forschungsbesuchen im Ausland identifiziert werden (Vogel und Dittmer 2020). So arbeiten an der Gordon Bell Highschool im kanadischen Winnipeg mehrsprachige *Intercultural Support Workers* sowie *Community Support Workers* und *Settlement Workers*. Das Wohlbefinden der Schüler*innen und der gelingende Kontakt zu den Eltern stellt hier einen zentralen Baustein des inklusiven Schulkonzepts dar (Karakaşoğlu 2020b). Ein Sozialindex unterstützt die zusätzliche Ausstattung der Schule mit Personal und Sachmittelressourcen. Die durch das besondere Engagement von Schulleitung und Kollegium im Hinblick auf materielle und personelle Ressourcen gut ausgestattete Schule fungiert damit als Insel, Schutz- und Rückzugsort in einer sozial benachteiligten Umgebung. Interdisziplinäre, interkulturelle Teams mit viel unterstützendem Personal (darunter *teaching assistants*) ermöglichen ein intensives Eingehen auf Schüler*innen, inklusive Beschulung in unterschiedlichen Settings und interkulturelle Elternarbeit. Bis zu fünf Jahre nach der Einreise haben die neu-zugewanderten Schüler*innen Anspruch auf besondere Förderung in Englisch als Unterrichtssprache.

An Schulen des »Internationals Network for Public Schools« in New York werden Aufgaben in Sozialarbeit und Verwaltung auch von *School Counselors* übernommen (Vogel und Heidrich 2020). Vor allem sprachliche Unterstützung erhalten neu zugewanderte Schüler*innen in Schweden von bilingualen Lernbegleiter*innen (Linnemann 2020) und im italienischen Bozen von »Interkulturellen Mediator*innen« (Dittmer 2020). Bei aller Unterschiedlichkeit dieser Beispiele und nationalen Kontexte wird deutlich, dass eine migrationssensible, an Förderung und Wertschätzung von Mehrsprachigkeit orientierte Schule nicht ohne die plurale Zusammensetzung der Kollegien mit Vertreter*innen unterschiedlicher beruflicher Qualifikationen, die für den pädagogischen Kontext relevant sind, auskommt.

6.8 Bearbeitungsmöglichkeiten

Im Projekt TraMiS wurde der eingangs abgebildete Teamraum als Startseite eines Handouts gestaltet.[19] Zu den abgebildeten Personen wurden Selbstvorstellungen entwickelt, die Anregungen zur multiprofessionellen und zugleich migrationssensiblen und multilingualen Erweiterung schulischer Kollegien geben. Diese Selbstvorstellungen können z.B. in einem Schulentwicklungsworkshop genutzt werden. Lesen Sie die kurzen Selbstvorstellungen. Vergleichen Sie die Profile mit denjenigen der an ihrer Schule tätigen Kolleg*innen (unterschiedlicher Qualifikationen).

1. Welche der angedeuteten Berufsbilder gibt es in Ihrer Schule und welche wären wünschenswert?
2. Was kann die Schule direkt tun und welche Rahmenbedingungen müssten sich ändern, damit sie in ihrer Schule multiprofessionell und multilingual besser arbeiten können?
3. Welche räumlichen und zeitlichen – strukturiert und/oder informell – kollegialen Austauschmöglichkeiten gibt es an Ihrer Schule? Wie könnten sie verbessert werden?

---

19 http://tramis.de/wp-content/uploads/2021/05/09_Kollegien-erweitern_fin.pdf

6 Multiprofessionalität und Multilingualität von Kollegien

Kollegien erweitern

Ich bin **Lehrerin** und unterrichte die Fächer Mathematik und Arabisch. Meinen Abschluss als Mathematiklehrerin habe ich in Algerien gemacht. Als ich vor sechs Jahren nach Deutschland gekommen bin, konnte ich in einem Qualifikationsprogramm nicht nur Deutsch lernen, sondern mich zusätzlich für den Fachunterricht Arabisch qualifizieren. Meine Arabischkenntnisse kann ich auch im Mathematikunterricht einsetzen, um neuzugewanderte Schüler*innen aus arabischsprachigen Ländern im Fachverständnis zu unterstützen.

Ich bin **Sozialarbeiter** und koordiniere das Sozialteam an der Schule. Unser Freistunden- und Pausenangebot richtet sich an alle Schüler*innen. Dadurch kennen uns die Kinder und Jugendlichen und haben kaum Hemmungen, mit Fragen und Problemen auf uns zuzukommen. In letzter Zeit hatten wir häufiger Schüler*innen mit unsicherer Bleibeperspektive an der Schule. Mittlerweile habe ich viele Kontakte zu Beratungsstellen und Anwält*innen und kann einschätzen, wer bei welchem aufenthaltsrechtlichen Problem helfen kann.

Ich bin **Teamlehrer** und unterstütze Lehrkräfte im Unterricht. Damit die Zusammenarbeit funktioniert, tauschen wir uns regelmäßig in gemeinsamen Kooperationszeiten aus. Besonders bei Einzel- und Gruppenarbeiten können wir zu zweit im Unterricht viel besser auf die individuellen Bedürfnisse der Schüler*innen eingehen. Auf diese Weise setzten wir unser Inklusionskonzept an der Schule praktisch um.

Als **Schulbegleiter** bin ich vor allem für einzelne Schüler*innen mit besonderem Unterstützungsbedarf zuständig. Das können ein sonderpädagogischer Förderbedarf, aber auch fehlende Kenntnisse der Unterrichtssprache sein. Da ich neben Deutsch auch Bulgarisch spreche, unterstütze ich vor allem einige neuzugewanderte Schüler*innen. Sofern es die Lernsituation erfordert, helfe ich aber auch anderen Schüler*innen.

Als **pädagogische Mitarbeiterin** bin ich Teil des Sozialteams der Schule. Ich betreue das Schüler*innencafé, wo sich die Kinder und Jugendlichen in Freistunden und Pausen aufhalten können. Ich spreche mit Türkisch und Polnisch zwei der wichtigsten Familiensprachen unserer Schüler*innen, sodass ich auch manchmal bei der Elternarbeit übersetze. Damit hat alles angefangen: Als meine Kinder an dieser Schule waren, habe ich ehrenamtlich für andere Eltern übersetzt. Dann konnte ich eine zweijährige pädagogische Ausbildung machen und habe inzwischen eine feste Stelle.

Ich bin **Schulmanagerin** und arbeite eng mit der pädagogischen Leitung zusammen. Als Teil der Schulleitung bin ich für alle Verwaltungsprozesse an der Schule verantwortlich und koordiniere alle Teamtreffen, die die ganze Schule betreffen. Von der Erstellung des Stundenplans bis zur Aufnahme neuer Schüler*innen – ich sorge dafür, dass im Schulalltag alles rund läuft. Den komplexen Aufgaben fühle ich mich auch gewachsen, weil ich einen Masterstudiengang in Schulmanage-ment mit dem Schwerpunkt Diversity absolviert habe.

Mehr Informationen

Dittmer, Torben (2021): Kollegien erweitern. Ein Plädoyer für mehr Berufe und Sprachen in der Schule der Migrationsgesellschaft. TraMiS-Arbeitspapier 11. Universität Bremen. Fachbereich 12. Arbeitsbereich Interkulturelle Bildung.

Mai 2021 | Forschungs- und Entwicklungsprojekt „Transnationale Mobilität in Schulen" (TraMiS) | tramis.de/impulse

Abb. 10: Professionsenwicklung und Wertschätzung von Erfahrungen in der Schule der Migrationsgesellschaft

7 Aufnahmemodelle für Zugewanderte

Abb. 11: Zwei Aufnahmemodelle

Reflexionsfrage: Im Comic werden zwei Aufnahmemodelle skizziert. Welche Aufnahmemodelle kennen Sie?

7.1 Aufnahmemodelle – worauf es ankommen könnte[20]

In diesem Kapitel geht es um zugewanderte Deutschlernende, die auch als »neu zugewanderte Kinder und Jugendliche« bezeichnet werden (Massumi und Dewitz, 2015, S. 12). Die Kinder sprechen oft schon mehr als eine Sprache und lernen mit Deutsch eine weitere. Aufnahmemodelle für diese Schüler*innen werden in einer in Deutschland dominanten Realtypologie nach dem Anteil des gemeinsamen Unterrichts mit in Deutschland aufgewachsenen Schüler*innen in Regelklassen gebildet (Massumi et al. 2015, 44).[21]

Was die Ständige Wissenschaftliche Kommission der Kultusministerkonferenz (SWK), ein beratendes Gremium aus Bildungsforschenden unterschiedlicher Disziplinen, in Bezug auf die Aufnahme ukrainischer Geflüchteter in ihrer ersten Verlautbarung nach dem Ausbruch des russischen Angriffskriegs auf die Ukraine empfiehlt, spiegelt übliche Empfehlungen in wissenschaftlichen Debatten in Deutschland zur bestmöglichen Aufnahme wider:

Möglichst rasche Integration der geflüchteten Kinder und Jugendlichen in Kita und Schule mit dem Ziel, den Erwerb der Bildungssprache Deutsch und die baldige Integration in den Fachunterricht zu ermöglichen, was einen hohen Anteil an Deutsch als Zweitsprache in der Anfangsphase sowie eine kontinuierliche Unterstützung in den

---

20 Dieses Kapitel basiert teilweise auf Vogel (2023c), vermeidet demgegenüber aber den Ausdruck Zweitsprachenlernen für das Erlernen der Unterrichtssprache, da oft schon mehrere Sprachen beherrscht werden.
21 Die SWK unterscheidet in ihrer Stellungnahme zur Aufnahme aus der Ukraine nun aktuell nur zwischen parallelen und integrativen (inklusive submersiven) Modellen mit ihren Varianten SWK 2022, S. 12.

Folgejahren erfordert. Möglichst keine Einrichtung von Vorbereitungsklassen in der Grundschule und den unteren Jahrgangsstufen des Sekundarbereichs. (SWK 2022, 4)

Der dominante Fokus ist: Die Kinder sollen möglichst schnell die Unterrichtssprache Deutsch lernen, um so schnell wie möglich in den Regelunterricht einzumünden. Als zentrale Frage erscheint, wie lange Neuzugewanderte getrennt von in Deutschland Aufgewachsenen lernen.

Beim Blick in ein bekanntes amerikanisches Lehrbuch (García und Kleifgen 2018) fällt auf, dass bei der Kategorisierung von Aufnahmeprogrammen ein anderer Fokus sichtbar wird – nämlich wie Fachkenntnisse und die Unterrichtssprache Englisch zugleich erworben werden können. Es gebe eine Bandbreite an Aufnahmeprogrammen, die so beschrieben werden:

> *Die Programme rangieren von denjenigen, die einfach erwarten, dass Schüler*innen Englisch lernen, weil sie ihm ausgesetzt sind und wie alle anderen behandelt werden, bis hin zu speziell konzipierten Programmen, um die akademischen und linguistischen Fähigkeiten durch den Einsatz herkunftssprachlicher Praktiken zu fördern. [Übersetzung der Autor*innen]* (García und Kleifgen 2018, 30)

Als zentrale Frage erscheint dafür, wie stark die mitgebrachten Sprachkenntnisse im Unterricht genutzt werden – also der Umfang und die Zielrichtung der Bi- bzw. Multilingualität.

7.2 Ein integriertes Aufnahmemodell

In Abbildung 6 werden die Kategorisierungsansätze vergleichend gegenübergestellt und integrierend danach strukturiert, wann und wie der *Zugang zum regulären Fachunterricht* ermöglicht wird:

- durch Direkteinstieg in bestehende Klassen,
- nach vorgeschaltetem Lernen der Unterrichtssprache
- oder als spezialisierter Regelunterricht.

Tab. 2: Schulische Aufnahmemodelle für Zweitsprachenlernende[22]

Hauptkomponenten	García und Kleifgen (2018)	Massumi und Dewitz (2015)
Direkteinstiegsmodelle: Aufnahme in bestehende Regelklassen		
ohne spezifische Unterstützungsmaßnahmen	Submersion	Submersives Modell
mit Unterstützung einer zusätzlichen Fachkraft im Regelunterricht	ESL Push-In	
mit stundenweisem Lernen der Unterrichtssprache statt Regelunterricht	ESL Pull-Out	Integratives Modell
Vorschaltmodelle zum Lernen der Unterrichtssprache		
Intensivsprachkurs der Unterrichtssprache	High intensity language training	Paralleles Modell
Lernen der Unterrichtssprache anhand vereinfachter fachlicher Inhalte	Structured English immersion	
Intensivsprachkurs der Unterrichtssprache mit zunehmender Teilnahme am Fachunterricht der zugeordneten Regelklasse	–	Teilintegratives Modell
Spezialisierte Regelunterrichtsmodelle		
Regelklasse mit reduziertem sprachsensiblen Fachunterricht	–	Paralleles Modell Schulabschluss
Regelklasse für Lernende der Unterrichtssprache mit bilingualem Fachunterricht	Transitional, developmental and two-way bilingual education	–
Regelklasse mit sprachsensiblem Fachunterricht in der Unterrichtssprache in Kombination mit Peer-Learning in Erstsprachen	Dynamic bi-/plurilingual education	–

ESL – English as a Second Language

---

22 (Quelle: Vogel 2023c, 225)

Bei der Gegenüberstellung der Benennungen der deutschen und der vereinfachten amerikanischen Kategorisierung werden Gemeinsamkeiten und Leerstellen deutlich.

Beim *Direkteinstieg* werden Lernende der Unterrichtssprache in bestehende Regelklassen aufgenommen und erhalten ggf. in der Klasse Unterstützung (Push-In) oder werden für einzelne Unterrichtsphasen zum Zweitsprachenlernen herausgenommen (Pull-Out).

Als *vorgeschaltetes Lernen der Unterrichtssprache* bezeichnen wir Aufnahmemodelle, bei denen zunächst ein Sprachkurs in der Unterrichtssprache stattfindet, *bevor* regulärer Fachunterricht erteilt wird, wobei ggf. in einzelnen Fächern am Unterricht in einer Regelklasse teilgenommen wird (teilintegrativ).

Als *spezialisierte Regelunterrichtsmodelle* werden Aufnahmemodelle bezeichnet, bei denen Lernende der dominanten Unterrichtssprache gemeinsam in einer spezialisierten Klasse oder Schule mit Fachunterricht nach regulärem Curriculum auf einen qualifizierten Schulabschluss hinarbeiten. Die spezialisierten Regelunterrichtsmodelle bei García und Kleifgen (2018, S. 31 f.) sind dadurch gekennzeichnet, dass sie bi- oder plurilingual ausgerichtet sind. Bei bilingualen Modellen wird ein Teil des Unterrichts in der Erstsprache der Lernenden erteilt, bei plurilingualen Modellen das Nutzen aller Sprachkenntnisse zum Lernen durchgehend gefördert.

Für dieses Buch soll festgehalten werden, dass in der in Deutschland üblichen Kategorisierung bislang nicht darauf geachtet wird, wie Herkunftssprachen zum Lernen genutzt werden. Zugleich möchten wir darauf hinweisen, dass es für die Wirkungsweise der Modelle auch darauf ankommt, wie inklusiv der Unterricht in einer Schule grundsätzlich gestaltet ist. In einer Schule, in der alle Kinder mit inklusivem Ansatz binnendifferenziert, projektorientiert und jahrgangsübergreifend lernen wie z.B. in der Offenen Schule Köln, können Direkteinstiegsmodelle bessere Chancen ermöglichen als z.B. in vielen Gymnasien, die auf ein Lernen auf einem gleichen Leistungsniveau für alle ausgerichtet sind. Bei letzteren können sich Direkteinstiege als *sink-or-swim*-Modelle erweisen, bei denen die Schüler*innen größtenteils auf sich selbst angewiesen bleiben.

7 Aufnahmemodelle für Zugewanderte

Die Illustration zu Beginn des Kapitels stellt vereinfacht zwei Aufnahmepfade dar, in denen Grundtypen der Modelle gemischt sind. Der auf der linken Seite abgebildete Schüler erhält nach einem kurzen vorgeschalteten Deutschkurs bilingualen Unterricht, so dass er in einigen Fächern von seinen mitgebrachten Sprachkenntnissen profitieren kann und auch zum Peer-Learning in seiner Erstsprache ermutigt wird. Er wird zu anspruchsvollen und international anerkannten Bildungszielen angehalten und erhält zusätzliche Förderung, wenn er Hilfestellung braucht.

Das schulische Aufnahmemodell der auf der rechten Seite der Illustration abgebildeten Schülerin ist auf Deutschlernen und den einfachsten Schulabschluss ausgerichtet. Die Zeichnung deutet an, dass durch Teilnahme z. B. am Kunst- und Sportunterricht in einer Regelklasse nicht unbedingt automatisch Sprachanlässe und soziale Kontakte entstehen, womit das teilintegrative Modell meist begründet wird. In diesem auf Deutschlernen fokussierten Modell besteht die Gefahr, dass die Schülerin bei einem Verbleib in Deutschland den einfachsten Abschluss nicht erreicht und bei einer späteren Abwanderung keine Fach- sondern nur Deutschkenntnisse mitnimmt.

7.3 Was wir über Wirkungen (nicht) wissen

Wie Aufnahmemodelle auf Wohlbefinden und Schulerfolg wirken, ist in Deutschland kaum untersucht: »Zielgruppenspezifische Eingliederungsmaßnahmen werden gegenwärtig ohne empirische Evidenz hinsichtlich ihrer Folgen und Nebenfolgen umgesetzt« (Emmerich, Hormel und Kemper 2020, 134). Wenn überhaupt, dann werden in Deutschland Fragen nach dem formalen Schulerfolg, kaum nach dem Wohlbefinden von Schüler*innen gestellt. Die Ständige Wissenschaftliche Kommission bei der Kultusministerkonferenz vermutet, dass sich selbst Fragen nach dem Erfolg »pauschal auch kaum beantworten lassen« (SWK 2022, 12). Das kann auch daran liegen, dass in der Regel nach mehr oder minder raschem Lernen zusammen mit in Deutschland Aufgewachsenen gefragt wird. Wenn dies nicht der entscheidende Faktor ist, sind von empirischen Untersuchungen zu dieser Frage auch keine Antworten zu erwarten. Auf der Basis der Sichtung internationaler Literatur kommen Collier und Thomas (2017, 204) zu dem Schluss, dass die Entwicklung der Erstsprache in der Schule der entscheidende Faktor ist, der den Bildungserfolg von Lernenden der Unterrichtssprache beeinflusst. Diese evidenzbasierte Einschätzung erscheint angesichts des in Deutschland dominanten bildungspolitischen Diktums, Deutsch sei der einzige Schlüssel zur Bildungsintegration, kaum vermittelbar.

Aufnahmemodelle, die anspruchsvollen Regelunterricht unter Einbeziehung der Erstsprachen vorsehen, können als Leerstelle der bildungspolitischen Diskussion in Deutschland identifiziert werden, in der anspruchsvolles Fachlernen erst *nach* dem Erwerb guter Deutschkenntnisse vorgesehen ist. So schreibt die Kultusministerkonferenz auf ihrer Website[23], dass »die Beherrschung der deutschen Sprache, der Erwerb grundlegender Lese- und Schreibfähigkeiten und der situationsangemessene, sachgerechte und zielgerichtete Gebrauch von Wort und Schrift Voraussetzungen für den Lernerfolg auch in nahezu allen anderen Unterrichtsfächern sind«. Überspitzt ausgedrückt: Nur wer schon gut Deutsch kann, hat an allgemeinbildenden Schulen in Deutschland die Möglichkeit, auch Mathematik gut zu lernen. Das ist heute in vielen Schulen so, aber das müsste nicht so sein, wenn es mehr bi- oder plurilinguale Lernmöglichkeiten gäbe – ob bei direkter Aufnahme in einen differenzierten, auch transnational inklusiven Unterricht bestehender Regelklassen oder in spezialisierte Regelunterrichtsmodelle für Zweitsprachenlernende. Bei der derzeit größten Gruppe der nach Deutschland Geflüchteten aus der Ukraine gibt es zumindest Ansätze zur Integration ukrainisch-sprachigen Lernens, zum einen durch die Einstellung

---

23 Einleitungstext zum Fach Deutsch auf der Website der Kultusministerkonferenz https://www.kmk.org/themen/allgemeinbildende-schulen/unterrichtsfaecher/deutsch.html **abgerufen am 2.7.22**

ukrainisch-sprachiger Lehrekräfte für die Präsenzlehre und zum anderen durch die Nutzung von Online-Unterricht zur Vermittlung des ukrainischen Curriculums. Diese Praxis ist aus der Not geboren und nicht nachhaltig konzeptionell auf ein Lernen ausgerichtet, das sowohl auf ein Bleiben in Deutschland als auch auf eine Rückkehr in die Ukraine vorbereitet. Zumindest verweist sie jedoch darauf, dass eine Einbeziehung von Herkunftssprachen in die Vermittlung von Fachunterrichtsinhalten nicht grundsätzlich als abwegig oder gar utopisch zu denken ist für Deutschland und damit zukunftsweisend auch für andere Gruppen von Zweitsprachenlernenden sein könnte.

Eine noch weiter reichende Idee zur Berücksichtigung von Mehrsprachigkeit wird in den Europäischen Schulen realisiert. Dort kann das Abitur in den Sprachen aller Mitgliedsländer absolviert werden. Ein Mitglied der Europäischen Schule Karlsruhe erläuterte, dass aufgrund der hohen Standardisierung alle Anforderungen in allen Sprachen miteinander vergleichbar seien – dies gelte auch für die Textlänge, die Themen etc. Wenn Europäische Schulen Prüfungsaufgaben zur Verfügung stellen und Deutschland sie anerkennen würde, könnte das Abitur in allen EU-Sprachen angeboten werden. Die Abiturprüfung in den Fächern könnte also auch in anderen Sprachen geschrieben werden. Zur grundsätzlichen Überführbarkeit des Modells in die Breite meinte die Schulleitung aus Karlsruhe:

Wenn es bei 13 Schulen funktioniert, dann funktioniert es auch bei 3000. Wir haben tatsächlich in 27 Sprachen am gleichen Tag den gleichen Umschlag aufzumachen. Also es ist machbar.

7.4 Aufnahmemodelle in Aktion – Schlaglichter aus TraMiS-Schulen

Um anschaulich zu machen, welche Alternativen zu bisher in Deutschland verbreiteten Systemen der Aufnahme neu zugewanderter Schüler*innen möglich sind, fügen wir im Folgenden Streiflichter aus unseren Schulbesuchen in deutschen und internationalen Schulen an. Die hier leicht gekürzt wiedergegebenen Blogbeiträge wurden auf Grundlage von Gesprächen und Beobachtungen bei mehrtägigen Schulbesuchen 2019 angefertigt (alle Blogbeiträge in voller Länge Karakaşoğlu et al. 2020). Wir wollen die Beispiele aus sehr unterschiedlichen Schulkontexten im In- und Ausland weder direkt miteinander vergleichen (dazu sind die Rahmenbedingungen zu unterschiedlich) noch unreflektiert als direkt zu übertragende Best-Practice-Beispiele vorstellen. Stattdessen beabsichtigen wir, mit den plastischen Schilderungen Anregungen dafür zu geben, was prinzipiell möglich sein könnte.

Wir beginnen mit einem Gymnasium, in dem Schüler*innen mit sprachsensiblem Fachunterricht auf den Mittleren Schulabschluss vorbereitet werden. Danach werden Eindrücke aus Schweden geschildert, wie Diagnostik vor dem eigentlichen Schuleinstieg sprachsensibel und systematisch durchgeführt werden kann (ausführlich Linnemann 2020). Es folgen Elternperspektiven auf das multilinguale Modell der Europäischen Schulen, das Hornberg (2010, 106–29) ausführlich vorstellt. Im vierten Beitrag wird von einer in ein fachübergreifendes Lernprojekt eingebetteten Englischstunde berichtet, die bei einer auf Englischlernende spezialisierten Schule im Internationals Network for Public Schools in den USA beobachtet werden konnte (ausführlich Vogel und Heidrich 2020)

Mit zwei Jahren Vorlauf auf dem Weg zum Abitur an einem Bremer Gymnasium[24] – Auszug aus einem Blogbeitrag

Das Alexander von Humboldt-Gymnasium (AvH) ist das [zu diesem Zeitpunkt] einzige Bremer Gymnasium, das auch Vorkurse für die Oberstufe anbietet. Weil die 20jährige Erfahrung des AvH, neu Zugewanderte ohne Deutschkenntnisse auf dem direkten Weg zum

---

24 Es handelt sich um einen leicht überarbeiteten Auszug aus einem Blog-Beitrag von Dita Vogel und Marguerite Lukes. Karakaşoğlu et al. (2020, 24).

Abitur zu führen, auch bundesweit Seltenheitswert haben dürfte, konzentrieren wir uns in diesem Blog darauf.

Für den Vorkurs I werden Schüler*innen von der Bildungsbehörde zugewiesen, z.B. weil sie schon im Herkunftsland einen Schulabschluss gemacht haben, der dem Mittleren Schulabschluss (MSA, auch Realschulabschluss) vergleichbar ist. Vom Alter her müssten sie der 9. bis 11. Klasse zugewiesen werden. In der Vergangenheit wurde ohne besondere Testung aufgenommen. Inzwischen gibt es einen ›spracharmen‹ Mathematiktest.

Im ersten Jahr (Vorkurs I) lernen die Schüler*innen überwiegend intensiv Deutsch als Zweitsprache und erhalten außerdem Fachunterricht in drei Fächern: Politik, Englisch und Sport.

Im zweiten Jahr (Vorkurs II) erhalten die Schüler*innen Fachunterricht in einer so ausreichenden Anzahl an Fächern, dass sie die Prüfungen für den MSA ablegen können – dieses Jahr Mathematik, Englisch, Politik, Geschichte, Biologie, Darstellendes Spiel und Sport. Sie haben zwar keine Wahlmöglichkeiten, aber dadurch wird Zeit frei für 12 Unterrichtsstunden Deutsch als Zweitsprache.

Wenn sie danach in die Einführungsphase der Oberstufe einsteigen, haben sie nach Aussagen der Schulleiterin gute Chancen, das Abitur zu erreichen. Sie sind nur in der Regel etwas älter als ihre in Deutschland sozialisierten Mitschüler*innen. Auf diese Weise haben zum Beispiel von 11 ehemaligen Vorkursschüler*innen, die im Jahr 2015 die Eingangsphase begonnen haben, 4 das Fachabitur (schulischer Anteil) und 6 das Abitur geschafft.

Die Qualifikation und Motivation der Lehrkräfte ist aus Sicht der Schulleiterin die wichtigste Erfolgsvoraussetzung für das Modell. Am AvH unterrichten nur voll ausgebildete Lehrkräfte in Vorkursen. Für den Deutsch-als-Zweitsprache-Unterricht konnten engagierte Lehrerinnen gefunden werden, die in der Anfangsphase auch die wichtigsten Ansprechpartnerinnen sind.

Die Schüler*innen haben aber von Anfang an auch Fachunterricht durch Fachlehrkräfte, bei denen sie gleichzeitig fachliche Inhalte lernen sowie ihren Wortschatz erweitern und ihre Ausdrucksfähigkeit verbessern. Diese Fachlehrkräfte melden sich freiwillig für den Unterricht in Vorkursen, so die Schulleiterin: »Die brennen dafür, dass die Kinder es schaffen.« Bei der Personalauswahl der Schule wird auf Qualifikationen zur Unterrichtung von Deutsch als Zweit- oder Fremdsprache und sprachsensiblem Fachunterricht besonders geachtet. Rund ein Drittel der Lehrkräfte unterrichten auch in den Vorkursen der Oberstufe oder der Sekundarstufe I und werden daher auch im Regelunterricht nicht davon überrascht, wenn ein gutes Argument auch einmal in nicht ganz perfektem Deutsch vorgetragen wird.

Diagnostik in der schwedischen Stadt Lidingö[25] **– Auszug aus einem Blogbeitrag**

An einer Grundschule in Lidingö, einer Insel in direkter Nachbarschaft der schwedischen Hauptstadt Stockholm, treffe ich Gabriella und Towe. Die beiden Lehrerinnen und Diagnostikerinnen arbeiten für die Kommune und sind es gewohnt, Menschen aus dem Ausland schwedische Schulen zu erklären. Sie vermitteln mir, wie sie neuzugewanderten Kindern und Jugendlichen den Weg in die Schule ebnen. Dieses Gespräch ist eines von vielen, dass ich während meines Aufenthalts in Stockholm im Mai 2019 führen konnte.

Wenn ein Kind im schulpflichtigen Alter aus dem Ausland nach Schweden kommt, durchläuft es ein standardisiertes Mapping-Verfahren (Kartläggning), in dem Eltern und Kind die nötigen Informationen zum schwedischen Schulsystem erhalten und der Lern- und Entwicklungsstand des Kindes oder Jugendlichen festgestellt wird. Das geschieht innerhalb von zwei Monaten nach der Ankunft. Der erste Schritt des Mappings ist ein Gespräch, an dem Towe oder Gabriella, das Kind und die Erziehungsberechtigten und außerdem ein*e Dolmetscher*in teilnehmen. Towe und Gabriella

---

25 Es handelt sich um einen leicht überarbeiteten Auszug aus einem Blog-Beitrag von Matthias Linnemann. Karakaşoğlu et al. (2020, 8).

wollen erfahren, welche Sprachkenntnisse und Schulerfahrungen das Kind hat, welche Interessen es zeigt und was Kind und Erziehungsberechtigte von der Schule erwarten. Im Gegenzug vermitteln sie, wie schwedische Schulen strukturiert sind und wie dort mit Kindern und Jugendlichen im Verständnis eines partnerschaftlichen Lernens umgegangen wird. Für manche Eltern ist es dann, so berichtet Towe, z.B. überraschend, dass es keine körperlichen Strafen an schwedischen Schulen gibt.

Im zweiten Schritt werden mit dem Kind ohne Erziehungsberechtigte zwei weitere Gespräche geführt, eins um die Lese- und Schreibfähigkeit festzustellen und eins zum mathematischen Denken. Towe betont: Das Wichtigste dabei ist, dass die Schüler*innen sich in der Mappingsituation sicher fühlen und diese nicht als Test oder Prüfung begreifen. Das Kind soll sich in seiner stärksten Sprache ausdrücken, welche nicht unbedingt die Schulsprache aus dem Herkunftskontext sein muss. Dazu stehen Gabriella und Towe die Mapping-Materialien der schwedischen Schulbehörde (Skolverket) momentan in 37 verschiedenen Sprachen zur Verfügung, außerdem helfen auch hier Dolmetscher*innen.

Gabriella, die ausgebildete Mathelehrerin, zeigt mir ein Bild, das sie für das Mapping des mathematischen Denkens benutzt. Es gibt viele Fragen zu dem Bild, die auf ein Grundverständnis mathematischer Verfahren abzielen. Die Schüler*innen können auf allen möglichen Niveaus darauf antworten. Im Hintergrund des Bildes ist zum Beispiel ein Fahrrad zu sehen, das an der Wand eines Hauses lehnt. Die erste Frage im Mapping dazu lautet: »Was würdest du tun, wenn du wissen willst, wie lang es um einen Reifen herum ist?« Eine einfache Antwort wäre, den Reifen zu zerschneiden und ihn mit einem Lineal zu messen. Schüler*innen auf hohem mathematischem Niveau könnten vorschlagen, den Radius zu messen und die Formel $2r*\pi$ zur Berechnung des Kreisumfangs zu nutzen.

Gabriella holt ein Glas mit verschiedenfarbigen und -geformten Knöpfen hervor, genauso eins wie auf dem Tisch im Vordergrund des Bildes liegt. Sie erläutert, wie sie anhand dieser Knöpfe über Sortierungen und Verhältnisse mit den Kindern spricht. An der Wand neben dem Fahrrad ist eine Zahlenreihe aufgemalt, die als Fibonacci-Folge bekannt ist und z. B. von Schüler*innen mit einem ausgeprägten mathematischen Verständnis erkannt und angesprochen werden könnte.

Die Mapping-Ergebnisse bilden die Grundlage für eine Empfehlung von Gabriella und Towe dafür, welche Schule das Kind in Zukunft besuchen und in welchen Jahrgang es eingestuft werden sollte. Die aufnehmende Schule ist dann für den dritten Schritt des Mappings zuständig, in dem die Kenntnisse in allen Fächern festgestellt werden sollen.

Plurilingualer Englischunterricht in New York[26] – Auszug aus einem Blogbeitrag

12.15 Uhr. Englischunterricht der 10. Klasse an der International High School for Health Sciences in New York. Nach dem Lehrplan muss ein Roman gelesen und interpretiert werden. Das Besondere an der Klasse: Alle 27 Schülerinnen und Schüler, die an Gruppentischen im Klassenraum sitzen, sind erst seit wenigen Jahren in den USA. Sie wurden als Englischlernende auf Anfängerniveau eingestuft, als sie die High School in der 9. Klasse begonnen haben. Die Englischlehrerin weist auf das Smartboard hin, auf dem ein Menü mit sechs Aufgaben erscheint. Die Schüler*innen können auswählen, in welcher Form sie den ausgewählten Roman während der Unterrichtsstunde weiterlesen wollen. Die Lehrerin erläutert die Aufgaben und betont, dass sie nicht nur lesen, sondern auch Anmerkungen machen sollen. Sie ermutigt sie zu gegensei-

---

26 Es handelt sich um einen leicht überarbeiteten Auszug aus einem Blog-Beitrag von Dita Vogel. Karakaşoğlu et al. (2020, 2).

tigen Erläuterungen: »Stellt sicher, dass alle an eurem Tisch die Aufgaben verstanden haben!«

Rasch stehen die Schülerinnen und Schüler von ihren Gruppentischen auf und verteilen sich selbstständig auf unterschiedliche Aufgaben. Einige holen sich Laptops aus einem Stahlschrank und lauschen einem E-Book, während sie zugleich den Text mitlesen. Einige gehen auf den Flur, wo sie sich gegenseitig vorlesen. Ein Schüler liest in einer chinesischen Ausgabe des Buchs. Einige arbeiten mit Fotokopien des 6. Kapitels in spanischer Sprache. Pinke Post-Its sind allgegenwärtig. Die Schüler und Schülerinnen nutzen sie, um in englischer Sprache Notizen zum Text anzufertigen und an Textstellen anzuheften.

Diese Szene konnten Lydia Heidrich und ich während eines Besuchs der Schule in der letzten Woche beobachten. Wir waren beeindruckt, wie reibungslos und konzentriert die Klasse gearbeitet hat. Im Rahmen unseres Aufenthalts werden wir noch zwei weitere High Schools kennenlernen, die wie die International High School for Health Sciences zum Internationals Network for Public Schools gehören. Die Netzwerk-Schulen sind öffentliche Schulen, die ausschließlich neu Zugewanderte nach gemeinsamen Grundsätzen unterrichten, die sich gegenseitig unterstützen und gemeinsam fortbilden.

Separater Unterricht für neu Zugewanderte? Kein gemeinsames Lernen mit in den USA sozialisierten Jugendlichen? Chinesisch lesen im regulären Englischunterricht? Das klingt für uns erst einmal sehr irritierend. Weil die Netzwerkschulen vergleichsweise viele neu zugewanderte Schüler*innen zum Schulabschluss bringen, ist es aber auch interessant. Nach Angaben des Netzwerks schaffen 77 % der Schüler*innen an Netzwerkschulen ihr High School Diploma innerhalb der Regelzeit von 4 Jahren, während Englischlernenden an anderen New Yorker Schulen dies nur zu 33 % gelingt.[27] Ein direkter Vergleich zu Deutschland lässt sich

---

27 http://internationalsnps.org/results/student-results/ (Abfrage 25.02.20).

kaum herstellen, weil es in Deutschland unterschiedliche Schulformen und ein abgestuftes System unterschiedlicher Schulabschlüsse gibt. Auch in Deutschland wird darum gerungen, wie mehr Schüler*innen als bisher zu einem qualifizierten Schulabschluss geführt werden können.

Daher interessieren wir uns dafür, was das Besondere an diesem Ansatz ist. Was bedeuten die Grundsätze des Netzwerks[28] in der Praxis? Ein erster Eindruck aus dem Englischunterricht:

- Die Buchauswahl: Im Buch »The Fault in Our Stars« von John Green geht es um die Liebesgeschichte zweier krebskranker Jugendlicher. Das berührende Buch ist in unterschiedliche Sprachen übersetzt und passt zum Schulprofil Gesundheitswissenschaften.
- Projektorientierte Kooperation der Lehrkräfte: Parallel zur Buchlektüre im Englischunterricht geht es im naturwissenschaftlichen Unterricht um Krebs und die Auswirkungen auf den Körper. Fachvokabular und Ausdrucksweise werden im Unterricht für Englisch als Zweitsprache vertieft. Was im multidisziplinären Krebsprojekt getan und gelernt werden soll, hängt als Ablaufplan im Raum der Englischlehrerin aus. (In den USA bleiben die Lehrkräfte in der Regel in ihrem Raum, während die Lernenden die Räume wechseln).
- Nutzung von Mehrsprachigkeit: Da einige Schüler*innen noch nicht so weit sind, dass sie das gesamte Buch in englischer Sprache schnell genug lesen können, können sie sich die Inhalte in einer anderen Sprache erarbeiten und bei der inhaltlichen Reflektion in englischer Sprache aktiv mitmachen.
- Lernmöglichkeiten für unterschiedliche Leistungsniveaus: Alle Schüler*innen haben das erste und zweite Kapitel gelesen. Schnelle Leser*innen haben die Inhalte des dritten bis fünften

---

[28] http://internationalsnps.org/about-us/internationals-approach/ (Abfrage 25.02.20).

Kapitels für alle zusammengefasst. Das sechste Kapitel wird wiederum von allen gelesen. Alle Schüler*innen werden in der nächsten Unterrichtsstunde einen zweiseitigen Bogen mit Reflexionen zu diesem Kapitel bearbeiten, wobei sie auf ihre Post-It Notizen zurückgreifen können.

- Lernen im Klassenverband: Die Klasse bleibt von der 9. bis zur 12. Klasse zusammen und wird von einem Jahrgangsteam betreut. Sie sind miteinander und mit den Lehrkräften vertraut. Die Lehrkräfte arbeiten mit gleichen Methoden, so dass Abläufe den Lernenden vertraut sind und nicht immer neuer Erklärungen bedürfen.

Elternperspektiven auf eine multilinguale Schule in Karlsruhe[29] – Auszug aus einem Blogbeitrag

»Für uns war die Europäische Schule genau das, was wir brauchten«, erzählt uns eine italienische Mutter. Ihre beiden Kinder erhalten multilingualen Unterricht an der Europäischen Schule in Karlsruhe (ESK), einer von 12 Kooperations-Schulen im Projekt TraMiS, die im Projektverlauf besucht werden.

Für die Italienerin, die wir eingangs zitiert haben, werden die Vorzüge der Europäischen Schule gerade jetzt besonders deutlich, denn die Rückkehr nach Italien ist geplant. Nachdem ihr Mann acht Jahre in Deutschland geforscht hat, wird er in Zukunft an einem europäischen Institut in Italien weiterarbeiten. Auch dort werden die Kinder des Paares eine Europäische Schule besuchen, die nach dem gleichen Lehrplan lehrt wie die Schule in Karlsruhe. Eine Veränderung steht allerdings an: In Deutschland fand der Unterricht in den meisten Fächern auf Deutsch statt und nach der Grundschule auch in einigen Fächern auf Englisch. In Italien wird die Hauptunterrichtssprache Italienisch sein, aber die Kinder werden in einigen Fächern weiter in deutscher Sprache unter-

---

29 Es handelt sich um einen leicht überarbeiteten Blog-Beitrag von Patience Amankwah und Dita Vogel. Karakaşoğlu et al. (2020, 16).

richtet und Englisch als dritte Sprache weiterführen. Da die Kinder auch an der ESK mehrere Stunden in der Woche Unterricht in ihrer Familiensprache Italienisch hatten, sollte der Wechsel in eine hauptsächlich italienischsprachige Schule für sie leichtfallen.

Kinder von EU-Beschäftigten haben an Europäischen Schulen einen Anspruch auf Förderung ihrer Herkunftssprache – notfalls auch im Einzelunterricht oder Fernunterricht, wenn reguläre Klassen nicht zustande kommen.

Auch für Familien mit Kindern, die aus dem Ausland nach Deutschland wechseln, ist die Schule eine Option. Allerdings kann diese Option bei den Europäischen Schulen nur mit hohem Einkommen realisiert werden, denn während die Schule für Beschäftigte europäischer Organisationen kostenfrei ist, müssen andere Eltern Schulgeld zahlen.

Warum die Schule trotzdem das Modell der Wahl sein kann, erzählte uns eine Inderin, deren 15jähriger Sohn seit Schuljahresbeginn die Schule besucht. Sie ist für eine Stelle in der Automobilindustrie nach Deutschland gekommen und hat das Ziel, mit ihrer Familie auf Dauer zu bleiben. Für ihren Sohn findet sie wichtig, dass er ein gutes Abitur machen und auf hohem Niveau Deutsch lernen kann, damit er später in Deutschland studieren kann. Bei der ESK sind die Chancen gut, dass er beide Ziele erreicht. Er besucht den Unterricht der meisten Fächer wie in Indien in englischer Sprache, denn die Schule hat außer der deutschen auch eine englische und eine französische Sprachabteilung. Deutsch ist seine zweite Sprache, in der er mit anderen Jugendlichen seines Alters im Sprach-, Geschichts- und Geographieunterricht gemeinsam lernt. Das ist schwierig, denn er ist Anfänger, und die anderen Kursteilnehmenden lernen schon seit einigen Jahren Deutsch. Deshalb erhält er individuellen Zusatzunterricht, um möglichst bald mit den anderen in seinen Kursen mithalten zu können.

»Die Anfangszeit war hart für die Kinder, aber jetzt geht es!« sagt auch eine amerikanische Mutter, deren drei Kinder seit

Schuljahresbeginn die Schule besuchen. Die Familie ist schon mehrfach im Ausland gewesen. Im Vergleich zur rein englischsprachigen International Schools findet sie an der European School gut, dass auch konsequent Deutsch gelernt wird. Dadurch können sich die Kinder auch nach der Schule in lokalen Sportvereinen engagieren und erhalten zusätzliche Optionen für die spätere Wahl des Studienlandes. Das Abitur an einer Europäischen Schule ist in jedem Land der Europäischen Union anerkannt.

7.5 Bearbeitungsmöglichkeiten

Für Seminare oder Workshops in Schulen oder von Lehramtsstudierenden: Arbeiten Sie in fachbezogenen Gruppen. Lesen Sie das Handout ›Mit allen Sprachen lernen‹, in dem ein binnendifferenzierender plurilingualer Ansatz skizziert wird.
Welche Techniken könnten Sie in Ihrem Fachunterricht anwenden?

Abb. 12: Mit allen Sprachen lernen[30]

---

30 https://tramis.de/wp-content/uploads/2021/02/06_Handout_Mit-allen-sprachen-lernen_fin.pdf

8 Zeugnisrelevante Anerkennung von migrationsbedingt relevanten Sprachen

Abb. 13: »Fremdsprachen«

Reflexionsfrage: Welche Gedanken kommen ihnen beim Lesen des Comics zur Verpflichtung aller zum Lernen einer »zweiten Fremdsprache«?

8.1 Sprachenfächer und Schulabschlüsse[31]

Die Anforderungen an Sprachen bei Schulabschlüssen in Deutschland lassen sich vereinfacht so skizzieren: Alle müssen ihre Prüfungen in der Unterrichtsprache Deutsch ablegen, von wenigen Ausnahmen in bilingualen Modellen abgesehen. Um den ersten Schulabschluss nach der 10. Klasse zu erlangen, muss außerdem eine Fremdsprache – in der Regel Englisch – gelernt werden. Wer Abitur machen will, braucht auch eine zweite Fremdsprache. Die deutschen Abituranforderungen entsprechen von der Grundidee der Sprachenpolitik der Europäischen Union, nach der alle EU-Bürger*innen zusätzlich zur Erstsprache zwei weitere Sprachen bis zu einem gewissen Grad beherrschen sollten (Erstsprache +2) (Hériard 2019).

Dass Kenntnisse in drei Sprachen erwartet werden, lässt sich als eine Wertschätzung von Mehrsprachigkeit auffassen. Mit der »Wertschätzung und Anerkennung der herkunftsbedingten Mehrsprachigkeit«, wie sie in den Empfehlungen zur interkulturellen Bildung der Kultusministerkonferenz gefordert wird (HRK und KMK 2015; KMK 2013b, 7), sind dagegen keine konkreten Handlungsempfehlungen, geschweige denn finanzierungsgesicherte, auf konkrete Umsetzung ausgerichtete Maßnahmen verbunden. Vor allem erstreckt sich die Wertschätzung nicht darauf, welche Sprachkenntnisse als abschlussrelevant anerkannt werden. Für Abschlüsse zählen – von Ausnahmen abgesehen – nur die wenigen Sprachen, die in der Schule als grundständig unterrichtete Fremdsprache angeboten

---

31 Das Kapitel beruht auf einem gekürzten Debattenbeitrag der Autorin Vogel für den Rat für Migration (Vogel 2021).

8 Zeugnisrelevante Anerkennung von migrationsbedingt relevanten Sprachen

werden. Dabei handelt es sich nur selten um Sprachen, die von Zugewanderten und ihren Nachkommen gesprochen werden. Die »Wertschätzung und Anerkennung« geht daher oft nicht über symbolische Markierungen wie z. B. mehrsprachige Grußformeln im Eingangsbereich von Schulen hinaus, deren gute Absicht und Symbolkraft als transnationales Willkommenssignal hier nicht infrage gestellt werden soll. Hier sollen vielmehr Anregungen geben werden, wie die Anerkennungsformel in konkretes Handeln überführt werden kann.

Der Begriff Herkunftssprache wird für Sprachen eingewanderter Minderheiten im administrativen Wording verwendet (Fürstenau 2011, 31). Im schulischen Kontext geht es dabei um Sprachen, die in der Familie gelernt wurden, und die nicht als Fremdsprachen angeboten werden. Sprachwissenschaftler*innen bevorzugen den Begriff der »Familiensprache(n)«, da dieser besser geeignet ist, auch die plurilinguale, lebendige Sprachpraxis von in Deutschland oft auch schon in dritter Generation aufgewachsenen Personen zu benennen und diese nicht auf eine bereits mehrere Generationen zurückliegende »Herkunft« verweist. Herkunfts- bzw. Familiensprachen haben bisher meist den Status eines »netten Extras« – d. h. sie können bestenfalls zusätzlich in einem freiwilligen Unterricht gepflegt werden, der in der Regel nicht für den Schulabschluss zählt (Mediendienst Integration 2022). Selbstverständlich gibt es – wie immer im Bereich der schulischen Bildung – Unterschiede zwischen den Bundesländern. So kann z. B. in Nordrhein-Westfalen eine Prüfung in der Herkunftssprache eine schlechte Englischnote ausgleichen (NRW 2020). In Hamburg und Sachsen kann der herkunftssprachliche Unterricht gleichberechtigt wie eine Fremdsprache in den Schulabschluss eingehen.

Der Unterricht wird aber oft noch von schlechter bezahlten Lehrpersonen am Nachmittag erteilt, die z. T. keine pädagogische Ausbildung haben (Brehmer und Mehlhorn 2018, 72). Es ist daher nicht überraschend, dass das Interesse von Jugendlichen und Eltern an diesem häufig eher gering ist. In einer Streitschrift für den Ausbau des türkischen Herkunftssprachenunterrichts zum Fremdsprachenunterricht wird die Problematik unmissverständlich angesprochen:

> *Überspitzt formuliert muss gerade aus Elternperspektive die Frage erlaubt sein: Warum die Kinder in einen Herkunftssprachenunterricht schicken, wo sie sich langweilen und wertvolle Zeit vergeuden, in der sie entweder für andere Fächer lernen oder etwas »Sinnvolleres« wie Sport machen könnten, wenn sie dort nicht einmal ein anerkanntes Zertifikat erwerben können und zu allem Überfluss in den Augen ihrer Mitschüler und Lehrkräfte auch noch zu »Türken« werden, obgleich sie sich doch oft als Deutsche fühlen? (Küppers und C. Schroeder 2017, 60)*

Für lebensweltlich mehrsprachig aufgewachsene Kinder – also Kinder, die z. B. im familiären und freundschaftlichen Umfeld regelmäßig mehr als eine Sprache verwenden (Lüdi 1996, 234) – halten die meisten Schulen in Deutschland kein passendes Angebot bereit.

Im Comic zu Beginn des Kapitels wird das Beispiel eines Mädchens mit zwei Familiensprachen aufgeführt, das in Deutschland Abitur machen will. Für sie wäre es adäquat, wenn Sie mindestens eine ihrer Familiensprachen auch in der Schule auf einem bildungssprachlichen Niveau weiterentwickeln könnte. Französisch könnte sie im Wahlbereich zusätzlich als dritte Fremdsprache lernen, wenn sie sprachinteressiert ist, oder sich auf andere Fächer konzentrieren.

Im Gymnasium müssen alle Schüler*innen ab der sechsten Klasse im 8jährigen Gymnasialzug (G8) oder siebten Klasse in G9 eine zweite Fremdsprache lernen. Deshalb kann es für Zugewanderte schwierig werden, wie z. B. eine Lehrkraft an einem Gymnasium im Rahmen von TraMiS schilderte:

> *Ein syrisches Kind hat einen Vorkurs und dann die vierte Klasse der Grundschule besucht. In der fünften Klasse an unserem Gymnasium kommt dann Englisch als erste Fremdsprache dazu, während der Prozess des Deutschlernens noch weiter fortschreitet. Dann muss ab der 6. Klasse noch die zweite Fremdsprache dazu genommen werden, sodass zusätzlich zum anderen Fachunterricht in der noch fremden Sprache Deutsch zeitgleich zwei weitere Sprachen gelernt werden müssen. (Protokollauszug TraMiS 2019)*

Die wahrgenommene Fremdsprachenhürde an Gymnasien kann dazu führen, dass von vornherein kein Gymnasialbesuch empfohlen wird.

8 Zeugnisrelevante Anerkennung von migrationsbedingt relevanten Sprachen

Sie wurde schon in einer wegweisenden Studie zur institutionellen Diskriminierung als Hindernis für eine Schulzuweisung zum Gymnasium 2003 aufgeführt:

> Besonders die Realschulen geizen bei leistungsfähigen Migrantinnen bei der Versetzungsentscheidung am Ende der Erprobungsstufe jedoch mit Übergangsempfehlungen auf ein Gymnasium mit Verweis auf die »Dritte Fremdsprache« (Französisch), weil »Viersprachigkeit« (Herkunftssprache, Unterrichtssprache und zwei Fremdsprachen) den Migrantenkindern besonders schwerfallen müsse. (Gomolla und Radtke 2009 (2003), 285)

Wer erst als Jugendlicher nach Deutschland gekommen ist, *kann* gar nicht am regulären Fremdsprachenunterricht in Deutschland teilgenommen haben. Für solche Fälle ist vorgesehen, dass Kenntnisse in einer anderen Sprache ausnahmsweise durch eine Sprachprüfung nachgewiesen werden können. Beim Besuch eines Vorbereitungskurses für die gymnasiale Oberstufe in Bremen im Rahmen des TraMiS-Projektes wurden z.B. 16 Schüler*innen angetroffen, die alle außer Englisch und Deutsch mindestens eine andere Sprache sprechen und z.T. auch schreiben konnten. Trotzdem mussten viele in der Sekundarstufe II am Spanischunterricht teilnehmen, was als zweite Fremdsprache zählt, und so eine 4. oder 5. Sprache lernen. Die Sprachprüfung als Ersatz konnte z.T. nicht abgelegt werden, weil es vor Ort keine Prüfungsberechtigten gab. Die Bedingungen für solche Sprachprüfungen sind in den Bundesländern unterschiedlich. Neben dem (Nicht-)Vorhandensein von Prüfungsberechtigten für die entsprechenden Sprachen spielen weitere Faktoren, die häufig für die Jugendlichen und ihre Eltern nicht transparent sind, eine Rolle. Es gibt keinen Rechtsanspruch, so dass es vom Ermessen der Schulen und Bildungsverwaltungen abhängt, ob eine Prüfung möglich ist.

Die ungleiche schulische Berücksichtigung von Sprachen im Kontext schulischer Bewertungen von Mehrsprachigkeit wird auch als »Zwei-Klassen-Mehrsprachigkeit« mit Elitenmehrsprachigkeit (Fremdsprachen) und Armutsmehrsprachigkeit (Herkunftssprachen) bezeichnet (Krumm 2013).

Teil 2: Impulse zu ausgewählten Aspekten

8.2 Fremdsprachenunterricht und Mehrsprachigkeit – quantitative Bedeutung

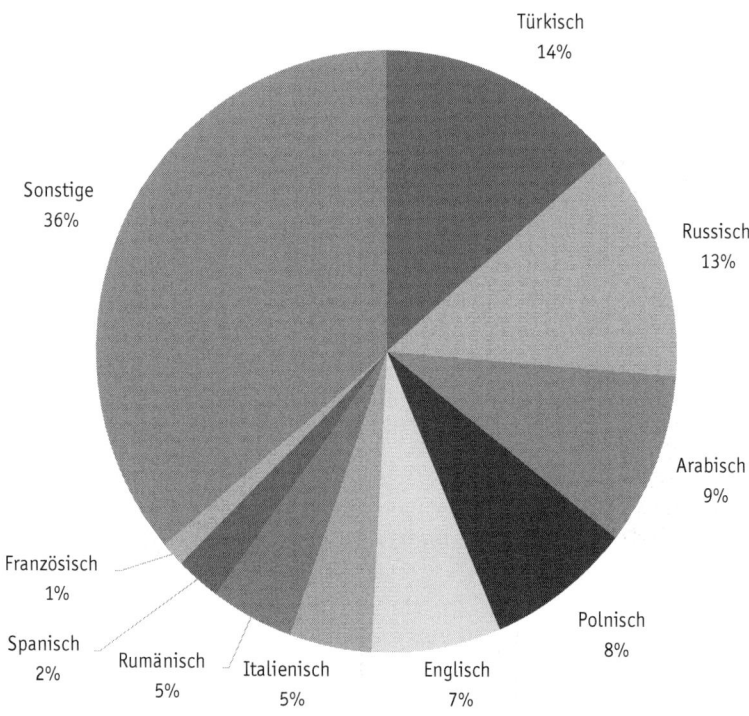

Abb. 14a: In Privathaushalten überwiegend gesprochene Sprachen (außer Deutsch) 2020 (Quelle: Statistisches Bundesamt, eigene Berechnungen)

Mit Daten des Statistischen Bundesamtes lässt sich ein ungefährer Eindruck davon gewinnen, wie wenig die in Deutschland gesprochenen Sprachen sich in den abschlussrelevanten Sprachfächern in der Schule wiederfinden. Im Mikrozensus, für den jährlich ein reprä-

8 Zeugnisrelevante Anerkennung von migrationsbedingt relevanten Sprachen

sentatives Tausendstel der Bevölkerung befragt wird, wird nach der vorwiegend im Haushalt gesprochenen Sprache gefragt. Dabei zeigt sich eine große Sprachenvielfalt. In den rund 4 Millionen Haushalten, in denen nach Angabe des Haushaltsvorstands 2020 vorwiegend eine andere Sprache als Deutsch gesprochen wird, ist Türkisch mit 14 Prozent die am meisten gesprochene Sprache, gefolgt von Russisch mit 13 Prozent, Arabisch mit 9 Prozent, Polnisch mit 8 Prozent und Englisch mit 7 Prozent. Die übrige Hälfte verteilt sich auf eine Vielzahl von Sprachen.

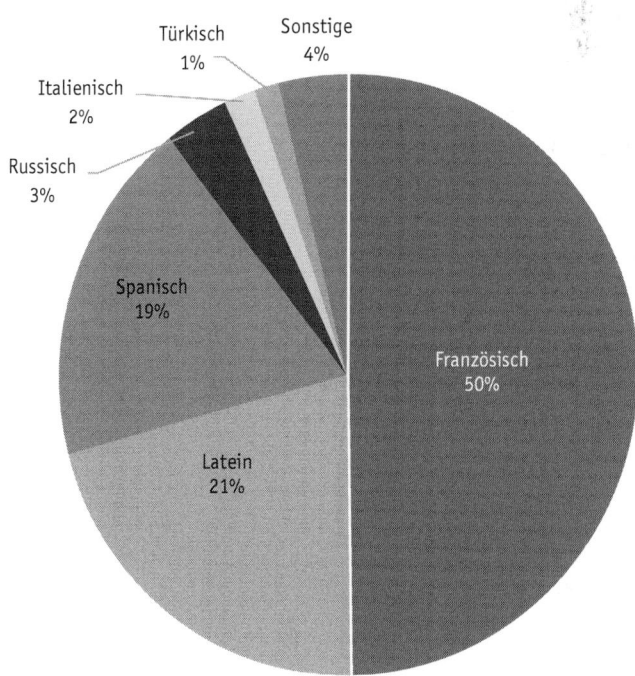

Abb. 14b: Fremdsprachenschüler*innen (außer Englisch) (Quelle: Statistisches Bundesamt, eigene Berechnungen).

Anders sieht es beim Fremdsprachenlernen in der Schule aus. Da fast alle Schüler*innen Englisch lernen, sind hier nur die weiteren Fremdsprachen aufgeführt. Zum Herkunftssprachenunterricht gibt es keine offizielle Statistik, sondern nur Daten, die der Mediendienst Integration bei den Kultusministerien erfragt hat. Er wird von ca. 140 000 Schüler*innen besucht (Mediendienst Integration 2022, 3) und wird im Unterschied zu den rund 2,6 Millionen Schüler*innen, die eine andere Fremdsprache als Englisch lernen, nicht erfasst. Hierbei zeigt sich: Rund die Hälfte lernen Französisch, 21 Prozent Latein und 19 Prozent Spanisch. Nur die übrigen 10 Prozent verteilen sich auf alle weiteren Sprachen.

Auf einen weiteren Fakt macht die Gegenüberstellung aufmerksam. In 10 Prozent der Haushalte mit anderer Familiensprache als Deutsch wird mit Englisch, Französisch oder Spanisch eine der fast überall als Fremdsprachenfach angebotenen Sprachen gesprochen. Wer aus der Familie Kenntnisse dieser Sprachen mitbringt, kann auch am Fremdsprachenunterricht teilnehmen. Es ist eine offene Frage, inwieweit die Schüler*innen Ihre Vorkenntnisse anwenden und ausbauen können oder gelangweilt und unterfordert werden.

8.3 Veränderungsmöglichkeiten

Ein grundsätzlicher Systemwandel, nach dem alle Sprachen binnendifferenziert unterrichtet und für Abschlüsse anerkannt werden, wäre geeignet, das Ziel der europäischen Sprachenpolitik (Erstsprache + 2 weitere Sprachen) für alle zu erreichen, während es jetzt in erster Linie von deutschsprachig Aufwachsenden mit dem Ziel Abitur erreicht und für die übrigen die Erstsprache vernachlässigt oder Englisch als einzige Sprache zusätzlich zu Deutsch schulisch gefördert wird.

Wenn auch kurz- bis mittelfristig ein grundlegender Systemwandel in der schulischen Anerkennung und Vermittlung von Mehrsprachigkeit aufgrund politischer und bürokratischer Hürden nicht möglich erscheint, so kann es doch zu schrittweisen Veränderungen kommen, wenn z. B. mehr Sprachen eingewanderter Minderheiten als Fremdsprachen anerkannt werden, Herkunftssprachenunterricht ausgebaut und besser anerkannt wird oder ein Rechtsanspruch auf Prüfung außerschulisch erworbener Sprachenkenntnisse eingeführt wird.

Beispiele hierfür in einzelnen Bundesländern gibt es bereits. Das Bundesland Hessen treibt z. B. den Ausbau der Fremdsprachen voran und konzentriert sich auf Sprachen, die als weltweit häufig gesprochen markiert werden. Mit dem Schuljahr 2023/24 können auch Portugiesisch und Arabisch als zweite und dritte Fremdsprache gewählt werden. Nach Kritik wegen mangelnder Berücksichtigung der in Hessen am häufigsten gesprochenen Sprachen startet gleichzeitig zumindest ein Schulversuch an zwei Schulen, in denen Türkisch als zweite und dritte Fremdsprache gewählt werden kann.[32]

Der Aufbau und die Anerkennung einer an Schulen angebotenen Fremdsprache ist ohne Zweifel aufwändig und erfordert spezifische Lehrpläne und eine Lehrkräfteausbildung für diese Fächer. Das ist auch nötig, wenn herkunftssprachlicher Unterricht in schulischer Verantwortung erbracht wird. Nordrhein-Westfalen ist das Bundesland mit den meisten Angeboten an herkunftssprachlichem Unterricht in der Schule. Von den 140 000 Schüler*innen bundesweit, die herkunftssprachlichen Unterricht besuchen, kommen über 100 000 aus Nordrhein-Westfalen (Mediendienst Integration 2022, 15). Dort werden in der Sekundarstufe auch Prüfungen absolviert.

Die Anforderungen des schriftlichen Prüfungsteils der Sprachprüfung im Herkunftssprachlichen Unterricht entsprechen den Leistungsansprüchen, die – bezogen auf den jeweiligen Abschluss – für die Pflichtfremdsprachen gelten. Die Prüfungsinhalte beziehen sich auf die Kenntnisse und Fähigkeiten, die der Herkunftssprachliche Unterricht vermittelt.... Schülerinnen und Schüler können mit einer mindestens guten

---

32 Kultusministerium Hessen https://kultusministerium.hessen.de/presse/land-baut-unterrichtsangebot-in-zweiten-und-dritten-fremdsprachen-aus, abgerufen 21.5.23

Leistung in der Sprachprüfung ... eine mangelhafte Leistung in einer Fremdsprache ausgleichen. (NRW 2021)

Diese Formulierungen legen die Frage nahe, warum es nicht zu einer gleichberechtigten Anerkennung kommt, wenn gleiche Leistungen verlangt werden. Hier erscheint uns Hamburg vorbildlich. Herkunftssprachlicher Unterricht wird dort gleichberechtigt als zweite oder dritte Fremdsprache anerkannt.[33] Im Deutschen Schulportal beschreiben Zugewanderte diesen Unterricht als sehr wertvoll und sogar entscheidend für ihren Schulerfolg. Ein Schüler äußert sich da wie folgt: »Ohne Arabisch als Hauptfach würde ich das Abitur nicht schaffen.«[34]

Mehr Fremd- und Herkunftssprachenunterricht kann Lösungen für regional stark vertretene Sprachen bieten. Es gibt aber auch viele Sprachen, die nur in einzelnen Regionen oder insgesamt in geringem Umfang in Deutschland gesprochen werden. Wenn hier Sprachkenntnisse aus dem Ausland mitgebracht oder in Familien oder migrantisch organisierten Sprachschulen erworben werden, könnten sie durch Sprachprüfungen anerkannt werden.

Sprachenprüfungen ohne vorherigen Unterricht sind bisher kaum erforscht. Eine kursorische Durchsicht aktueller Regelungen weist auf restriktive Voraussetzungen hin. Vor allem im Jugendalter Zugewanderte, die am regulären Unterricht nicht teilnehmen konnten, dürfen unter Umständen eine Prüfung ablegen. Wie eng begrenzt die Ausnahmeregelung ist, zeigt ein Beispiel aus Niedersachsen:

> Wenn ein Nachlernen der Pflichtfremdsprachen nicht möglich ist oder aussichtslos erscheint bzw. in besonderen Einzelfällen, können nach eingehender Beratung durch die Schule die Leistungen in der Herkunftssprache anstelle der Leistungen in einer der Pflichtfremdsprachen treten und durch eine Sprachfeststellungsprüfung nachgewiesen werden (Niedersächsisches Kultusministerium 2014, 7.1.2)

---

33 https://li.hamburg.de/contentblob/15750354/1e73066e6231b03b108792a000bf5ce7/data/pdf-flyer-herkunftssprachenunterricht.pdf
34 https://deutsches-schulportal.de/unterricht/herkunftssprache-niemand-moechte-doch-seine-muttersprache-vergessen

8 Zeugnisrelevante Anerkennung von migrationsbedingt relevanten Sprachen

Das Beispiel zeigt die klare Priorisierung der angebotenen Fremdsprachen, während der Zugang zu einer Prüfung intransparent und ermessensabhängig ist. Dies könnte sich durch einen Rechtsanspruch auf Sprachprüfung verändern. Die Autorin Vogel hat einen Vorschlag dazu beim Rat für Migration vorgelegt, der dort von Expert*innen unterschiedlicher Disziplinen kommentiert wurde (Rat für Migration 2021). Der Vorschlag lautet: Alle Sprachen, die noch zu bestimmende Mindestkriterien erfüllen, sollen für Schulabschlüsse anerkannt und geprüft werden – zumindest auf dem Niveau B1 im Europäischen Referenzrahmen für Sprachen[35]. Das ist das Niveau, an dem sich die Bildungsstandards für die zweite Fremdsprache (Englisch und Französisch) orientieren. Auf die Prüfung der Kompetenzen soll bei rechtzeitiger Anmeldung ein Rechtsanspruch bestehen. Ein Prüfungsanspruch könnte z. B. bei allen Sprachen bestehen, für die es Unterrichtswerke, Grammatiken und Wörterbücher gibt. Die Durchführung der Prüfung könnte dann auch digital unter Einbeziehung von Lehrkräften des Schulstandorts als Aufsicht erfolgen. Die gewählten Kriterien für zu prüfende Sprachen sollten transparent sein und eine sukzessive Erweiterung des Sprachenspektrums erlauben. Zur Vorbereitung auf Sprachprüfungen könnten auch öffentlich bereitgestellte digitale Angebote genutzt oder auch entwickelt werden.

Ein solcher Rechtsanspruch wäre ein Schritt hin zu einem Systemwandel, nach dem in Schulen nur noch von Sprachen, die unterrichtet werden, statt von einer Unterscheidung in Fremd- und Herkunftssprachen die Rede wäre. Der bisher als fremd- bzw. als herkunftssprachlich bezeichnete Unterricht könnte so zu einem mehrstufigen binnendifferenzierten Sprachenunterricht werden, in dem fortgeschrittene Peers sowohl ihre eigenen Stärken entwickeln als auch Anfänger*innen fördern könnten.

Für die Abiturprüfung könnten die Anforderungen dann so formuliert werden, wie die Autorinnen es auch der Kultusministerkonferenz in einem Policy Brief vorgeschlagen haben:

---

35 Siehe z. B. die Darstellung beim Goetheinstitut https://www.goethe.de/Z/50/commeuro/303.html 23.9.2021

Teil 2: Impulse zu ausgewählten Aspekten

Im Abitur wird eine Sprache geprüft, die an der Schule als Fach unterrichtet wird. Zusätzlich müssen Kenntnisse einer weiteren Sprache auf dem Niveau B1 nachgewiesen werden. Diese Kenntnisse können durch dreijährige Teilnahme am schulischen Sprachenunterricht mit mindestens ausreichendem Erfolg oder durch erfolgreiche Teilnahme an einer jährlich angebotenen Sprachprüfung in weiteren Sprachen nachgewiesen werden. (Karakaşoğlu und Vogel 2021)

Eine Ausweitung der Anerkennung von zweiten und dritten Sprachen über Sprachprüfungen hätte natürlich auch Auswirkungen auf den bisher privilegierten Fremdsprachenunterricht. Jenseits der Fachdiskussion des Vorschlags im Rat für Migration e.V. wurden Einwände von Fachdidaktiker*innen der in Schule vermittelten Fremdsprachen geäußert, in denen vor allem darauf aufmerksam gemacht wird, dass im Fremdsprachenunterricht nicht nur Sprachkompetenzen gefördert werden, sondern auch Empathie, Perspektivwechsel, Ambiguitätstoleranz, methodische Kompetenzen, kulturspezifische sowie transkulturell vergleichende Wissensbestände zu Kunst, Literatur, Geschichte, Politik, Wirtschaft und Geografie der Zielsprachenländer. Zudem verwiesen sie darauf, dass Sprachbewusstheit aufgebaut werde, was durch eine reine Sprachprüfung nicht ersetzt werden könne. Es ist richtig, dass denjenigen, die für eine Sprachprüfung optieren würden, die so ausdifferenzierten Lerngelegenheiten im Unterricht einer zweiten oder dritten Fremdsprache entgehen würden. Damit sind sie aber nicht anders gestellt als ungefähr die Hälfte aller anderen Schüler*innen, die keine zweite Fremdsprache in der Schule lernen und daher diese wertvollen Lerngelegenheiten, die Sprachenfächer bieten, nur im Englischunterricht nutzen können. Des Weiteren wurde eingewandt, dass viele Schüler*innen überwiegend mündliche Kenntnisse im Gespräch mit einer begrenzten Zahl von Familienmitgliedern ausgebildet hätten. Wir teilen die Auffassung, dass es für viele Schüler*innen erhebliche Anstrengungen erfordern würde, ein entsprechendes Niveau zu erreichen – eine Erfahrung, die auch im herkunftssprachlichen Unterricht gemacht wird. Sie würden wahrscheinlich weiterhin auf die Wahl einer zweiten Fremdsprache verzichten oder die etablierten Sprachen wählen. Allerdings ist das aus unserer Sicht kein Grund, den übrigen, die langjährigen Schulunterricht im Ausland hatten oder einem systematischen außerschulischen Unterricht besucht haben, den Zugang zum Abitur nur nach dem Erlernen einer vierten oder fünften Sprache zu erlauben. Unser Vorschlag versteht sich als eine Erweiterung von Sprachbildungsperspektiven in einer vielsprachigen Migrationsgesellschaft, nicht als Verengung. Er richtet sich nicht gegen den etablierten Fremdsprachenunterricht in sogenannten »Weltsprachen«, deren globale Verbreitung nicht zuletzt – und dies sollte in Argumentationen für diese immer auch mitreflektiert werden – das Ergebnis von Kolonialismus ist.

8.4 Bearbeitungsmöglichkeiten

Fachgruppen schulischer (Fremd-)Sprachenlehrkräfte könnten sich schulintern oder in schulübergreifenden Weiterbildungen mit der Thematik auseinandersetzen. Vorab sollte dieses Kapitel zur Vorbereitung gelesen werden.

Vorschlag: Zunächst soll in Gruppen, anschließend im Plenum über folgende Fragen diskutiert werden:

1. Im Comic »Fremdsprachen« kommen Maria, Eltern, die Englischlehrerin, die Freundin und indirekt auch die Französischlehrerin vor. Teilen Sie die Personen in Ihrer Gruppe auf. Versetzen Sie sich in die Position Ihrer Person, a.) führen Sie die Situation – wenn die Gruppe möchte – als Rollenspiel auf und diskutieren, welche Gedanken und Gefühle Sie in der jeweiligen Rolle erlebt haben oder b.) kommentieren Sie den Comic aus dieser Sicht.
2. Tauschen Sie sich über Erfahrungen mit erstsprachlichen Schüler*innen in diese Sprachen vermittelnden Fremdsprachenunterricht aus und sammeln Sie Möglichkeiten zur binnendifferenzierenden Förderung.

3. Diskutieren Sie die Frage: Welche der im Text diskutierten Veränderungsmöglichkeiten in der Bildungspolitik wären für Ihre Schule sinnvoll bzw. hilfreich?

9 Befristete individuelle Auslandsaufenthalte

Abb. 15: Welcome back

Reflexionsfrage: Wie würden Sie die Kernaussage des Comics zusammenfassen?

Wer eine Zeitlang in einem anderen Land zur Schule geht, kann vielfältige Erfahrungen sammeln und Kompetenzen entwickeln. Je nachdem, wie gut diese Erfahrung durch Familie oder andere Bezugspersonen sowie pädagogische Professionelle vorbereitet und begleitet wird, kann ein*e Schüler*in daran persönlich, sprachlich und kulturell wachsen. Deshalb werden Auslandsaufenthalte im Rahmen von Schüleraustauschprogrammen oder organisierten Auslandsjahren generell positiv bewertet und institutionell gefördert. Aufenthalte im Herkunftsland der Familie werden aber – so wurde das auch in der Diskussion mit den TraMiS-Partnerschulen gespiegelt – häufig eher als Risiko bewertet.

Wir beleuchten in diesem Kapitel die Bedeutung von temporären Auslandsaufenthalten im Schulkontext und fragen, welche Potentiale im Hinblick auf transnationale individuelle Entwicklungsperspektiven Aufenthalte im Herkunftsland der Familie haben können. Abschließend wollen wir Ideen dafür zur Diskussion stellen, wie sie eingebettet sein könnten, um positive Effekte für die Entwicklung von Kindern und Jugendlichen zu generieren.

9.1 Temporäre Auslandsaufenthalte während der Schulbiographie – Umfang unbekannt[36]

In der repräsentativen Umfrage des Sozioökonomischen Panels (SOEP) wurde gefragt, ob Jugendliche schon einmal eine Schule au-

---

36 Wir sind dankbar, dass wir für dieses Kapitel auf Recherchen und Textbausteine von Matthias Linnemann zurückgreifen konnten.

9 Befristete individuelle Auslandsaufenthalte

ßerhalb Deutschlands besucht haben. Insgesamt haben etwa 8 % der etwa 17-Jährigen die Frage bejaht, im Zeitraum von 2000 bis 2013 schon einmal im Ausland zur Schule gegangen zu sein (Gerhards, Hans und Carlson 2016, 56). Der Anteil war bei Jugendlichen mit »Migrationshintergrund« mit fast 13 % etwa doppelt so hoch wie bei Jugendlichen ohne »Migrationshintergrund« mit knapp 7 %, wobei die Studie keine Aussagen zulässt, in welchem Maße der höhere Anteil der Jugendlichen auf Zuwanderung oder auf temporäre Auslandsaufenthalte zurückzuführen ist.

Mehr Informationen gibt es zu institutionell organisierten temporären Auslandsaufenthalten u. a. in Studien des Netzwerks »Forschung und Praxis im Dialog – Internationale Jugendarbeit« (Becker und Thimmel 2019a). Den Kernbereich bildet der sogenannte internationale Jugendaustausch, worunter »Aktivitäten im Bereich der non-formalen und formalen Bildung verstanden werden, denen ein Austauschcharakter zugeschrieben wird« (Becker und Thimmel 2019b, 22), also keine Urlaube und keine Auslandsaufenthalte, die aus anderen als pädagogischen Gründen stattfinden. Die Sinus-Studie des Netzwerks ergibt, dass 17 % der Befragten schon einmal an einem Schüler*innenaustausch in der Gruppe teilgenommen haben, 5 % an einem Praktikum im Ausland und ebenfalls 5 % hatten einen individuellen institutionell organisierten Schüler*innenaustausch absolviert (Borgstedt 2019, 38). Unter den Befragten sind Jugendliche, deren Eltern wenig Geld und wenig formale Bildung vorweisen können, deutlich unterrepräsentiert (Ilg 2019). Wenn die eigenen Eltern schon einmal ähnliche Erfahrungen gemacht haben, erhöht das die Wahrscheinlichkeit der Teilnahme an einem Programm (Carlson, Gerhards und Hans 2014, 144).

Schüler*innen mit »Migrationshintergrund« sind also häufiger im Ausland zur Schule gegangen als solche ohne, aber seltener in pädagogisch begleiteten institutionellen Kontexten. Zu zeitlich begrenzten Auslandsaufenthalten während der Schulzeit kommt es bei ihnen häufig aus familiären Gründen. In einer Studie, die im britisch-pakistanischen Kontext durchgeführt wurde, werden z. B. Familienfeste und der Beistand bei Krankheit oder am Lebensende von Verwandten genannt (Bolognani 2014, 111). Besonders bei längeren Aufenthalten werden auch Schulen im Ausland besucht.

9.2 Institutionell organisierte Mobilität zu Lernzwecken – angestrebte Effekte

Von pädagogisch motivierten und institutionell organisierten Auslandsaufenthalten werden positive Effekte erwartet: Erweiterung der Sprachkenntnisse, Kenntnisse über andere Länder und deren Institutionen, »interkulturelle Kompetenz« und eine Reifung der Persönlichkeit, wobei die auslandsbezogenen Elemente auch als transnationales Humankapital bezeichnet werden (Carlson, Gerhards und Hans 2014, 128).

Sprachkenntnisse werden vor allem in den in der Schule angebotenen Fremdsprachen geschätzt, wobei es sich überwiegend um die ehemaligen Kolonialsprachen Englisch, Französisch und Spanisch handelt. Zusätzlich wird als positiver Effekt eines Auslandsaufenthalts ein gesteigertes Sprachbewusstsein (Language Awareness) gesehen (Quan et al. 2018, 439).

Eine Empfehlung des Rats der Europäischen Union kann exemplarisch für die hohen Erwartungen stehen, die darüber hinaus in pädagogisch motivierte Auslandsaufenthalte gesetzt werden:

Die Mobilität zu Lernzwecken — also ein Auslandsaufenthalt mit dem Ziel, neues Wissen sowie neue Fähigkeiten und Kompetenzen zu erwerben — ist eine der grundlegenden Möglichkeiten, mit denen junge Menschen ihre künftige Beschäftigungsfähigkeit erhöhen, ihr interkulturelles Bewusstsein und ihre persönliche Entwicklung voranbringen sowie ihre Kreativität und ihren Bürgersinn stärken können.
(Rat der Europäischen Union, 1)

Während hier etwas offener formuliert von interkulturellem *Bewusstsein* die Rede ist, wird in der Begleitforschung zu internationalen Begegnungen häufig »interkulturelle Kompetenz« verwendet (siehe z.B. Schmengler 2021). Dabei handelt es sich um einen Begriff, der vor allem in der kritischen Diskussion um die Zuweisung von Bedeutung und Stellenwert von »Kultur« im Umgang mit Vielfalt in der Migrationsgesellschaft als nicht angemessen diskutiert wird (Kalpaka und Mecheril 2013), weil damit u.a. die Gefahr der Engführung und Dichotomisierung in sog. Eigenes und Fremdes besteht (▶ Kap. 5.1). Für kurze internationale Begegnungen gilt das in verstärktem Maß. Der Wunsch, »die Kultur« eines Landes kennenzulernen, kann suggerieren, dass es eine homogene und verbindliche Kultur eines nationalen Kontextes gibt, die überdies in ihren Wesenszügen unveränderlich ist – obwohl in der Realität kulturelle Orientierungen in jedem Land vielfältig und wandelbar sind, so dass vor allem Kulturreflexivität in der jeweiligen Situation angezeigt ist. Daher sieht Massumi (2017, 579) ohne reflektierende Begleitung die Gefahr, dass vorab existierende »rassistische Stereotypisierungen« scheinbar »durch die eigene Erfahrung legitimiert und normalisiert (und damit letztendlich ›bewiesen‹) werden«. Reflektierende Begleitung kann unterstützen, dass Schüler*innen mit offener Haltung für sie neue kulturelle Praktiken und institutionelle Settings in einem anderen Land kennenlernen, ohne dadurch dem pauschalisierenden Glauben zu verfallen, im Anschluss wissen zu können, wie Menschen generell in einem bestimmten Land »ticken« und damit eine »andere Kultur« als Ganzes kennengelernt zu haben.

In der Vorbereitung eines Auslandsaufenthalts ist ein Dilemma unvermeidlich, einerseits etwas über erwartbare Strukturen und Praktiken am Zielort zu vermitteln (z.B. über Regierungs- bzw. Schulsysteme) sowie (schul-)kulturelle Regeln und Normen (z.B. in Bezug auf Schuluniformen und Umgangsformen in der Schule), andererseits unzulässige Verallgemeinerungen ebenso zu vermeiden wie Übungen, die rezeptartig »richtiges« Verhalten im Kontext des Zielorts einüben (Massumi 2017, 581). Zentral ist dagegen die Förderung einer offenen beobachtenden Haltung und zugleich des Bewusstseins, dass die eigenen oft stereotypen, gesellschaftlich oder familiär vermittelten Erwartungen beeinflussen, was im Zielland als anders, ungewohnt und problematisch wahrgenommen wird. Wenn dies gelingt, dann können institutionelle organisierte Auslandsaufenthalte dazu beitragen, im Zielland neue strukturelle und kulturelle Bedingungen und Ausdrucksformen kennenzulernen und ihnen mit Interesse und Respekt zu begegnen und auch Strukturen und Orientierungssysteme in bisher bekannten Kontexten nicht als selbstverständlich, sondern als historisch und regional gewachsen und damit veränderbar wahrzunehmen

Dass Auslandserfahrungen positive Auswirkungen auf die Entwicklung der Persönlichkeit von Jugendlichen im Sinne einer »Persönlichkeitsreifung« haben, wurde von Zimmermann et al. (2015, 205) in zwei Längsschnittstudien gezeigt. Reifungsprozesse fänden zwar generell statt und machten Menschen mit zunehmender Lebenserfahrung tendenziell »gewissenhafter, verträglicher und weniger neurotisch« (ebenda), würden aber durch einen Auslandsaufenthalt beschleunigt, denn dabei wird das gewohnte Umfeld zurückgelassen, neue Beziehungen und neue Rollen werden übernommen.

Auch in vielfältiger Weise benachteiligte junge Menschen können an Auslandsaufenthalten wachsen, wie eine Studie zu Erfahrungen benachteiligter junger Menschen im Projekt JUMP (Jobs durch Austausch, Mobilität und Praxis) mit niedrigschwelligen Begegnungsmöglichkeiten und Praktika im deutsch-dänischen Grenzraum zeigt (Niemeyer et al. 2020, 113). Die Mobilitätsgeschichten von zehn jungen Menschen zeigen viele Varianten »bewegter Biografien«, wie diese im Projekt genannt werden. Häufige Schul- oder Wohnortwechsel, Krankheiten und Abwertungserfahrungen relativieren das Potential üblicher Mobilitätsformate, die in Bildungseinrichtungen angeboten werden. Menschen mit bewegten Biographien können Mobilität zu Lernzwecken vor allem dann nutzen, wenn die Formate auf ihre vielfältigen Bedürfnisse angepasst werden. Wie die Studie zeigte, ist für Jugendliche mit bewegten Biographien oftmals »die Bewältigung des Alltags anspruchsvoll genug« (Niemeyer et al. 2020: 112). Gleichzeitig kann für sie ein großer Reiz darin bestehen, sich vorübergehend von eben diesem herausfordernden Alltag durch Wechsel der Umgebung zu distanzieren, wozu ein Auslandsaufenthalt eine Möglichkeit ist. Allerdings wären die Teilnehmenden nicht ins Ausland gegangen, wenn niemand eine niedrigschwellige, begleitete Möglichkeit an sie herangetragen hätte (Niemeyer et al. 2020: 114). So könnte es auch »Lisa« (▶ Kap. 5.3) ergehen, wenn ihre Schule in einem sozio-ökonomisch benachteiligten Stadtteil liegt. Ganz in diesem Sinne hat auch ein Schulleitungsmitglied die Vignette kommentiert:

> Erstmal hat keiner die Idee ein Jahr ins Ausland zu gehen. Also es liegt alles aus, es hängt aus, aber es ist einfach nicht der Vorstellungsrahmen der Schüler, die kämpfen mit anderen Dingen. (Schulleitungsmitglied)

Dass Informationen zu Auslandsaufenthalten ausliegen, genügt kaum, insbesondere, wenn es im Umfeld keine Vorbilder gibt und mentale sowie ökonomische Barrieren überwunden werden müssen. In der Regel braucht es eine besondere Ermutigung und pro-aktive Informationspolitik mit Unterstützungsressourcen.

Gerade in der Europäischen Union gibt es eine Vielzahl von finanziellen Unterstützungsmöglichkeiten, vor allem für längerfristige Schulkooperationen, aber auch für die Mobilität einzelner Lehrkräfte und Schüler*innen. Einen Einblick in generelle Kooperations- und Fördermöglichkeiten in der Auslandmobilität bietet der Pädagogische Austauschdienst der Kultusministerkonferenz.[37] Auch wenn es vielfältige Fördermöglichkeiten gibt, ist die Förderung erst einmal mit Aufwand für Beantragung und Dokumentation verbunden. Auch hier könnten sich Schulen mit multiprofessionellen Teams so aufstellen, dass dieser Teil der Austauschaktivitäten nicht mehr nur von Lehrkräften als ehrenamtliches Engagement im Beruf geleistet werden müsste (▶ Kap. 6).

Einen guten Überblick über Möglichkeiten für organisierte Auslandsaufenthalte und Stipendien z.B. von Stiftungen sowie über andere Fördermöglichkeiten wie z.B. das Auslands-BAföG bietet *eurodesk* an, ein europäisches Jugendinformationsnetzwerk über 1.000 regionale Servicestellen in ganz Europa, davon rund 50 in Deutsch-

---

37 https://www.kmk-pad.org/

land. Die Website kann als Einstieg dienen und bietet telefonische Beratung an.[38]

9.3 Temporäre Auslandsaufenthalte in Herkunftsland von Familienmitgliedern

Wenn institutionell organisierte Mobilitätsformate zu Lernzwecken bei bewegten Biographien individuell angepasst werden müssen, stellt sich umgekehrt die Frage, ob ohnehin stattfindende Mobilität nicht individuell so angepasst werden könnte, dass sie auch Lernzwecken dienen und ähnliche positive Effekte generieren kann, wie sie von institutionell organisierten Aufenthalten erwartet werden.

Wie die Auswertung zur Vignette »Felix« gezeigt hat, gibt es zwar zu den angedeuteten positiven Rahmenbedingungen viele Ideen. Sein Auslandsaufenthalt in Begleitung seiner Mutter, die ihre kranken Eltern im Herkunftsland unterstützen muss, wird aber von Schulleitungen u. a. wegen der Frage, ob die Schulpflicht verletzt wird und die Ferien aus finanziellen Gründen verlängert werden, als kritisch zu prüfender Fall gesehen (▶ Kap. 5.4). Auf die Frage nach Erfahrungen mit ähnlichen Fällen wurden eine Reihe von problematischen Situationen angesprochen:

> aber ich habe eben auch sehr viele Negativbeispiele, wo Kinder geschützt werden müssen, und meine beste-Weltlösung wäre auch, dass es diese Fälle gar nicht gäbe, und ich genau wüsste, das ist ein positives Ding für das Kind, und es ist nicht ein vorgeschobener Grund, warum ich mein Kind jetzt mitnehmen, weil ich einen Konflikt mit dem Vater habe, das Kind entziehen möchte, weil ich vielleicht das Kind auch gar nicht wiederbringen möchte und da haben wir leider sehr, sehr, sehr viele Erfahrungen mit. Auch von Mädchen, die dann doch in die Heimat verschleppt werden, und dann dort verheiratet werden und so. (Schulleitungsmitglied)

---

38 https://www.rausvonzuhaus.de/auswahl/programm/langfristiger-individueller-schueleraustausch/

Nun lässt sich vermuten, dass bei Kindesentziehung und Zwangsverheiratung ins Ausland – wenn also das Kind nicht nach Deutschland zurückkehren soll – das beteiligte Elternteil kaum eine Genehmigung der Schulleitung zur Schulpflichtbefreiung anfragen wird. Schulleitungen haben vermutlich eher über die Jugendlichen oder andere Kanäle von solchen Fällen erfahren. Das Zitat legt nahe, dass das Bekanntwerden solcher Fälle – insbesondere wenn sie verallgemeinert werden – zur grundsätzlichen Skepsis bei der Genehmigung von temporären Aufenthalten im Herkunftsland führen – da hier ein mentaler Rahmen erkennbar wird, in dem ein solcher Aufenthalt negativ konnotiert ist und zur Prüfung führt, ob antizipierte, dem Kind schadende Gründe vorgeschoben werden.

Zurück zur Vignette Felix, die keinen Anhaltspunkt für derartige Sorgen liefert. Studien speziell zu familiär bedingten, temporären Auslandsaufenthalten während der Schulzeit, wie sie in der Vignette Felix angedeutet werden, konnten wir nicht finden. Hier zeichnet sich ganz offenbar grundlegender Forschungsbedarf ab, denn bei explorativen Interviews vor der Vignettenbildung wurden uns zahlreiche Beispiele geschildert. Allerdings könnten aus thematisch anders fokussierten Studien einige Erkenntnisse übertragbar sein. Einen guten Überblick über internationale Studien zum Auslandsstudium im Herkunftsland der Eltern gibt Shively (2016). Demnach haben Studierende oft den Wunsch, ihr Sprachvermögen zu verbessern und die im Herkunftskontext der Eltern verorteten kulturellen Wurzeln besser zu verstehen (Shively 2016, 275). Der Auslandsaufenthalt erlaubt ihnen z. B., ein besseres Verständnis für die Varianten der Familiensprache zu entwickeln und damit bewusster umzugehen.

Was sie erleben, wird auch dadurch geprägt, wie sie wahrgenommen werden. Viele Interviewte einer weiteren Studie erlebten in Korea bzw. China zum ersten Mal, dass die sie umgebenden Mitglieder der Gesellschaft ihnen im Phänotyp ähnlich waren, was ein besonderes Zugehörigkeitsgefühl (*belonging*) in ihnen auslöste (Kibria 2002, 304). Das führte zu einer verstärkten Auseinandersetzung mit der eigenen Identität. Jugendliche aus den USA, die einige Zeit im Senegal als Herkunftskontext (eines Teils) der Familie verbrachten, kehrten mit einem gestärkten Selbstbewusstsein zurück und identifizierten sich stärker als afrikanisch und Schwarz. Gleichzeitig entstanden neue Verletzlichkeiten dadurch, dass sie ihre Benachteiligung im US-amerikanischen schulischen Kontext im Vergleich zur ihrer Situation im Senegal klarer erkannten. Dafür konnten die Jugendlichen aber eine Gelassenheit gegenüber ihrer familiär ansozialisierten Religion, dem Islam entwickeln, der im Senegal mit eine größeren Selbstverständlichkeit ausgeübt wird und insgesamt eher positiv besetzt ist (Hoechner 2020, 273). Norwegische Jugendliche mit pakistanischen und somalischen (Teil-) Herkünften berichteten, dass sie nach einem Besuch im Geburtsland der Eltern durch den Vergleich beider Länder mit einer größeren Wertschätzung für die norwegische Gesellschaft und Kultur zurückkehrten (Hoechner 2020, 266).

Im Sinne eher herausfordernder Erfahrungen im Herkunftsland der Eltern wird festgestellt, dass die Wahrnehmung der temporären Besucher*innen als kulturelle Insider (*cultural insiders*) durch Einheimische besondere Implikationen mit sich bringt. Als antizipierte kulturelle Insider wird an sie, anders als an kulturelle Outsider (Touristen etwa), die Erwartung von kulturkonformem Verhalten und Verständnis für den spezifischen natio-ethno-kulturellen Kontext herangetragen (Shively 2016: 260). Sprachlich werden sie mehr gefordert und erhalten weniger bereitwillig Hilfen (Shively 2016: 267). Der unbeabsichtigten Missachtung informeller Verhaltensregeln (z. B. lautes Reden und Lachen im Bus) aufgrund von fehlender Vertrautheit mit den gesellschaftlich verbreiteten Verhaltensregeln (*common sense*) wurde durch die koreanische Umwelt bei us-amerikanisch-koreanischen Jugendlichen in der Studie von Kibria mit wenig Verständnis begegnet und dieses Verhalten mit missbilligenden Bemerkungen quittiert (Kibria 2002: 306). Bestenfalls ist es den Jugendlichen möglich, so die Autor*innen, durch die durchaus ambivalenten Erfahrungen ihre verschiedenen kulturellen Identitätsbezüge besser zu integrieren (Shively 2016: 270). Aus diesen Erfahrungen leiten sich Bedarfe der Vorbereitung auf eine mögliche Konfrontation mit diesen und ähnlichen Situationen ab, die kasuistisch reflexiv bearbeitet werden könnten, um das Bildungspotential der Auslandsaufenthalte in familiär-biographisch relevanten Bezugsländern zu steigern.

9.4 Entwicklungsperspektiven für Schulen

Auslandsaufenthalte können Wachstumspotentiale im Hinblick auf die persönliche, identitäre und soziale Entwicklung Jugendlicher mit sich bringen. Sie können Selbstwirksamkeit stärken, aber auch produktive Irritationen stereotyper Vorstellungen bewirken. Wie solche Möglichkeiten systematisch eingebunden werden können, hat in der TraMiS-Studie besonders das Ratsgymnasium Minden deutlich gemacht. Die Hauptkennzeichen sind systematische Informationen, Peer-Learning, Langfristigkeit von Beziehungen zu Akteur*innen in den internationalen Kontexten und ein diverse Auslandsaufenthalte individuell ermöglichendes Schulklima.

Horizonterweiterung – das Ratsgymnasium in Minden – ein Blogbeitrag[39]

Wer an dieser Schule ins Ausland gehen wolle, könne das auch, zeigt sich eine Schülerin des Ratsgymnasiums in Minden überzeugt, und andere aus ihrer Klasse nicken.

Für Schüler*innen stellt sich in Bezug auf längere Auslandsaufenthalte erst einmal die Frage: Will ich das überhaupt? Will ich meinen Freundeskreis, meine Klasse und meine Familie für eine längere Zeit verlassen? Verpasse ich etwas in der Schule, was ich nicht mehr aufholen kann, sodass ich eine Klasse tiefer wieder einsteigen muss? Schüler*innen einer 9. Klasse und eines Kurses

---

39 Leicht überarbeitete Fassung eines Blog-Beitrags von Nabila Badirou und Dita Vogel in Karakaşoğlu et al. (2020).

der Einführungsphase der gymnasialen Oberstufe machten in Diskussionen mit uns sehr deutlich, dass sie zwar den Vorteil einer Horizonterweiterung durch einen längeren Aufenthalt im Ausland sehen, dass aber auch eine Entscheidung dagegen besser zur jugendlichen Lebensphase passen kann.

Am Ratsgymnasium Minden haben Schüler*innen gute Möglichkeiten, eine informierte Entscheidung zu treffen. Es gibt eine feste Ansprechpartnerin für Auslandsaufenthalte, die zwei Mal im Jahr Informationsveranstaltungen durchführt. Im Herbst halten die Zurückgekehrten aus dem letzten Jahr bebilderte Vorträge in der Sprache des Gastlandes. Sie schildern Erfahrungen, demonstrieren Lernfortschritte und stehen für Fragen zur Verfügung. Im Frühjahr geht es eher um praktische Aspekte der Organisation und Finanzierung. Die festen Kooperationspartner der Schulen und ihre Austauschprogramme werden vorgestellt, ebenso wie die Angebote unterschiedlicher Organisationen, die Auslandsaufenthalte organisieren oder bei denen Stipendien beantragt werden können. So ist z.B. ein Auslandsaufenthalt von 3 Monaten zu Beginn der 10. Klasse bei einer Partnerschule in Brasilien möglich, aber auch ein ganzjähriger Aufenthalt in den USA. Von den knapp 100 Schüler*innen eines Jahrgangs besuchen in der Regel 7 bis 14 für längere Zeit ausländische Schulen, um ihren Horizont zu erweitern und ihre Sprachkenntnisse zu verbessern. Die Schulleitung hofft, dass sich mit der im nächsten Jahr anstehenden Umstellung des Gymnasiums von G8 zurück auf G9 zusätzliche Freiräume für Auslandsaufenthalte oder praktische Erfahrungen schaffen lassen.

Für einen Teil der Schüler*innen gehören Verbindungen in andere Länder als Deutschland zum familiären Alltag. Dieser Teil ist zwar im Vergleich zu manchen anderen Kooperationsschulen des TraMiS-Projekts eher klein, aber nicht unerheblich. »Kinder mit Zuwanderungsgeschichte« nennt die nordrheinwestfälische Statistik diejenigen, die ein im Ausland geborenes Elternteil haben. Dies trifft auf etwa ein Drittel der Schüler*innen des Ratsgymna-

> siums zu. Immerhin 8 Prozent der Schüler*innen sind selbst im Ausland geboren. Auch wenn aus familiären Gründen ein längerer Auslandsaufenthalt nötig wird, bemüht sich die Schule, eine Beurlaubung zu ermöglichen und die Wiedereingliederung in den Schulalltag möglichst gut zu gestalten – so Lehrkräfte und Stufenleitungen in einer Diskussion um Fallbeispiele.

Die Frage ist, was von diesen Maßnahmen und Praktiken auch an anderen Schulformen, mit noch höheren Anteilen von zugewanderten Familien und/oder eher niedrigem Einkommen, übertragbar wäre, damit Jugendliche Auslandsaufenthalte als Chance nutzen könnten. Dabei muss bedacht werden, dass gerade diese Schulen oft in besonderem Maße mit einem Mangel an Lehrkräften und weiterem (pädagogischen) Personal zu kämpfen haben und daher Auslandsverbindungen auf der Prioritätenliste der Schulentwicklung ganz unten stehen. Vor diesem Hintergrund lassen sich möglicherweise selbst niedrigschwellige Möglichkeiten für Auslandserfahrungen wie im oben angesprochenen JUMP-Projekt nicht unbedingt realisieren.

Sehr aktiv sind Schulen in benachteiligten Lagen in der Regel dabei, Jugendlichen wertvolle Praktikumserfahrungen zu eröffnen. Sie veranstalten eigene oder besuchen gemeinsam mit ihnen von Dritten organisierte Info-Tage, die in der Regel in erster Linie auf Praktikumsmöglichkeiten in der Region ausgerichtet sind. Grundsätzlich können Schulen aber auch Praktika an entfernteren Orten oder im Ausland möglich machen und Online betreuen. Solche Möglichkeiten eines auch für kürzere Zeiträume umsetzbaren Auslandspraktikums könnten systematisch mitbeworben werden.

Niedrigschwellig wären zudem Anstrengungen, ohnehin familiär bedingt stattfindende Auslandsaufenthalte für die schulische Bildung nutzbar zu machen – eine Perspektive, die wir durch unsere Ausführungen stärker ins Bewusstsein der Schulverantwortlichen rücken möchten. Wenn eine gute, migrationssensible Schule-Eltern-Kooperation etabliert werden konnte, kann es gelingen, auch für solche Auslandsaufenthalte einen begleitenden Rahmen zu finden, damit der Aufenthalt als Entwicklungschance genutzt werden kann. Dies kann geschehen, indem z. B. die Möglichkeit, als Gast an einem altersadäquaten Unterricht in einer Schule des vorübergehenden Aufenthaltsortes im Ausland teilzunehmen, gesucht und genutzt wird, oder z. B. eine Rechercheaufgabe für die Dauer des Aufenthaltes und eine Dokumentation der Erfahrungen vereinbart wird, oder für einzelne Fächer Materialien mitgenommen bzw. Online-Unterrichtsbesuche oder Lehrer*innen bzw. Peer-Gespräche vereinbart werden. Als zentral erweist sich die wertschätzende Nachbereitung des Aufenthalts.

> *Die Bedeutung, die eine Auslandserfahrung subjektiv entfalten kann, hängt darüber hinaus davon ab, inwiefern sie in der heimischen Umgebung integriert werden kann, wie sich nach der Rückkehr damit leben lässt. Dies realisiert sich nicht unwesentlich über die Wertschätzung, die der zurückgekehrten Person entgegengebracht wird. Entscheidend ist es hierfür, auf welche Weise, wo und wem gegenüber die Erfahrungen zum Ausdruck gebracht werden können, denn die Erlebnisse werden auf eine zweite Weise angeeignet, wenn darüber berichtet sowie darüber gesprochen werden kann und daraus eine eigene Geschichte wird. (Niemeyer et al. 2020, 108)*

9.5 Bearbeitungsmöglichkeiten

Lesen Sie den Kasten zum Ratsgymnasium Minden.

- Wie sehen Sie Ihre Schule im Vergleich?
- Welche Aspekte erscheinen Ihnen auch für Ihre Schule erstrebenswert?
- Wer müsste einbezogen werden, wer zusammenkommen, was müsste geändert werden, um über die Realisierung zu diskutieren?

10 Schule-Eltern-Kommunikation in der Migrationsgesellschaft

Abb. 16: Visuelle Ansprache von Eltern

Dieses Plakat wurde beim Schulbesuch in der Herbert-Grillo-Gesamtschule in Duisburg fotografiert. Die Kommunikation zwischen schulischen Professionellen und Eltern ist eingebettet in weitere Beziehungen. Zentral ist das Kind als Bindeglied zwischen Schule und Eltern, das im Umfeld von Familie, Community/Umfeld und Schule sozialisiert wird und bewussten Erziehungsanstrengungen unterworfen ist (Epstein und Sheldon 2023).

Reflexionsfrage: Welche Informationen und Botschaften entnehmen Sie dem Plakat – durch Schrift und Symbole?

Auch wenn in dem Forschungs- und Entwicklungsprojekt TraMiS die Schule-Eltern-Kommunikation nicht im Vordergrund stand, so haben Gespräche mit Elternvertreter*innen wie auch mit Schulleitungen der TraMiS-Schulen anlässlich der Diskussionen zu den Fallvignetten auch Einblicke in den hohen Stellenwert einer gelungenen Kommunikation zwischen Eltern und Schule vermittelt. Dabei sind auch große Unterschiede zwischen Schulen deutlich geworden, die sich nicht zuletzt durch Effekte der Maßnahmen in der Corona-Zeit verstärkt haben.[40] Nach einer Einführung zur Schule-Eltern-Kommunikation in der Migrationsgesellschaft geben wir hier einige Denkanstöße aus den nationalen und internationalen Kooperationsschulen weiter und zeigen damit weitere Potentiale für eine migrationsgesellschaftliche Öffnung von Schule auf.

Eltern & Co

Wenn wir hier von Eltern sprechen, geht es um die Begleitung der schulischen Entwicklung von Kindern und Jugendlichen im häuslichen Kontext – nicht nur durch die leiblichen oder sozialen Eltern, sondern auch durch erweiterte Familien und Communities. Außer Müttern und Vätern können z.B. auch Großeltern und Geschwister, Nachbar*innen, Pat*innen und andere Bezugspersonen involviert sein. Wenn Kinder in Einrichtungen der Kinder- und Jugendhilfe wohnen, sind die dort beschäftigten Pädagog*innen beteiligt, bei unbegleiteten minderjährigen Schutzsuchenden können es auch Vormünder sein. All diese Personen sind gemeint, wenn wir im Folgenden von ›Eltern‹ sprechen. Auch wenn wir uns fragen, ob die ausschließliche Adressierung von ›Eltern‹ bei einer

---

40 Wie Schule-Eltern-Kommunikation in der Migrationsgesellschaft inklusiver werden könnte, ist Gegenstand eines praxisorientierten Folgeprojekts der Autorinnen, das beim Schreiben dieses Buchs gerade begonnen wurde (https://blogs.uni-bremen.de/isekim/).

> Vielzahl von Familienformen noch adäquat ist, bleiben wir vorerst bei diesem Begriff und verwenden ihn – weiter als dies in Rechtstexten geschieht – als geschlechtsneutralen Platzhalter für alle Erziehungspersonen als Partner*innen der Schule.

10.1 Schule und Eltern in Recht und Bildungspolitik

In den 1990er Jahren wurde der Begriff ›Erziehungs- und Bildungspartnerschaft‹ eingeführt (M. R. Textor 2017, 29) und in diesem Jahrtausend auch in den Beschlüssen der Kultusministerkonferenz (KMK) übernommen. Der Begriff ›Erziehungs- und Bildungspartnerschaft' verweist auf die gesetzliche Grundlage einer gemeinsamen Verantwortung von Schule und Eltern für die Erziehung und Bildung der Kinder und Jugendlichen, die im Grundgesetz angelegt ist und in einem Urteil des Bundesverfassungsgerichts von 1972 als gleichrangiger Erziehungsauftrag mit gemeinsamer Verantwortung spezifiziert wird (Killus und Paseka 2020, 20–21).

Auch wenn eine rechtliche Gleichordnung des elterlichen und des schulischen Erziehungsauftrags vorgenommen wird, machen die rechtlichen und organisatorischen Rahmenbedingungen eine symmetrische Partnerschaft unwahrscheinlich, weil schulische Professionelle bezogen auf den Zugang zu und das Geschehen in Schule in einer stärkeren Position als Eltern sind. Eltern haben zwar ein Recht auf Schule für ihre Kinder, aber Schulverwaltungen haben die Macht, Schulen zuzuweisen oder zu verweigern. Zugleich gilt die Schulpflicht, so dass Schulen gegenüber Eltern einfordern können, dass sie ihre Kinder zur Schule schicken. Bei Zuwiderhandlung können Eltern sanktioniert werden (Dern, Schmid und Spangenberg 2012).

Eltern haben individuelle Schulwahl-, Informations- und Beratungsrechte, die sich auf das einzelne Kind beziehen, sowie kollektive

Elternrechte, die die Mitwirkung an der Weiterentwicklung der Schule als gesellschaftlicher Einrichtung betreffen. Das umfasst insbesondere das Recht, Elternvertretungen zu wählen und dafür gewählt zu werden – und zwar auf der Ebene der Klasse, der Schule oder des Landes – wie immer variierend je nach Bundesland. Die Gesetzesgrundlage legt den groben Rahmen fest, während die Schule für die inhaltliche Ausgestaltung und praktische Umsetzung verantwortlich ist. Damit stecken Schulen den Rahmen ab, in dem Eltern Rechte je nach ihrer Selbstwahrnehmung, formaler Bildung, Vertrautheit mit formalen Bildungsinstitutionen und sprachlichen Voraussetzungen unterschiedlich gut wahrnehmen können. Wenn betont wird, dass die Professionellen eine Partnerschaft »auf Augenhöhe« anstreben sollen, bei der Schule und Eltern »an einem Strang ziehen« (Killus und Paseka 2020, 17), muss deshalb dabei immer mitbedacht werden, dass die Schule bzw. ihre Vertreter*innen als Professionelle mit berufsbedingten Kenntnissen zu Verfahrensabläufen, rechtlichen Rahmenbedingungen und Durchsetzungsbefugnissen über mehr Gestaltungsmöglichkeiten für die Kommunikationsbeziehung mit Eltern verfügen und daher in der machtvolleren Position sind, z.B. haben Lehrkräfte oft eine Telefonliste der Eltern, aber Eltern keine Telefonliste der Lehrkräfte.

10.2 Kommunikation als zentral in der Schule-Eltern-Beziehung

Wenn es in erziehungswissenschaftlichen Texten oder pädagogischen Ratgebern um Eltern geht, werden unterschiedliche Begriffe für das Handlungsfeld verwendet. Die rechtlich und politisch angestrebte »Erziehungs- und Bildungspartnerschaft« ist als positive Zielbeschreibung für die Kennzeichnung des Feldes selbst nicht gut geeignet. »Elternarbeit« ist der etablierte und heute noch viel verwendete

Begriff, mit dem »alle Formen der organisierten Kommunikation und Kooperation zwischen pädagogischen Einrichtungen und den Eltern« (Stange 2012, 13) bezeichnet werden. Mit »Elternarbeit« wird meist nicht die Arbeit *der* Eltern in und für die Schule bezeichnet, sondern die Arbeit der Lehrkräfte *mit* Eltern – also ein Handlungsfeld aus der Sicht der pädagogisch Professionellen. Der Begriff gilt inzwischen als veraltet, so dass z.b. Killus und Paseka (2020) als Oberbegriff »Kooperation zwischen Schule und Eltern« verwenden. Wir verwenden als übergreifenden, neutral beschreibenden Begriff des Handlungsfeldes, in dem Eltern und schulische Professionelle aufeinandertreffen und miteinander in unterschiedlicher Form kommunizieren, *Schule-Eltern-Beziehungen* (wie bei Gomolla und Kollender 2022).

In diesem Feld kann es zu mehr oder weniger Kommunikation kommen, die sowohl von schulischen Professionellen als auch von Eltern initiiert oder auch beendet werden kann. Meist wird – wie auch hier – auf Schule-Eltern-Kommunikation mit dem Ziel geschaut, wie schulische Professionelle ihr Kommunikationsverhalten verbessern können. Aber um das zu verstehen, ist es erst einmal wichtig festzuhalten, dass auch Eltern von sich aus eine Kommunikationssequenz in Gang setzen können.

Unter Kommunikation verstehen wir – kommunikationswissenschaftliche Grundlagen aufgreifend – »die wechselseitige, absichtsvolle (intentionale) Verständigung über Sinn mithilfe symbolischer Zeichen, an der mindestens zwei Menschen mit ihrer artspezifischen kognitiven Autonomie, aber auch in ihrer sozialen und kulturellen Bedingtheit beteiligt sind« (Beck 2017, 58). Mit anderen Worten: Menschen können sich verständigen, weil sie Menschen sind, und welche sprachlichen und sonstigen Zeichen sie nutzen können, ist durch die sozialen und kulturellen Lebensbedingungen geprägt. Kommunikationswissenschaftlich gilt zudem, dass Menschen nicht »nicht-kommunizieren« können, da auch Schweigen, nicht zum Elternabend erscheinen oder nicht auf elterliche Kontaktwünsche zu antworten als Kommunikation von Meinungen, Haltungen, Wünschen etc. wahrgenommen wird.

Die Kommunikation prägenden Lebensbedingungen überschneiden sich zwischen Eltern und schulischen Professionellen nur teilweise. Wenn Eltern und schulische Professionelle nur partiell auf eine gemeinsame Sprache zurückgreifen können und durch unterschiedliche Sozialisationsbedingungen geprägt sind, ist die Überschneidung der Zeichensysteme geringer, so dass die Kommunikation vor besondere Herausforderungen gestellt ist: Von den Professionellen kann jedoch erwartet werden, dass sie Unterschiede empathisch und sensibel reflektieren sowie Überschneidungen und Übersetzungsmöglichkeiten ebenso aktiv suchen wie ggf. nötige deeskalierende Formen der Kommunikation.

Kommunikative Handlungen können auf ein gemeinsames Verständnis konkreter Abläufe oder Situationsdeutungen oder den Aufbau einer Schulkultur abzielen, ohne dass unmittelbar Handlungen jenseits der konkreten Sprachhandlung erforderlich sind; sie können aber auch zu sozialen Handlungen auffordern, die wir im Folgenden als Kooperation bezeichnen wollen.[41] Wir schlagen also ein Verständnis vor, nach dem Kommunikation zentral für die Schule-Eltern-Beziehung ist, weil sie sowohl durch Schulkultur *und* Kooperation in der Schule beeinflusst ist wie auch auf diese zurückwirkt.

Nach Schulz von Thun ist davon auszugehen, dass kommunikative Akte eines Sendenden auf vier Ebenen auf Empfangende wirken. Sie enthalten eine Sachaussage, eine Selbstkundgabe, einen Beziehungshinweis und einen Appell (Schulz von Thun, Zach und Zoller 2012, 115). Ein Beispiel: In einem Schulprogramm findet sich folgende Aussage: »*Wir ermuntern die Eltern, die Stärken ihrer Kinder anzuerkennen und sie in ihrer individuellen persönlichen Entwicklung zu unterstützen.*« Ein Schulprogramm ist ein Leitbild, an dem sich alle Akteur*innen in der Schule orientieren sollen. Es könnte als der Ausdruck des gemeinsamen Wollens aller Beteiligten gemeint sein. Hier sind die Eltern aber offensichtlich im ›Wir‹ nicht mitgemeint, da sie vom ›Wir‹ adressiert werden. Die Sachaussage ist als Tatsachenbeschreibung

---

41 Kommunikation auch oft als ein Handlungsfeld der Kooperation bezeichnet (Killus und Paseka 2020,26).

10 Schule-Eltern-Kommunikation in der Migrationsgesellschaft

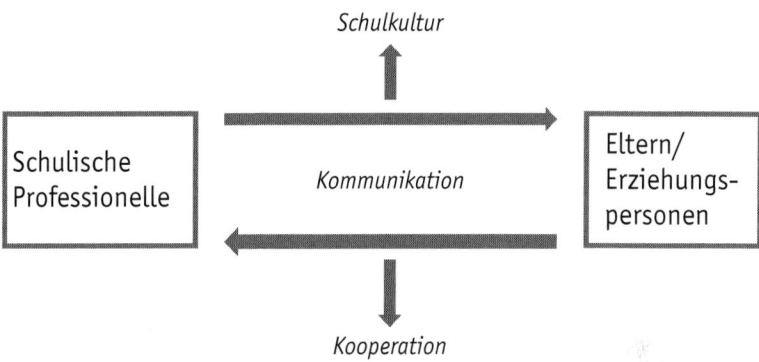

Abb. 17: Kommunikation als zentrales Element der Schule-Eltern-Beziehung (Quelle: eigene Darstellung).

formuliert: Eine nicht näher spezifizierte Wir-Gruppe ermuntert Eltern zu einem anerkennenden und unterstützenden Verhalten. Die Annahme liegt nahe, dass sich in der Wir-Gruppe vor allem das Kollegium wiedererkennt und über sich selbst aussagt, dass es die Aufgabe und Macht hat, auf Eltern einzuwirken. Über die Eltern ist als Aussage enthalten, dass sie eine Ermunterung nötig haben, um die Stärken der Kinder zu erkennen und sie zu unterstützen. Der Satz im Schulprogramm kann deshalb auch als ein durchaus paternalistisch formulierter Appell an die Eltern verstanden werden, sich auf schulische Vorschläge zur Förderung der Individualität ihrer Kinder einzulassen.

In diesem Beispiel werden Eltern in erster Linie als Klient*innen adressiert, die einer Unterstützung bedürfen. Killus und Paseka (2021, 254–55) stellen weitere typische Adressierungen durch schulische Professionelle vor, zu denen wir hier die korrespondierenden Adressierungen durch Eltern gesucht und ergänzt haben. Die Reihung folgt der Logik, in absteigender Folge von einer konfrontativen Adressierung von beiden Seiten in der ersten Zeile bis zu einer partnerschaftlichen Adressierung in der letzten Zeile.

Tab. 3: Adressierungen in Schule-Eltern-Beziehungen (Quelle: Killus und Paseka 2021 und Bearbeitung der Autorinnen)

Schule ⇨ Eltern (Killus und Paseka)	Eltern ⇨ Schule
Gegner*innen, deren Einfluss in der Schule begrenzt werden muss	Gegner*innen, deren Einfluss auf die Familie begrenzt werden muss
Zuliefernde, die das Kind für die Schule motivieren und alles Nötige bereitstellen sollen	Machtvolle Organisationen, die Ansprüche stellen können
Klient*innen, die überfordert und unterstützungsbedürftig sind	Machtvolle Organisationen, deren Angebote in Anspruch genommen oder abgewehrt werden können
Kund*innen, die umworben werden sollen	Dienstleistungsunternehmen, an die Ansprüche gestellt werden können
Expert*innen für das Kind, deren Wissen für die Schule wichtig ist	Expert*innen für das Kind, deren Wissen für die häusliche Erziehung wichtig ist
Akteur*innen, die an der Schulentwicklung mitwirken sollen	Akteur*innen, die den Rahmen für schulische Mitwirkung setzen
Partner*innen, die gleichberechtigt Verantwortung für Kinder übernehmen	Partner*innen, die gleichberechtigt Verantwortung für Kinder übernehmen

10.3 Eltern mit Einwanderungsgeschichte – eine besondere Gruppe?

Vor diesem Hintergrund lässt sich fragen, ob überhaupt und wenn ja, wie Eltern mit Einwanderungsgeschichte anders adressiert werden (sollten) als andere Eltern. In ihren Beschlüssen (2013, 2017) widmete sich die Kultusministerkonferenz konkreten Empfehlungen an Schulen für den Umgang mit sprachlicher, kultureller und sozialer Heterogenität in der Migrationsgesellschaft mit dem Ziel der aktiven

10 Schule-Eltern-Kommunikation in der Migrationsgesellschaft

Gestaltung einer Bildungs- und Erziehungspartnerschaft mit Eltern. Hier wird etwa in Bezug auf den Umgang der Schulen mit Eltern eine zielgruppengerechte Information und Beratung von Eltern sowie die Anerkennung sprachlicher Vielfalt benannt (KMK 2013b, 6). Dies kann, so heißt es dort auch, durch »die Etablierung verbindlicher Angebote von Willkommensgesprächen«, »zielgruppenspezifische Informationsveranstaltungen« über das deutsche Bildungssystem realisiert werden, wie auch über Räume für niedrigschwelligen Austausch (z.B. Elterncafés). Des Weiteren wird empfohlen, schulinterne Elternbildungsmaßnahmen anzubieten und auch außerschulisch zu vermitteln, eine Perspektive, die die Eltern als besonders bildungsbedürftig im Sinne der Schule erscheinen lässt. Eltern werden andererseits auch als zu qualifizierende Multiplikator*innen betrachtet, die quasi als Botschafter*innen der Schule in die Zusammenarbeit mit anderen Eltern einbezogen werden könnten. Zudem sollten Eltern ermutigt und bestärkt werden, an schulischen Entscheidungen und in Gremien mitzuwirken (KMK 2013b, 9). Eltern werden im Migrationskontext – um die oben vorgestellte Typologie von Adressierungen aufzugreifen – weniger als Gegner*innen oder Zuliefer*innen adressiert, sondern in erster Linie als unterstützungsbedürftige Klient*innen und kollaborative Akteur*innen.

Besonders die Adressierung als Klient*innen birgt Risiken, weil sie in erster Linie defizitorientiert ist. Wenn es z.B. nur partiell gemeinsame sprachliche Repertoires für die Kommunikation zwischen Lehrkräften und Eltern gibt, kann das Problem in der Kommunikation einerseits auf fehlende Deutschkenntnisse der Eltern, andererseits aber auch auf die fehlende Bereitstellung von Übersetzungsmöglichkeiten durch die Schule zurückgeführt werden. Durchgehend werden in dieser Logik Eltern »mit Migrationshintergrund« in erster Linie als defizitär im Hinblick auf ihre Kompetenzen im Deutschen, ihre Kenntnis des Bildungssystems und ihre Bildungsaspirationen wahrgenommen und folglich weniger als Partner in Erziehung und Bildung, sondern vielmehr »als Zielgruppe von kompensatorischen Unterstützungs- und Hilfsangeboten adressiert« (Gomolla und Kollender 2019, 38).

Selbst offensichtlich gut gemeinte, in handlungsorientierter Absicht informierende Publikationen können problematische Perspektiven auf Eltern im Migrationskontext verstärken. Sacher, Berger und Guerrini (2019) formulieren, wie Schulen Kommunikation und Kooperation mit Eltern gestalten sollen, um so zur Prävention und Intervention bei Schwierigkeiten beizutragen und den Schul- bzw. Lernerfolg und die Persönlichkeitsentwicklung der Kinder und Jugendlichen zu fördern. In Übereinstimmung mit der erziehungswissenschaftlichen Migrationsforschung plädieren sie gegen Stereotypisierung und Defizitorientierung und für Empowerment von Migrant*innen. Dennoch weist auch diese Publikation eine stereotypisierende Wiedergabe kulturalistischer gesellschaftlicher Diskurse zu Migrant*innen auf, wenn z. b. pauschalisierend festgestellt wird, dass die »Beziehung von Flüchtlingen und Asylsuchenden zur Schule ihrer Kinder« generell »besonders belastet« sei (Sacher, Berger und Guerrini 2019, 113).

Anders formuliert Foitzik forschungsbasiert eine Reihe von allgemeinen Grundsätzen für eine gelingende »Eltern(bildungs)arbeit im Migrationskontext«. Der Aspekt der Haltung wird dabei zentral gesetzt, aber es werden auch Strukturen und Ressourcen gefordert, damit pädagogische Professionelle den wünschenswerten Haltungen entsprechend handeln können (Foitzik 2017, 155). Generelle Ratschläge, wie frühzeitiger Kontaktaufbau, Anerkennung des Expert*innenstatus der Eltern für ihr Kind und das Ernstnehmen ihrer Sorgen, sind dabei übergeordnete Kriterien. Zu einer partnerschaftlichen Haltung gehöre im Hinblick auf die Eltern mit Zuwanderungsgeschichte darüber hinaus die Anerkennung von Familiensprachen und – unter Berücksichtigung von Mehrsprachigkeit – die Organisation von Verständigung als schulische Aufgabe. Wenn Foitzik (2017, 157, 158) betont, dass Angebote und Informationen nicht aufgedrängt werden sollen, geht er damit auf die Gefahr einer Adressierung von Eltern als Klientel ein. Wenn Eltern aus ihrer Sicht unpassenden bzw. ihre Bedürfnisse nicht berücksichtigenden Angeboten der Schule fernbleiben, besteht die Gefahr, dass dies – etwa ihre Abwesenheit bei ausschließlich deutschsprachigen Elternabenden – als mangelnde

Bereitschaft zur Kooperation mit Schule fehlgedeutet wird. Ähnlich verhält es sich, wenn Eltern speziell für sie, aber nicht in Absprache mit ihnen eingerichtete Angebote meiden, da sie damit Zuschreibungen besonderer Unterstützungsbedürftigkeit verbinden – etwa als ›interkulturell‹ ausgewiesene Aktivitäten, die jedoch lediglich auf Eltern ›mit Migrationshintergrund‹ abstellen.

10.4 Schule-Eltern-Kommunikation in Aktion: Schlaglichter aus TraMiS-Schulen

Beobachtungen und Gespräche in Kooperationsschulen im TraMiS-Projekt, von denen einige hier schlaglichtartig wiedergegeben werden, können Einsichten und Inspiration für solche Formen von Schule-Eltern-Kommunikation geben, die insbesondere im Hinblick auf die Öffnung von Schule gegenüber neuzugewanderten Eltern und Schüler*innen aus unserer Sicht instruktiv sind. Wir verstehen die Beispiele als Anregungen, um scheinbare Selbstverständlichkeiten zu hinterfragen und zu überlegen, ob sie im eigenen Kontext Änderungen anregen könnten.

Wechselseitiger Wissensaufbau in Erstgesprächen. Wenn ein Kind im schulpflichtigen Alter aus dem Ausland nach Schweden kommt, durchläuft es ein standardisiertes Mapping-Verfahren (Kartläggning), in dem Eltern und Kind die nötigen Informationen zum schwedischen Schulsystem erhalten und der Lern- und Entwicklungsstand des Kindes oder Jugendlichen festgestellt wird (Linnemann 2020). Das geschieht innerhalb von zwei Monaten nach der Ankunft. Der erste Schritt des Mappings ist ein Gespräch mit dem Kind und den Erziehungsberechtigten, an dem ein*e Dolmetscher*in teilnimmt. Es wird darüber gesprochen, welche Sprachkenntnisse und Schulerfahrungen das Kind hat, welche Interessen es zeigt und was Kind und Erziehungsberechtigte von der Schule erwarten. Im

Gegenzug vermitteln die Schulverantwortlichen, ggf. über den Einsatz von Dolmetscher*innen, wie schwedische Schulen strukturiert sind und wie dort mit Kindern und Jugendlichen im Verständnis eines partnerschaftlichen Lernens umgegangen wird.

Verständigung als Verantwortung der Schule. An der Manhattan International High School in New York, wo neu Zugewanderte mit anfänglich geringen Englischkenntnissen von Klasse 9 bis zum Abschluss unterrichtet werden, schilderten uns eine Sozialarbeiterin und zwei Counsellors mit administrativen und pädagogischen Aufgaben die Kommunikation mit Eltern als relativ problemlos (Vogel und Heidrich 2020). Ein Grund dafür: Sie stellen explizit eine verlässliche, schulseitige Ressource für diese Form der Zusammenarbeit mit Eltern dar, so dass die Kommunikation mit Eltern nicht nur über Lehrkräfte geschieht. Als zentrale Elemente ihres Kommunikationskonzepts nennen sie ein langes Einstiegsgespräch zum Aufbau einer Beziehung, Mitarbeitende, die mit unterschiedlichen Sprachkenntnissen informieren und vermitteln, Informationsseminare zu von Eltern gewünschten Themen in Kooperation mit Organisationen aus dem Stadtteil, z. B. zur Einwanderungsgesetzgebung oder zum Schulsystem, den Verweis auf Lernfortschritte bei bilateralen Gesprächen und durch Veranstaltungen sowie die unmittelbare Zugänglichkeit eines telefonischen Übersetzungsdienstes. Wenn es dann ein akutes Problem gibt, sind die Eltern innerhalb von einer halben Stunde erreichbar, so eine Direktorin.

Lernvereinbarungen. An der Offenen Schule Köln (OSK) legen im individuellen Lern- und Entwicklungsplan (ILEP) die Schüler*innen gemeinsam mit Eltern und der Lerngruppenleitung ihre persönlichen Lern- und Entwicklungsziele fest. Diese können sich auch auf soziale und emotionale Aspekte beziehen. Vier Mal im Jahr werden diese Ziele auch mit den Eltern reflektiert und neu festgelegt (Karakaşoğlu et al. 2020, 31).

An der Anne-Frank-Schule Bargteheide präsentieren Schüler*innen in Portfoliogesprächen, die halbjährlich stattfinden und Zeugnisse ersetzen, ihren Klassenlehrkräften und den eigenen Eltern ausgewählte Produkte und reflektieren anhand dieser Beispiele ihren

Lernfortschritt. Der Fokus des Gesprächs liegt dann in der gemeinsamen Überlegung, was das Kind im nächsten Halbjahr zu verbessern plant. Es wird daraufhin eine Lernvereinbarung geschlossen, um die Absprache verbindlich zu machen und im nächsten Portfoliogespräch daran anknüpfen zu können (Karakaşoğlu et al. 2020, 50).

Schule als kultursensibler Begegnungsraum. *Peaceful Village* heißt nicht nur das Resilienz fördernde, von der Provinzregierung ausgezeichnete Programm der Gordon Bell High School in Winnipeg im Bundesstaat Manitoba in Kanada (Karakaşoğlu 2020b). Die Eltern und Schüler*innen der Schule bringen unterschiedliche, auch kulturelle, Orientierungen mit, haben verschiedene Erfahrungen von Ein- und Ausschluss gemacht, nicht nur durch Einwanderung, sondern auch durch den relativ großen Anteil indigener Gruppen in der Region. Die First Nations haben im Siedler-Kolonialismus eine leidvolle Geschichte der kulturellen Unterdrückung und Zwangsbeschulung in Internaten erlebt haben. Es ist ausdrückliches Ziel der Schule, diese Erfahrungen anzuerkennen und im Sinne einer Wiedergutmachung (*reconciliation*) Unterrichtsangebote zu entwickeln, die den Bedürfnissen indigener Communities besonders gerecht werden und das Vertrauen von Eltern und Kindern gegenüber der Institution Schule aufbauen helfen sollen. ›*Peaceful Village*‹ steht auch über einem großen Mehrzweck-Sozialraum, der den Mittelpunkt dieses inzwischen die Grundidee der Schule repräsentierenden Projektes darstellt. Er steht den Schüler*innen auch nach Unterrichtsschluss von 15.30 bis 19 Uhr offen, betreut durch einen »Intercultural Support Worker«, der sich insbesondere um Neu-Zugewanderte und ihre Familien kümmert. Elf von der Schulbehörde angestellte *Intercultural Support Workers*, die alle unterschiedliche Sprachen sprechen, gibt es in Winnipeg. Sie haben eine Haupteinsatzschule, von der aus sie auch interkulturelle Vermittlungsarbeiten zwischen Schule und Elternhäusern entsprechend unterschiedlicher natio-ethno-kultureller Herkünfte und Sprachen in anderen Schulen wahrnehmen. Ein *Community Support Worker* – eine Art Sozialarbeiter*in, der/die für den Kontakt zu Familien, Vereinen und anderen Organisationen des Viertels zuständig ist – berichtete über eine Schulfarm mit angeschlossenem Schulbioladen als Projekt, über das über 200 Familien mit der Schule verbunden sind. **Niedrigschwelligkeit.** Die Gründung der Herbert-Grillo-Gesamtschule im multikulturellen Duisburger Stadtteil Marxloh ist eng mit Elternengagement verbunden. Der durch Eltern aus der Türkei geprägte Förderverein »Gesamtschule für Marxloh« erreichte 1994, dass die bestehende Hauptschule in Marxloh in eine Gesamtschule umgewandelt wurde (Karakaşoğlu et al. 2020, 28). In vielen Familien ist über Generationen eine enge Verbindung zur Schule entstanden, in der sie selbstverständlich Kontakte wahrnehmen und helfen. »Niedrigschwellig« ist das leitende Motto für den Kontakt auch mit zugezogenen Eltern, die wenig Deutsch verstehen. Diese Eltern kommen – so die Erfahrung der Schule bislang – zu traditionellen Sprechtagen ebenso selten, wie zu einem wöchentlich angebotenen mehrsprachigen Elterntreff. In der Schule wird daher experimentiert, wie auch sie erreicht werden können. Gute Erfahrungen hat z.B. eine Lehrerin mit einer App gemacht, über die sie auf Türkisch mit einigen türkischsprachigen Müttern aus Bulgarien kommuniziert, etwa bei einer Krankmeldung. Ihre Sprachkenntnisse helfen ihr und anderen mehrsprachigen Lehrkräften. Sehr gut besucht werden auch die Sprechzeiten der »interkulturellen Beraterinnen«, die auf Türkisch, Kurdisch, Bulgarisch und Rumänisch bei Problemen aller Art beraten und auch mit Behörden Kontakt aufnehmen, wenn die Eltern Hilfe brauchen.

Akzeptanz von Elternansprüchen an Schule. Die mehrsprachige Europäische Schule Karlsruhe, die für Bedienstete der Europäischen Union errichtet wurde, nimmt gegen ein erhebliches Schulgeld auch die Kinder von international mobilen Fach- und Führungskräften auf. Diese Eltern sind so nicht nur Partner*innen in der Erziehung, sondern müssen auch als Kunden mit rechtlichen Ansprüchen betrachtet werden, die vertraglich abgesichert sind. Das führte u.a. bei den Schulschließungen in der Corona-Zeit dazu, dass dort nach einer Wochenendschulung ab Tag 1 der gesamte Unterricht 1:1 auf Fernunterricht umgestellt wurde, wie in einer im Sommer 2020 durchgeführten explorativen, in Protokollen dokumentierten Telefonumfrage erkennbar wurde. Das Beispiel von Eltern als zahlenden Kunden in Privatschulen verweist auch für andere Schulen auf die Frage, welche Ansprüche Eltern berechtigterweise an Schule stellen können, und dass eine verlässliche Betreuung auch bei Sekundarschüler*innen dazu gehört. Auch bei öffentlichen Schulen sind weitergehende Ansprüche als in deutschen Regelschulen üblich denkbar. So ist in New York z. B. für verlässlichen Vertretungsunterricht auch im Sekundarbereich gesorgt, weil Eltern sonst gegen die Schulbehörde klagen könnten.

Diese Ansätze zeigen exemplarisch und ohne Anspruch auf Vollständigkeit Aspekte auf, die für das Gelingen einer inklusiven Schule-Eltern-Kommunikation in migrationsgesellschaftlichen Verhältnissen relevant sind, insbesondere schulische und überschulische Ressourcen, schulische Gesamtkonzepte und Haltungen einzelner Lehrkräfte.

10.5 Bearbeitungsmöglichkeiten

In einem Seminar zur Lehrkräftebildung oder in einer Weiterbildung für Schulleitungen könnte die Außendarstellung der Schule im Internet unter dem Gesichtspunkt von Migrationssensiblität und Diversitätsreflexivität thematisiert werden.

Einzelpersonen oder Gruppen könnten echte Schulwebsites unter folgenden Gesichtspunkten analysieren:

- Blättern Sie durch die Website und lassen die Bilder auf sich wirken, ohne den Text zu lesen. Wer könnte sich durch die Bildsprache besonders angesprochen, nicht adressiert oder sogar abgelehnt fühlen?
- Gibt es in die Möglichkeit, dass Eltern direkt in die Schule kommen, um mit schulischem Personal niedrigschwellig und informell

Kontakt aufzunehmen? Sind Datum und Ort für einen solchen Kontakt leicht zu finden und zu verstehen?
- Finden Sie eine Ansprechperson mit E-Mail oder Telefonnummer von einer Person, von der die Eltern eine qualifizierte Beratung für unterschiedliche Belange erwarten können? Wird ggf. auf andere, schulübergreifende Dienste weiter verwiesen? Ist diese Information gut zugänglich?
- Sind Informationen zu einem schulseitigen Beschwerde-/Diskriminierungsmanagement aufzufinden oder wird ggf. auf schulübergreifende Stellen hingewiesen?

11 Ausblick: Transnationale Mobilität und Migration als Motoren der Schulentwicklung

Inklusion fängt – wenn wir es migrationsgesellschaftlich verstehen und auch transnationale Mobilität berücksichtigen – mit einem ressourcenorientierten Blick auf Schüler*innen (und ihre Eltern) an. Dieser Blick identifiziert nicht nur fehlende Kompetenzen und Voraussetzungen für schulische Bildung, sondern nimmt insbesondere auch Kompetenzen wahr, für die im klassischen, etablierten deutschen Schul-Wissenskanon bislang kein Raum war. Der Blick wäre zu öffnen für im Wanderungsverlauf angeeignete vielfältige, häufig nicht-europäische Sprachen neben der Familiensprache, für Zugänge zu mathematischen Lösungen aus der Logik, die in anderen Regionen der Welt vermittelt wird, für unterschiedliche Sichtweisen auf politische Verhältnisse und historische Zusammenhänge in anderen Regionen der Welt wie auch auf Aspekte der deutschen Geschichte aus der Perspektive anderer Weltregionen.

Damit fordert die Tatsache der transnationalen Mobilität und Migration dazu auf, das Verständnis von Schule als »Schule der Nation« und von Unterricht, der davon ausgeht, dass im »Normalfall« alle Schüler*innen in Deutschland aufgewachsen sind und ihre Zukunft auch hier verbringen werden, fundamental zu hinterfragen. Das hat Folgen für alle Teilbereiche von Schule und ist unbequem. Ein solcher Perspektivwechsel für den Normalfall Migration und Transnationalität bedeutet aber letztlich eine Chance, sich in einer zunehmend globalisierten Welt auf die potentiell transnationalen Bildungs- und Berufsbiographien aller Kinder und Jugendlichen angemessen einzustellen. Ein erweitertes Angebot an sprachlichen

Schulfächern, die die Familiensprachen der Schüler*innen auf den Rang von zweiten und dritten anerkannten »Fremdsprachen« hebt und Eltern proaktiv darauf hinweist, eine Vermittlung von Fachinhalten unter Verwendung des Gesamtsprachenrepertoires von Kindern und Jugendlichen, damit sie nicht mit inhaltlichem Input warten müssen, bis sie in Deutsch gut genug sind, einem wenig sprachsensibel gestalteten deutschsprachigen Fachunterricht zu folgen, wären weitere sinnvolle Elemente einer migrationssensiblen Schule. Flexiblere, individualisierte Lernzeiten kommen dem unterschiedlichen Bedarf neuzugewanderter Schüler*innen nach mehr Lernzeit für einzelne Fächer entgegen. Jahrgangsübergreifende Gruppen ermöglichen eine Dehnung der Lernzeit, die ebenfalls neu zugewanderten Schüler*innen wie auch solchen mit von der gedachten Norm abweichenden Lerngeschwindigkeiten in ihrem Bildungsbedarf entgegenkommt.

Ein Umdenken gilt auch für fachliche Inhalte in Geschichte, Geographie, Welt- und Umweltkunde, die die Geschehnisse in anderen Teilen der Welt von der Grundschule an in den Blick nehmen sollten und somit Anschlussfähigkeit an die weltweiten Vernetzungen der Kinder und Jugendlichen mit und ohne eigenen oder familiären »Migrationserfahrungen«, die ihre Lebensrealität vielfach schon jetzt, aber vermehrt noch in der Zukunft ausmachen, ermöglichen. Dazu gehört auch, dass bisher als selbstverständlich vorausgesetzte Gemeinsamkeiten wie das lateinische Alphabet, eine christliche Zeitrechnung und auch der von christlichen Feiertagen geprägte Jahresverlauf nicht mehr als selbstverständliche und fraglos anzuerkennende Orientierungen und Wissensbestände vorauszusetzen sind und in besonderer Weise erklärungsbedürftig werden. Dafür müssen eine Sprache, müssen Methoden gefunden werden, die achtungsvoll mit allen Wissensbeständen umgehen und zugleich an die im regionalen Kontext bedeutsamen Wissens- und Fähigkeitsbestände heranführen – nicht zuletzt auch um die Einmündung in berufliche oder akademische Kontexte bei einer Zukunft in Deutschland zu erleichtern. Nötig wäre eine kritische Revision von Unterrichtsinhalten und -materialien (siehe die Ergebnisse der Schulbuchstudie des Georg-Eckert-Instituts für Schulbuchforschung GEI 2015), von etablierten Formen der Kommunikation unter Berücksichtigung von Mehrsprachigkeit und – last but not least – eine Arbeit an den Haltungen der Lehrkräfte gegenüber Kindern, Jugendlichen und Eltern mit vielfältigen Lebenserfahrungen und -orientierungen. Denn, wie jüngere Studien zu den Effekten von Einstellungen der Lehrkräfte gegenüber Migration für die Lernatmosphäre und den Lernerfolg von Schüler*innen mit Migrationshintergrund zeigen, haben negative Haltungen zu Veränderungen von Schule durch Migration, die sich in diskriminierenden Zuschreibungen gegenüber Schüler*innen äußern, Einfluss auf den Glauben der Schüler*innen an ihre eigene Leistungsfähigkeit. Es wirkt sich positiv auf ihre Leistungen aus, wenn sie von ihren Lehrkräften als klug und wissensbegierig wahrgenommen werden, ihnen Leistung zugetraut wird, ihre Perspektiven respektiert werden (BIM und SVR 2017).

Schulen müssen diskriminierenden Äußerungen und rassifizierenden Zuschreibungen entschiedener als bislang entgegentreten. Ein schuleigenes Beschwerdemanagement, schulübergreifende Beratungsstellen gegen Diskriminierung und Rassismus sowie schulinterne Fortbildungen zu Handlungsmöglichkeiten im Umgang mit demokratiefeindlichen Bewegungen und Äußerungen von Kolleg*innen, Schüler*innen und Eltern sind hier wichtige Maßnahmen, um für alle Beteiligten ein Lehr-Lernumfeld zu schaffen, in dem sie sich sicher fühlen können. Schule hat den Auftrag, allen Schüler*innen grundgesetzlich verankerte Werte wie Demokratie, Rechtsstaatlichkeit und Minderheitenschutz zu vermitteln (▶ Kap. 2), und Lehrkräfte sind angehalten, auf dieser Basis fachübergreifend ein politisches Bewusstsein und (welt-)gesellschaftliches Verantwortungsgefühl zu vermitteln. Eine in diesem Sinne politische Bildung in der Migrationsgesellschaft ist eine genuine Aufgabe von Schule.

Ein sich eindeutig und scharf abzeichnendes Problemfeld liegt darin, dass das deutsche Schulsystem denjenigen keine guten Chancen bietet, die im Jugendalter zuwandern – das gilt auch für Kinder aus Familien mit hohem ökonomischen und Bildungskapital, wobei diese oft die Möglichkeit haben, durch private Unterstützung und

Finanzierung auszugleichen, was Schulen nicht leisten. Im Projekt konnten wir im In- und Ausland eine Vielzahl von Wegen beobachten, wie Schulen sich auf Neu-Zugewanderte in positivem Sinne einlassen, die vielleicht für immer bleiben, vielleicht aber auch weiter- oder zurückwandern werden. Nur einige Anregungen seien hier noch einmal exemplarisch genannt. So werden in New York Lernende nicht eine bestimmte Zahl von Monaten oder Jahren in der Unterrichtssprache Englisch gefördert, sondern solange, bis kein Bedarf mehr diagnostiziert wird, in Manitoba/Kanada immerhin für bis zu fünf Jahre nach Ankunft. In Schweden gibt es das Fach Schwedisch als Zweitsprache bis zum Schulabschluss mit gleicher Wertung und Wichtigkeit wie Schwedisch als Erstsprache. In Kanada gab es zahlreiche Beispiele für die konstruktive Kooperation von Schule mit Elternhaus und zivilgesellschaftlichen Organisationen (communities) von Eingewanderten, die familiensprachlichen Unterricht und kulturelle Orientierung vermitteln und in Schule über eine Kreditierung als bildungsrelevant anerkannt werden. Dass dort Unterstützungssysteme für Neu-Zugewanderte zur Erstorientierung an Schulen angesiedelt sind, erleichtert auch den Beginn der Zusammenarbeit zwischen Schulen und Eltern. Beindruckend waren in Toronto, Winnipeg oder New York auch telefonische Übersetzungsdienste, die Schulen in die Lage versetzen, kurzfristig in allen an der Schule gesprochenen Sprachen mit den Eltern Kontakt aufnehmen zu können. Die rasanten und anhaltenden Weiterentwicklungen von Übersetzungssystemen mit Hilfe von KI eröffnen hier bislang ungeahnte Möglichkeiten an nahezu direkter Kommunikation, auch wenn beide Gesprächspartner*innen nicht die gleiche Sprache sprechen. Multiprofessionelle und multikulturelle Teams sind ein Schlüssel dafür, eine Schulgemeinschaft als Lern- und Lebensgemeinschaft in einem Stadtteil aufzubauen. Campus-Projekte, wie der Campus Rütli, der Quadratkilometer Bildung, der in Mannheim, in Herten oder Berlin durch die Freudenberg-Stiftung als Langfrist-Projekt für 10 Jahre gefördert und mittlerweile in eine eigene Stiftung überführt wurde,

11 Ausblick: Transnationale Mobilität und Migration

sind auch in Deutschland Modelle, die die Idee der Schulen als soziale und kulturelle Zentren der Stadtteile umsetzen.[42]

In nationalen und internationalen Kontexten sind wir immer wieder auf enthusiastische Kolleg*innen aus Wissenschaft und Praxis gestoßen, die transnationale Mobilität, Migration und Mehrsprachigkeit als Chance für eine transnational inklusive Weiterentwicklung des Schulsystems begriffen haben, das letztlich alle einbezieht und allen global anschlussfähige Bildungschancen eröffnet. Manchmal konnten sie ihre Ideen in ihrer Klasse umsetzen, manchmal dazu beitragen, dass sich ganze Schulen auf den Weg zu einer allen Kindern und Jugendlichen gerecht werdenden Bildung machen und manchmal konnten sie auch als bildungspolitisch Aktive rechtliche Anpassungen der Schul- und Prüfungssysteme wie auch eine adäquate Ressourcenausstattung erreichen. In einzelnen Schulen wird schon vieles probiert, was eine Schule der Migrationsgesellschaft, die den Bedürfnissen aller Schüler*innen in der so bezeichneten Gesellschaft gerecht wird, Wirklichkeit werden lässt. Gut erforscht sind vor allem Defizite der gegenwärtigen Herangehensweisen, schlechter erforscht ist, welche praktikablen Alternativen für die Anerkennung transnationaler Mobilität und Migration als Kern der Schulentwicklung bereits entwickelt wurden und wie sich diese in die Breite bringen lassen. Hier gibt es noch viel zu tun in der Zusammenarbeit von schulischer Praxis und wissenschaftlicher Forschung, die – wenn es gut läuft – durch bildungspolitische Maßnahmen unterstützt wird. Auch hierfür möchten wir mit diesem Buch Anregungen geben.

---

42 https://www.km2-bildung.de/

12 Epilog zum Forschungs- und Entwicklungsprojekt TraMiS

Dieses Buch hat seinen Ursprung in Studien und Materialien, die im Forschungs- und Entwicklungsprojekt Transnationale Mobilität in Schulen (TraMiS) gemeinsam mit den beiden Projektmitarbeitern Torben Dittmer und Matthias Linnemann erarbeitet wurden. Das Projekt wurde in den Jahren 2019–2022 vom Bundesministerium für Bildung und Forschung im Programm ›Migration und gesellschaftlicher Wandel‹ gefördert. Hier stellen wir für Interessierte den transformativ-kooperativen Forschungsansatz und unser Forschungsvorgehen vor, bei dem auch gezielt internationale Impulse aus vier Ländern eingeholt wurden.

Der multimethodische transformativ-kooperative Forschungsansatz wurde gewählt, da er nicht allein auf die Analyse von Wirklichkeit abzielt, sondern sich auch in Kooperation mit Praxisakteur*innen auf die Suche nach innovativen Lösungen begibt (Schneidewind et al. 2016, 5). Dieser Ansatz gehört zur Gruppe der gestaltungsorientierten Forschungsansätze, in denen Wissenschaft nicht einfach Informationen aus dem Forschungsfeld »abziehen« will, sondern sich auch reflexiv gestalterisch betätigen, akademisches und praktisches Wissen in Verbindung bringen und mit Bildungspraktiker*innen am gemeinsamen Gegenstand lernen will (Schemme 2017, 30). Mit kreativem Lernen aus dem Erkennen von Diversität und Differenz soll der Möglichkeitsraum für Schulen ausgeweitet werden – durch ein erweitertes Spektrum an Handlungsoptionen und Perspektiven.

In Zeiten hoher Belastungen und des Lehrkräftemangels ist es nicht einfach, Schulen zur Kooperation zu gewinnen. In TraMiS wurden den Schulen interessante Austauschmöglichkeiten und Aufwanderstattungen geboten. Hauptauswahlkriterium für die einzelne

12 Epilog zum Forschungs- und Entwicklungsprojekt TraMiS

Schule war, dass sie sich überdurchschnittlich für ihre Schüler*innen engagiert und an migrationsgesellschaftlich orientierter Schulentwicklung und einer produktiven Auseinandersetzung mit Wissenschaftler*innen und anderen Schulen interessiert ist. Darüber hinaus sollten die Schulen insgesamt in unterschiedlichen Dimensionen vielfältig sein, um auch diverse Ideen und Impulse einbringen zu können. Über eine offene Ausschreibung wurden acht Schulen gewonnen. Vier weitere Schulen wurden gezielt zusätzlich rekrutiert, um auch Schulen im Osten Deutschlands und mit besonderen mehrsprachigen Modellen einzuschließen.

Am Ende sah die Verteilung so aus[43]:

- Schultypen: 4 Gymnasien, 4 Schulen mit mehreren Schulabschlüssen inklusive Abitur, 4 Schulen ohne Oberstufe
- Bundesländer: Bremen (2), Baden-Württemberg (2), Nordrhein-Westfalen (5), Sachsen (2), Schleswig-Holstein (1)
- Migrationsanteil: 9 Schulen mit langjähriger Erfahrung mit migrationsbedingter Heterogenität, 3 mit geringen oder in kurzer Zeit gestiegenden Anteilen
- Spezialisierungen: 4 mit besonderen bi- oder multilingualen Unterrichtsmodellen, ein Kulturgymnasium, 3 mit besonderen Modellen zur Binnendifferenzierung.

Aus allen Schulen haben kreative Menschen ihre Erfahrungen und Einschätzungen mit uns geteilt, was Schule tun kann, um besser auf die Bedürfnisse von Kindern und Jugendlichen in der Migrationsgesellschaft einzugehen, für die – egal welche bisherigen transnationalen Bezüge sie oder ihre Familien haben – ein Aufenthalt im Ausland gewünscht wird, möglich sein sollte oder – auch ungewollt zwangsläufig zum Möglichkeitsraum für die Zukunft gehört.

Um zusätzliche Anregungen über den deutschen Raum hinaus zu erhalten, wurden darüber hinaus vier vielversprechende transnationale Kontexte identifiziert, in denen gezielt durch Kontakte ver-

---

[43] https://tramis.de/schulen/

mittelte Schulen besucht wurden, um anschauliche und inspirierende Beispiele für weitere Handlungsmöglichkeiten für Schulpolitik und Schulentwicklung zu gewinnen. Mit Bozen im italienischen Südtirol wurde eine Region mit mehrsprachigem Schulsystem und inklusiver Tradition gewählt. In Lidingö/Schweden sollte der systematische schwedische Integrationspfad u. a. mit bilingualen Assistenzen kennengelernt werden. Schulen des Internationals Network of Public Schools/New York erschienen wegen ihres spezialisierten Ansatzes zur Förderung jugendlicher Neuzugewanderter besonders interessant. Kanada wird in Deutschland häufig als vorbildlich im Hinblick auf die schulische Berücksichtigung kultureller und migrationsbedingter Vielfalt diskutiert, so dass ein Besuch in Kooperationsschulen unserer Partneruniversitäten in Toronto und Manitoba sinnvoll erschien. Impulse aus diesen internationalen Kontexten sind in die thematischen Kapitel dieses Buchs an vielen Stellen eingeflossen.[44]

Auch im wissenschaftlichen und bildungspolitischen Raum suchte das Projekt mit seinen begrenzten Mitteln (1,5 Mitarbeiter*innenstellen für drei Jahre) den Horizont durch Beratung und Diskussion zu erweitern. Expert*innen aus den Partnerorganisationen Gewerkschaft Erziehung und Wissenschaft und der Freudenberg Stiftung haben den Prozess von Anfang an kritisch begleitet und Vernetzungsmöglichkeiten eröffnet. Ein Beirat mit Wissenschaftler*innen und Praktiker*innen hat das Projektteam beraten und dabei in kritischer Freundschaft frühzeitig auf Lücken und Widersprüche aufmerksam gemacht. Außerdem wurden vorläufige Ergebnisse von Anfang an auf Konferenzen und in Arbeitspapieren öffentlich zugänglich gemacht.

---

44 Vogel und Dittmer (2020) haben zentrale Impulse aus den internationalen Schulbesuchen knapp und anschaulich zusammengefasst.

Vorgehensweise

In einer *ersten Phase* des Projekts wurden die theoretischen Grundlagen ausgearbeitet sowie die Geschichte der Migration und ihrer bildungspolitischen Bearbeitung unter der Perspektive transnationaler Mobilität neu gelesen. Im Projekt haben wir auf der Basis von Sekundärliteratur, Statistiken und Dokumenten zwei Rückblicke unter Berücksichtigung transnationaler Migration und Mobilität angefertigt. Sie adressieren die Fragen, was über die Bedeutung von Abwanderung, Mehrfachmigration und offenen Bleibeperspektiven empirisch bekannt ist und wie sich die Kultusministerkonferenz im Zeitverlauf zu Migration und Mobilität positioniert hat. Für dieses Buch haben wir beide Perspektiven in gekürzter Form zusammengebracht (▶ Kap. 3).

Der Schwerpunkt der *zweiten Phase* lag in *der qualitativ-empirischen Erhebung*. Dazu wurden auf der Basis explorativer Interviews und der Sichtung empirischer Literatur Vignetten vorbereitet. Vignetten sind in unserem Fall kurze, an realen Fällen orientierte Fallbeispiele, die exemplarisch Herausforderungen aus transnationaler Mobilität aufzeigen und zur Diskussion realer und idealer schulischer Umgangsmöglichkeiten anregen sollten (▶ Kap. 4.1).

Die in der universitären Lehre getesteten *Vignetten* kamen zum ersten Mal bei einem Workshop mit Schulleitungsmitgliedern der kooperierenden Schulen im Frühjahr 2019 zum Einsatz. In drei kleinen Gruppen mit Schulleitungsmitgliedern der unterschiedlichen Schulen wurde nach eigenen Erfahrungen sowie realen und wünschenswerten Handlungsoptionen zu den Vignetten gefragt. Die Gruppeninterviews wurden transkribiert und inhaltsanalytisch ausgewertet.

Darauf folgten mehrtägige *Besuche bei Schulen*. Dort wurden die Vignetten mit Lehrkräften und Eltern diskutiert und die Perspektive von Schüler*innen durch Unterrichtsprojekte eingeholt. Diese Perspektiven wurden protokollarisch dokumentiert und punktuell um wörtliche Zitate ergänzt. Dieser Erhebungsteil zielte darauf ab, auf zusätzliche Perspektiven, Lösungsansätze und Probleme aufmerksam zu werden, die nur an einigen Schulen oder von einigen Beteiligten als relevant thematisiert werden. Wo möglich, wurden die Vignetten auch bei den internationalen Schulen, die wir besucht haben, mit Lehrkräften und Schüler*innen diskutiert.

In der dritten Phase wurden besondere *Problembereiche* und dazu gehörige *Handlungsoptionen* identifiziert. Handlungsoptionen sind dabei auf unterschiedlichen Ebenen deutlich geworden: für individuelle Lehrkräfte, für die Schulentwicklung und die Bildungspolitik. Im Team wurden *solche* Problembereiche und Handlungsoptionen zur weiteren konkreteren Ausarbeitung identifiziert, die im Material als besonders relevant deutlich wurden *und* für die das Material Hinweise zur Ausarbeitung sinnvoller und aus unserer Sicht praktikabler Umgangsweisen bot. Dabei war hilfreich, dass einige Schulen schon Lösungen realisiert hatten, die in anderen Schulen noch als wünschenswert thematisiert wurden.

Bei einem zweiten *Schulworkshop* im Frühjahr 2020 – unmittelbar vor den coronabedingten Schulschließungen – war dann jede Schule mit zwei bis drei Personen vertreten, und auch die internationalen Partnerschulen hatten je ein Schulleitungsmitglied zum Austausch entsandt. Auf der Grundlage vorläufiger Projektergebnisse und im Austausch mit Schulleitungen der im Ausland besuchten Schulen wurden Ideen für bildungspolitische Veränderungen und schulische Entwicklungsmöglichkeiten diskutiert und darauf basierend vorläufige Ergebnisse überarbeitet. Auf der Projektwebsite sind die Ergebnisse in thematischen Blöcken als *Impulse* dargestellt.[45] Für die Impulse wurden nicht nur Texte, sondern auch gemeinsam mit der Illustratorin Arinda Crăciun[46] illustrierte *Handouts und Comics* entwickelt, um Kernideen anschaulich zu machen und Materialien für die Weiterbildung zu gewinnen.

Die beteiligten Schulen konnten Anregungen aus dem Projekt in die Schulen holen – durch *schulspezifisch geplante Vorträge oder Wei-*

---

[45] https://tramis.de/impulse/
[46] https://arindacraciun.com/

terbildungsveranstaltungen, die coronabedingt überwiegend digital stattfanden. Als transformativ orientiertes Projekt war von vorneherein klar, dass Weiterbildung und Öffentlichkeitsarbeit auch über die Kooperationspartnerschaften hinaus zur Projektarbeit gehören muss. Dabei sind wir sowohl proaktiv als auch reaktiv vorgegangen. Zu den proaktiven Aktivitäten gehörte das Einbringen der Ergebnisse in eine Studie zur Weiterentwicklung des Entwicklungsplans Migration und Bildung in Bremen, die den dortigen Verantwortlichen vorgestellt wurde (Karakaşoğlu, Kovacheva und Vogel 2021). Dita Vogel hat beim Rat für Migration eine Debatte zu den schulischen Anerkennungsregeln von Sprachkenntnissen initiiert und für einen Rechtsanspruch auf Anerkennung plädiert (Vogel 2021). Eine pointierte Weiterentwicklung mit Yasemin Karakaşoğlu in Form eines *Policy Briefs* (Karakaşoğlu und Vogel 2021) wurde in vielfältigen praktischen und bildungspolitischen Zusammenhängen, darunter bei der Kultusministerkonferenz vorgestellt und diskutiert. Projektergebnisse wurden und werden weiterhin nicht nur in unserer eigenen universitären Lehre, sondern auch auf Anfrage in *Weiterbildungsveranstaltungen* z.B. für migrantische Elternorganisationen und die Gewerkschaft Erziehung und Wissenschaft sowie Weiterbildungsinstitute von Bundesländern genutzt. Zu den reaktiven Aktivitäten zählt auch das Beantworten von Medienanfragen über die Projektlaufzeit hinaus (siehe Medienecho)[47].

---

47 https://tramis.de/publikationen/

Anhang

Literatur

Adick, Christel (2005): Transnationalisierung als Herausforderung für die International und Interkulturell Vergleichende Erziehungswissenschaft. In: Tertium Comparationis (11), S. 243–269.
Akbaba, Yalız (2017): Lehrer*innen und der Migrationshintergrund. Widerstand im Dispositiv. 1. Auflage. Weinheim: Beltz Juventa.
Amirpur, Donja; Platte, Andrea (2017): Inklusive Kindheiten als pädagogische Orientierung. In: Donja Amirpur; Andrea Platte (Hg.): Handbuch Inklusive Kindheiten. Opladen: Verlag Barbara Budrich, S. 9–40.
Appelt, Dieter; Siege, Hannes (Hg.) (2008): Orientierungsrahmen für den Lernbereich Globale Entwicklung im Rahmen einer Bildung für nachhaltige Entwicklung. Stand: Juni 2007. Ergebnis des gemeinsamen Projektes der Kultusministerkonferenz und des Bundesministeriums. Deutschland / Bundesministerium für Wirtschaftliche Zusammenarbeit und Entwicklung Ständige Konferenz der Kultusminister der Länder in der Bundesrepublik Deutschland. Bonn. Online verfügbar unter https://www.kmk.org/fileadmin/veroeffentlichungen_beschluesse/2007/2007_06_00_Orientierungsrahmen_Globale_Entwicklung.pdf, zuletzt geprüft am 25.11.2023.
Aydin, Yasar (2013): »Transnational« statt »nicht integriert«. Abwanderung türkeistämmiger Hochqualifizierter aus Deutschland. Konstanz: UVK Verlagsgesellschaft.
Bade, Klaus J. (1994): Ausländer, Aussiedler, Asyl. Eine Bestandsaufnahme. München: Beck (Beck'sche Reihe, 1072).
Bade, Klaus J. (2017): Migration, Flucht, Integration. Kritische Politikbegleitung von der »Gastarbeiterfrage« bis zur »Flüchtlingskrise«: Erinnerungen und Beiträge. 1. Auflage. Karlsruhe: von Loeper Literaturverlag.
Bade, Klaus J.; Oltmer, Jochen (2007): Deutschland. In: Klaus J. Bade, Corrie van Eijl, P. C. Emmer, Leo Lucassen und Jochen Oltmer (Hg.): Enzyklopädie Migration in Europa. Vom 17. Jahrhundert bis zur Gegenwart. 3., durchgesehene Auflage. Paderborn, München: Schöningh; Wilhelm Fink, S. 141–169.
Baginski, Katja (2016): »Magnet. Ich verstehe. Ich hatte im Irak.« Erfahrungen und Kompetenzen aus den Herkunftsschulen erkennen und nutzen. In: Fremdsprache Deutsch. Zeitschrift für die Praxis des Deutschunterrichts Sonderheft 2016 Deutschlernende mit Migrationshintergrund. Online abruf-

bar unter https://www.fremdsprachedeutschdigital.de/download/fd/FD-Son derheft_2016-01_Baginski.pdf, zuletzt geprüft am 25.11.2023.

Bainski, Christiane; Benholz, Claudia; Fürstenau, Sara; Gantefort, Christoph; Reich, Hans H.; Roth, Hans-Joachim (2017): Diskussionspapier Mehrsprachigkeit NRW. Ansätze und Anregungen zur Weiterentwicklung sprachlicher und kultureller Vielfalt in den Schulen. Hg. v. Ministerium für Schule und Weiterbildung des Landes Nordrhein-Westfalen. Düsseldorf. Online verfügbar unter https://www.uni-due.de/imperia/md/content/prodaz/msw-diskussionspapier-mehrsprachigkeit.pdf, zuletzt geprüft am 25.11.2023.

Baumert, Jürgen; Kunter, Mareike (2006): Stichwort: Professionelle Kompetenz von Lehrkräften. In: Zeitschrift für Erziehungswissenschaft (9), S. 469–520.

Beck, Klaus (2017): Kommunikationswissenschaft. 5., überarbeitete Auflage. Konstanz, München: UVK Verlagsgesellschaft mbH; UVK/Lucius (UTB, UTB-Nr. 2964).

Becker, Helle; Thimmel, Andreas (Hg.) (2019a): Die Zugangsstudie zum internationalen Jugendaustausch. Zugänge und Barrieren. Frankfurt a.M.: Wochenschau (Wochenschau Wissenschaft).

Becker, Helle; Thimmel, Andreas (2019b): Die Zugangsstudie. Einordnung in den Forschungskontext. In: Helle Becker und Andreas Thimmel (Hg.): Die Zugangsstudie zum internationalen Jugendaustausch. Zugänge und Barrieren. Frankfurt a.M.: Wochenschau (Wochenschau Wissenschaft), S. 14–28.

BIM; SVR (2017): Vielfalt im Klassenzimmer. Wie Lehrkräfte gute Leistung fördern können. Berliner Institut für empirische Integrations- und Migrationsforschung (BIM); Forschungsbereich beim Sachverständigenrat deutscher Stiftungen für Integration und Migration (SVR-Forschungsbereich). Berlin. Online abrufbar unter https://www.svr-migration.de/wp-content/uploads/2023/01/SVR_FB_Vielfalt_im_Klassenzimmer-8.pdf, zuletzt geprüft am 25.11.2023.

Bock, Jozefien de (2017): Settlers or Movers? The Temporality of Past Migrations, Political Inaction and its Consequences, 1945–1985. In: Anna Triandafyllidou (Hg.): Multicultural Governance in a Mobile World. Edinburgh: University Press, S. 63–86.

Bolognani, Marta (2014): Visits to the country of origin: how second-generation British Pakistanis shape transnational identity and maintain power asymmetries. In: Global Networks 14 (1), S. 103–120. DOI: 10.1111/glob.12015.

Borgstedt, Silke (2019): Warum nicht? Wer macht mit und wer (noch) nicht? Ergebnisse der Repräsentativbefragung. In: Helle Becker und Andreas Thimmel (Hg.): Die Zugangsstudie zum internationalen Jugendaustausch. Zugänge und Barrieren. Frankfurt a.M.: Wochenschau (Wochenschau Wissenschaft), S. 31–67.

Bourdieu, Pierre (2005): Die verborgenen Mechanismen der Macht. In: Schriften zu Politik & Kultur VSA-Verlag Hamburg (1).

Brehmer, Bernhard; Mehlhorn, Grit (2018): Herkunftssprachen. Tübingen: Narr Francke Attempto (Linguistik und Schule, 4).

Bremm, Nina; Klein, Esther Dominique; Racherbäumer, Kathrin (2016): Schulen in »schwieriger« Lage?! Begriffe, Forschungsbefunde und Perspektiven. In: DDS, Die deutsche Schule 108 (4), S. 323–339.

Brungs, Matthias (2018): Bildung, Schule und Schulsozialarbeit in der Migrationsgesellschaft. In: Beate Blank, Süleyman Gögercin, Karin E. Sauer und Barbara Schramkowski (Hg.): Soziale Arbeit in der Migrationsgesellschaft. Grundlagen – Konzepte – Handlungsfelder. Wiesbaden: Springer VS, S. 471–482.

Budde, Jürgen (2018): Erziehungswissenschaftliche Perspektiven auf Inklusion und Intersektionalität. In: Tanja Sturm und Monika Wagner-Willi (Hg.): Handbuch schulische Inklusion. 1. Auflage. Stuttgart: UTB GmbH; Barbara Budrich (UTB, 4959), S. 45–59.

Bukus, Beatrix (2015): The concept of transnationalism in educational science: Educational biographies of school-age children involved in multiple and multidirectional migration. In: Transnational Social Review 5:1, S. 79–85. DOI: 10.1080/21931674.2014.998462.

Carlson, Sören; Gerhards, Jürgen; Hans, Silke (2014): Klassenunterschiede im Zugang zu transnationalem Humankapital. Eine qualitative Studie zu schulischen Auslandsaufenthalten. In: Jürgen Gerhards, Silke Hans und Sören Carlson (Hg.): Globalisierung, Bildung und grenzüberschreitende Mobilität. Wiesbaden: Springer VS, S. 127–152.

Collier, Virginia P.; Thomas, Wayne P. (2017): Validating the Power of Bilingual Schooling: Thirty-Two Years of Large-Scale, Longitudinal Research. In: Annual Review of Applied Linguistics 37, S. 203–217. DOI: 10.1017/S0267190517000034.

David, Wolfgang (2004): Das Tal der Gelatieri. In: Die Zeit, 01.04.2004 (15). Online verfügbar unter https://www.zeit.de/2004/15/alltag_2fEismacher_15/komplettansicht, zuletzt geprüft am 25.11.2023.

De Cillia, Rudolf; Klippel, Friederike (2016): Geschichte des Fremdsprachenunterrichts in deutschsprachigen Ländern seit 1945. In: Eva Burwitz-Melzer, Grit Mehlhorn, Claudia Riemer, Karl-Richard Bausch und Hans-Jürgen Krumm (Hg.): Handbuch Fremdsprachenunterricht. 6., völlig überarbeitete und erweiterte Auflage. Tübingen: A. Francke Verlag (UTB, 8043), S. 625–632.

Dern, Susanne; Schmid, Alexander; Spangenberg, Ulrike (2012): Schutz vor Diskriminierung im Schulbereich. Eine Analyse von Regelungen und Schutzlücken im Schul- und Sozialrecht sowie Empfehlungen für deren Fortentwicklung. Expertise erstellt im Auftrag der Antidiskriminierungsstelle des Bundes durch die Hochschule Esslingen. Antidiskriminierungsstelle des Bundes. Esslingen. Online abrufbar unter https://www.antidiskriminierungsstelle.de/SharedDocs/downloads/DE/publikationen/Expertisen/expertise_schutz_vor_diskriminierung_im_schulbereich.pdf?_blob=publicationFile, zuletzt geprüft am 25.11.2023..

Dirim, İnci; Knappik, Magdalena; Thoma, Nadja (2018): Sprache als Mittel der Reproduktion von Differenzordnungen. In: İnci Dirim und Paul Mecheril (Hg.): Heterogenität, Sprache(n), Bildung. Eine differenz- und diskriminierungstheoretische Einführung. Unter Mitarbeit von Alisha Heinemann, Natascha Khakpour, Magdalena Knappik, Saphira Shure, Nadja Thoma, Oscar Thomas-Olalde und Andrea Johanna Vorrink. Bad Heilbrunn: Verlag Julius Klinkhardt (Studientexte Bildungswissenschaft), S. 51–62.

Dirim, İnci; Pokitsch, Doris (2018): (Neo-)Linguizistische Praxen in der Migrationsgesellschaft und ihre Bedeutung für das Handlungsfeld ›Deutsch als Zweitsprache‹. In: Kersten Sven Roth, Karen Schramm und Jürgen Spitzmüller (Hg.): Phänomen »Mehrsprachigkeit«. Einstellungen, Ideologien, Positionierungspraktiken. Duisburg: Universitätsverlag Rhein-Ruhr (Osnabrücker Beiträge zur Sprachtheorie, 93), S. 13–32.

Dittmer, Torben (2020): (Transnationale) Mobilität in einer mehrsprachigen Region. Eine explorative Studie an einem deutschsprachigen Gymnasium im italienischen Bozen. Universität Bremen. Fachbereich 12. Arbeitsbereich Interkulturelle Bildung. Bremen (TraMiS-Arbeitspapier, 4). Online verfügbar unter http://dx.doi.org/10.26092/elib/69..

Dittmer, Torben (2021): Kollegien erweitern – Ein Plädoyer für mehr Berufe und Sprachen in der Schule der Migrationsgesellschaft. Universität Bremen. Fachbereich 12. Arbeitsbereich Interkulturelle Bildung. Bremen (TraMiS-Arbeitspapier, 11). Online verfügbar unter http://dx.doi.org/10.26092/elib/620.

Doğmus, Aysun (2022): Professionalisierung in Migrationsverhältnissen. Eine rassismuskritische Perspektive auf das Referendariat angehender Lehrer*innen. Wiesbaden: Springer VS (Research (Wiesbaden, Germany).

Emmerich, Marcus; Hormel, Ulrike; Kemper, Thomas (2020): Bildungsteilhabe neu migrierter Schüler/-innen in Nordrhein-Westfalen: Regionale Disparitäten und überregionale Allokationsmuster. In: Zeitschrift für Soziologie der Erziehung und Sozialisation 40 (1), Artikel 1436–1957, S. 133–150.

Epstein, Joyce Levy; Sheldon, Steven B. (2023): School, family, and community partnerships. Preparing educators and improving schools. Third edition. New York, London: Routledge Taylor & Francis Group.

Fend, Helmut (2008): Neue Theorie der Schule. Einführung in das Verstehen von Bildungssystemen. 2. Auflage. Wiesbaden: VS Verlag für Sozialwissenschaften / GWV Fachverlage GmbH Wiesbaden.

Fereidooni, Karim; Massumi, Mona (2015): Rassismuskritik in der Ausbildung von Lehrerinnen und Lehrern. Bundeszentrale für politische Bildung (bpb). Online verfügbar unter http://www.bpb.de/apuz/212364/rassismuskritik-in-der-leh rerausbildung?p=all, zuletzt geprüft am 25.11.2023..

Foitzik, Andreas (2017): Eine Frage der Haltung – Grundsätze der Eltern(bildungs) arbeit im Migrationskontext. In: Gernot Aich, Christina Kuboth, Martin Gartmeier und Daniela Sauer (Hg.): Kommunikation und Kooperation mit Eltern. 1. Auflage. Weinheim, Basel: Beltz (Pädagogik), 155–165.

Funck, Barbara; Karakaşoğlu, Yasemin; Vogel, Dita (2015): »Es darf nicht an Papieren scheitern«. Theorie und Praxis der Einschulung von papierlosen Kindern in Grundschulen. Hg. v. Gewerkschaft für Erziehung und Wissenschaft. Frankfurt. Online verfügbar unter https://www.gew.de/index.php?eID=dump File&t=f&f=33994&token=a7da698d477adc42f4bd2590c786bfdae01152b2&sdownload=&n=NichtAnPapierenScheitern_2015_Broschuere_web.pdf, zuletzt geprüft am 25.11.2023.

Fürstenau, Sara (2011): Mehrsprachigkeit als Voraussetzung und Ziel schulischer Bildung. In: Sara Fürstenau und Mechtild Gomolla (Hg.): Migration und schulischer Wandel: Mehrsprachigkeit. Lehrbuch. 1. Auflage. Wiesbaden: VS, Verl. für Sozialwiss, S. 25–50.

García, Ofelia; Kleifgen, Jo Anne (2018): Educating emergent bilinguals. Policies, programs, and practices for English learners. Second edition. New York, London: Teachers College Press.

GEI (2015): Schulbuchstudie Migration und Integration. Unter Mitarbeit von Inga Niehaus, Rosa Hoppe, Marcus Otto und Viola B. Georgi. (GEI) Georg-Eckert-Institut – Leibniz-Institut für internationale Schulbuchforschung; Beauftragte der Bundesregierung für Migration, Flüchtlinge und Integration. Berlin. Online verfügbar unter https://repository.gei.de/handle/11428/65, zuletzt geprüft 1.12.2023

Gerhards, Jürgen; Hans, Silke; Carlson, Sören (2016): Klassenlage und transnationales Humankapital. Wie Eltern der mittleren und oberen Klassen ihre Kinder auf die Globalisierung vorbereiten. Wiesbaden: Springer VS (Neue Bibliothek der Sozialwissenschaften).

GEW (1972): Schulpflichtige Kinder ausländischer Arbeitnehmer. In: Erziehung und Wissenschaft 24 (5), S. 8.

Gillborn, David; Dixson, Adrienne D.; Ladson-Billings, Gloria; Parker, Laurence; Rollock, Nicola; Warmington, Paul (Hg.) (2018): Critical race theory in education. London, New York: Routledge (Major themes in education).

Glick Schiller, Nina; Basch, Linda; Blanc-Szanton, Cristina (1992): Transnationalism: A new analytic framework for understanding migration. In: Nina Glick Schiller, Linda Basch und Cristina Blanc-Szanton (Hg.): Towards a transnational perspective on migration. Race, Class, Ethnicity, and Nationalism Reconsidered. New York, NY: New York Academy of Sciences (Annals of the New York Academy of Sciences, 645), S. 1–24.

Göbel, Kerstin; Buchwald, Petra (2017): Interkulturalität und Schule. Migration – Heterogenität – Bildung. Vol. 4642. Paderborn, Stuttgart: Ferdinand Schöningh.

Gogolin, Ingrid; Pries, Ludger (2004): Stichwort: Transmigration und Bildung. In: Zeitschrift für Erziehungswissenschaft 7 (1), S. 5–19.

Gomolla, Mechtild (2023): Neue Bildungssteuerung als Wissenspolitik in der Post-Migrationsgesellschaft – Ergebnisse einer diskursanalytischen Untersuchung. In: Magnus Frank, Thomas Geier, Sabine Hornberg, Claudia Machold, Lukas Otterspeer, Mandy Singer-Brodowski und Patricia Stošić (Hg.): Grenzen auflösen – Grenzen ziehen. Grenzbearbeitungen zwischen Erziehungswissenschaft, Politik und Gesellschaft. Opladen: Verlag Barbara Budrich, S. 59–78.

Gomolla, Mechtild; Kollender, Ellen (2019): Diversitäts- und Antidiskriminierungskonzepte im Feld von Schule und Migration. In: ZDfm–Zeitschrift für Diversitätsforschung und-management 4 (1 and 2-2019), S. 28–41. DOI: 10.3224/zdfm.v4i1-2.03.

Gomolla, Mechtild; Kollender, Ellen (2022): Reconfiguring the relationship between ›immigrant parents‹ and schools in the postwelfare society. The case of Germany. In: British Journal of Sociology of Education 43 (5), S. 718–736.

Gomolla, Mechtild; Radtke, Frank-Olaf (2009 (2003)): Institutionelle Diskriminierung. Die Herstellung ethnischer Differenz in der Schule. 3. Auflage. Opladen: Leske + Budrich.

Götte, Petra (2018): Migration und Familie. Eine Problemskizze. In: Meike Sophia Baader, Petra Götte und Wolfgang Gippert (Hg.): Migration und Familie. Historische und aktuelle Analysen. Wiesbaden: Springer VS, S. 2–17.

Graf, Johannes (2023): Wanderungsmonitoring: Bildungs- und Erwerbsmigration nach Deutschland. Halbjahresbericht 2022. Bundesamt für Migration und Flüchtlinge. Nürnberg (Berichtsreihen zu Migration und Integration – Reihe

1). Online verfügbar unter https://doi.org/10.48570/bamf.fz.bericht.r1.d.2 023.mobemi.hjb.2022.1.0.

Grigoropolou, Andromachi (2012): The schooling of Greek children in Germany. In: Heinrich Böll Stiftung (Hg.): Krise und Migration – die neue griechische Migration nach Deutschland. Berlin (Dossier), S. 19–22.

Hanganu, Elisa; Heß, Barbara (2016): Die Blaue Karte EU in Deutschland. Kontext und Ergebnisse der BAMF-Befragung. Bundesamt für Migration und Flüchtlinge. Nürnberg (Forschungsbericht, 27). Online verfügbar unter https://www.bamf.de/SharedDocs/Anlagen/DE/Forschung/Forschungsberichte/fb27-blaue-karte-eu.pdf?_blob=publicationFile&v=14, zuletzt geprüft am 25.11.2023.

Hattie, John; Zierer, Klaus (2018): Kenne deinen Einfluss! »Visible Learning« für die Unterrichtspraxis. 3. erweiterte Auflage. Baltmannsweiler: Schneider.

Hecker, Wolfgang (2022): Die Kopftuchdebatte. Verfassungsrecht und Sozialwissenschaften. Baden-Baden: Nomos.

Heckmann, Friedrich (2015): Integration von Migranten. Einwanderung und neue Nationenbildung. Wiesbaden: Springer VS.

Hummrich, Merle; Hinrichsen, Merle (Hg.) (2003): Schule und Transnationalisierung. Erziehungswissenschaftliche Verhältnisbestimmungen. Wiesbaden: VS Verlag für Sozialwissenschaften.

Helsper, Werner (2002): Wissen, Können, Nicht-Wissen-Können: Wissensformen des Lehrers und Konsequenzen für die Lehrerbildung. In: Georg Breidenstein, Werner Helsper und Catrin Kötters-König (Hg.): Die Lehrerbildung der Zukunft – eine Streitschrift. Wiesbaden: VS Verlag für Sozialwissenschaften, S. 67–86.

Helsper, Werner (2020): Strukturtheoretischer Ansatz in der Lehrerinnen- und Lehrerbildung. In: Colin Cramer, Johannes König, Martin Rothland und Sigrid Blömeke (Hg.): Handbuch Lehrerinnen- und Lehrerbildung. Bad Heilbrunn: Verlag Julius Klinkhardt, S. 179–187.

Helsper, Werner (2021): Professionalität und Professionalisierung pädagogischen Handelns: Eine Einführung. Opladen, Toronto: Verlag Barbara Budrich (5460).

Hériard, Pierre (2019): Language Policy. European Parliament. Brussels (Fact Sheets on the European Union – 2020). Online verfügbar unter https://www.europarl.europa.eu/ftu/pdf/en/FTU_3.6.6.pdf, zuletzt geprüft am 27.11.2023

Hess, Sabine; Kasparek, Bernd; Kron, Stefanie; Rodatz, Mathias; Schwertl, Maria; Sontowski, Simon (Hg.) (2017): Der lange Sommer der Migration. Die Teilhabechancen der Geflüchteten und die Praxis der Sozialen Arbeit. 2., korrigierte Auflage. Berlin: Assoziation A (Grenzregime, 3).

Hoechner, Hannah (2020): Senegalese migrants' children, homeland returns, and Islamic education in a transnational setting. In: Globalisation, Societies and Education 18 (3), S. 264–276.

Hoerder, Dirk (2010): Geschichte der deutschen Migration. Vom Mittelalter bis heute. München: C.H. Beck.

Hormel, Ulrike; Scherr, Albert (2004): Bildung für die Einwanderungsgesellschaft. Perspektiven der Auseinandersetzung mit struktureller, institutioneller und interaktioneller Diskriminierung. Wiesbaden: Verlag für Sozialwissenschaften.

Hornberg, Sabine (2010): Schule im Prozess der Internationalisierung von Bildung. Zugl.: Bochum, Univ., Habil.-Schr., 2008. Münster u. a.: Waxmann (Studien zur international und interkulturell vergleichenden Erziehungswissenschaft, 11).

HRK; KMK (2015): Lehrerbildung für eine Schule der Vielfalt. Gemeinsame Empfehlung von Hochschulrektorenkonferenz und Kultusministerkonferenz. Hochschulrektorenkonferenz; Kultusministerkonferenz. Bonn, Berlin.

Ilg, Wolfgang (2019): Vieles erlebt – trotz Barrieren. Die Rückmeldung von Teilnehmenden aus unterrepräsentierten Gruppen (Sonderauswertung). In: Helle Becker und Andreas Thimmel (Hg.): Die Zugangsstudie zum internationalen Jugendaustausch. Zugänge und Barrieren. Frankfurt a. M.: Wochenschau (Wochenschau Wissenschaft), S. 100–118.

Kahneman, Daniel (2012): Schnelles Denken, langsames Denken. München: Siedler.

Kalpaka, Anita; Mecheril, Paul (2013): »Interkulturell«. Von spezifisch kulturalistischen Ansätzen zu allgemein reflexiven Perspektiven. In: Paul Mecheril (Hg.): Migrationspädagogik. Weinheim [u. a.]: Beltz (Bachelor, Master), S. 77–98.

Kandemir, Asli; Budd, Richard (2018): Using Vignettes to Explore Reality and Values With Young People. In: Forum Qualitative Social Research/ Forum Qualitative Sozialforschung 19 (2).

Karakaşoğlu, Yasemin (2024): Migration. Von der Krisendiagnose zum Transformationsanlass für das Bildungssystem. In: Zeitschrift für Pädagogik. Jg. 70, Heft 1. S. 38–48

Karakaşoğlu, Yasemin (2020a): Der Islam und die Muslim*innen als Provokation schulischer Normalitätsvorstellungen. Anforderungen an die religious literacy von schulischen Akteur*innen im Spannungsfeld von Geschlecht, Religion und Bildung. In: Meltem Kulacatan und Harry Harun Behr (Hg.): Migration, Religion, Gender und Bildung. Beiträge zu einem erweiterten Verständnis von Intersektionalität. Bielefeld: transcript Verlag, S. 83–106.

Karakaşoğlu, Yasemin (2020b): Winnipeg – Inklusion und Wellbeing als zentrale Bausteine für Bildung im Kontext von Multikulturalität, Migration und Mobilität. Universität Bremen. Fachbereich 12. Arbeitsbereich Interkulturelle Bildung. Bremen (TraMiS-Arbeitspapier, 8). Online abrufbar unter: http://dx.doi.org/10.26092/elib/370.

Karakaşoğlu, Yasemin (2021): Auf die Haltung kommt es an! Ein Essay zur Relevanz einer professionellen Haltung für die Umordnung von Bildungsprozessen im Kontext von Migration und Transnationalität. Universität Bremen, Arbeitsbereich Interkulturelle Bildung. Bremen (TraMiS-Arbeitspapier, 10). Online abrufbar unter https://doi.org/10.26092/elib/475.

Karakaşoğlu, Yasemin (2023): Blick zurück nach vorn. In: Anna Sabel und Natalia Amina Loinaz (Hg.): (K)ein Kopftuchbuch: transcript Verlag, S. 163–182.

Karakaşoğlu, Yasemin; Dittmer, Torben; Linnemann, Matthias; Vogel, Dita (2020): Transnationale Mobilität in Schulen. Blogbeiträge zu Schulbesuchen in Deutschland und weiteren Ländern. Universität Bremen. Fachbereich 12. Arbeitsbereich Interkulturelle Bildung. Bremen (TraMiS-Arbeitspapier, 5). Online abrufbar unter http://dx.doi.org/10.26092/elib/226.

Karakaşoğlu, Yasemin; Kovacheva, Vesela; Vogel, Dita (2021): Studie zum Entwicklungsplan Migration und Bildung 2014–2018 (EMiBi) – Umsetzung und Optionen für Bildungspolitik und -verwaltung. Universität Bremen, Fachbereich 12, Arbeitsbereich Interkulturelle Bildung. Bremen (AbiB-Arbeitspapier, 1/ 2021). Online abrufbar unter http://dx.doi.org/10.26092/elib/540.

Karakaşoğlu, Yasemin; Linnemann, Matthias; Vogel, Dita (2019a): Schulischer Umgang mit transnationaler Migration und Mobilität. Rückschlüsse aus Empfehlungen der Kultusministerkonferenz seit den 1950er-Jahren. Universität Bremen. Fachbereich 12. Arbeitsbereich Interkulturelle Bildung. Bremen (TraMiS-Arbeitspapier, 2).Online abrufbar unter http://dx.doi.org/10.26092/elib/228.

Karakaşoğlu, Yasemin; Mecheril, Paul (2019): Pädagogisches Können. Grundsätzliche Überlegungen zu Lehrer*innenbildung in der Migrationsgesellschaft. In: Doreen Cerny und Manfred Oberlechner (Hg.): Schule – Gesellschaft – Migration. Beiträge zur diskursiven Aushandlung des schulischen Lern- und Bildungsraums aus theoretischer, empirischer, curricularer und didaktischer Perspektive. Opladen, Berlin, Toronto: Verlag Barbara Budrich, S. 17–32.

Karakaşoğlu, Yasemin; Mecheril, Paul; Goddar, Jeannette (2019b): Pädagogik neu denken! Die Migrationsgesellschaft und ihre Lehrer_innen. Weinheim: Julius Beltz.

Karakaşoğlu, Yasemin; Vogel, Dita (2017): Zwischen Inklusion und Interkulturalität. Zugewanderte Kinder mit Fluchterfahrungen in der Grundschule. In: Die Grundschulzeitschrift (303), S. 12–15.

Karakaşoğlu, Yasemin; Vogel, Dita (2019): Transnationale Mobilität als Transformationsanlass für Schulen – ein professionskritischer Beitrag aus der interkulturellen Bildung. In: Gregor Lang-Wojtasik (Hg.): Bildung für eine Welt in Transformation. Global Citizenship Education als Chance für die Weltgesellschaft. 1. Auflage. Leverkusen: Verlag Barbara Budrich, S. 89–105.

Karakaşoğlu, Yasemin; Vogel, Dita (2020): Transnationale Mobilität als Herausforderung einer Theorie der (deutschen) Schule. Theoretische Überlegungen zu institutionellen Wandlungsnotwendigkeiten. Universität Bremen. Fachbereich 12. Arbeitsbereich Interkulturelle Bildung. Bremen (TraMiS-Arbeitspapier, 7). Online verfügbar unter http://dx.doi.org/10.26092/elib/325.

Karakaşoğlu, Yasemin; Vogel, Dita (2021): Alle Sprachen zählen! Kompetenznachweis statt Belegverpflichtung bei der Anrechnung von Sprachen für das Abitur. Universität Bremen, Arbeitsbereich Interkulturelle Bildung. Bremen (Policy Brief des Projekts Transnationale Mobilität in Schulen, 1). Online verfügbar unter https://tramis.de/wp-content/uploads/2021/11/TraMiSPolicyBrief1_Sprachenpr%C3%BCfung-fin.pdf, zuletzt geprüft am 25.11.2023.

Kibria, Nazli (2002): Of Blood, Belonging, and Homeland Trips: Transnationalism and Identity Among Second-Generation Chinese and Korean Americans. In: Peggy Levitt und Mary C. Waters (Hg.): The Changing Face of Home. The Transnational Lives of the Second Generation. New York: Russell Sage Foundation, S. 295–311.

Kiel, Ewald; Kahlert, Joachim; Haag, Ludwig (2014): Was ist ein guter Fall für die Aus- und Weiterbildung von Lehrerinnen und Lehrern? What Makes a Good Case for Initial and In-service Teacher Education? In: Seminar (2), S. 58–69.

Killus, Dagmar; Paseka, Angelika (2020): Kooperation zwischen Eltern und Schule. Eine kritische Einführung in Theorie und Praxis. Weinheim: Beltz.

Killus, Dagmar; Paseka, Angelika (2021): Kooperation zwischen Eltern und Schule: eine Orientierung im Themenfeld. In: Die deutsche Schule 113 (3), S. 253–266. DOI: 10.25656/01:23436;

Klippel, Friederike (2007): Fremdsprachenunterricht (19./20. Jahrhundert) (Historisches Lexikon Bayerns). Online verfügbar unter https://www.historisches-lexikon-bayerns.de/Lexikon/Fremdsprachenunterricht_(19./20._Jahrhundert)#.

KMK (1950): Errichtung von Schulen für fremde Volksgruppen. Beschluss des Plenums der Kultusminister-Konferenz in Freiburg am 27./28. Oktober 1950. Kultusministerkonferenz. Bonn.

KMK (1964): Abkommen zwischen den Ländern der Bundesrepublik zur Vereinheitlichung auf dem Gebiete des Schulwesens. Beschluß der Kultusministerkonferenz vom 28.10.1964. Kultusministerkonferenz. Hamburg.

KMK (1971a): Empfehlung zur Eingliederung von deutschen Übersiedlern in Schule und Berufsausbildung. Beschluß der Kultusministerkonferenz vom 3.12.1971. Kultusministerkonferenz. Bonn.

KMK (1971b): Empfehlungen der Kultusministerkonferenz »Unterricht für Kinder ausländischer Arbeitnehmer«. Beschluß der Kultusministerkonferenz vom 3. Dezember 1971. Kultusministerkonferenz. Bonn.

KMK (1976): Neufassung der Empfehlungen der Kultusministerkonferenz »Unterricht für Kinder ausländischer Arbeitnehmer«. Beschluß der Kultusministerkonferenz vom 8.4.1976. Kultusministerkonferenz. Bonn.

KMK (1996): Empfehlung »Interkulturelle Bildung und Erziehung in der Schule«. Beschluß der KMK vom 25.10.1996. Kultusministerkonferenz. Bonn.

KMK (2008): Europabildung in der Schule. Empfehlung der Ständigen Konferenz der Kultusminister der Länder in der Bundesrepublik Deutschland. Beschluss der Kultusministerkonferenz vom 08.06.1978 i.d.F. vom 05.05.2008. Kultusministerkonferenz. Bonn.

KMK (2013a): Bericht »Konzepte für den bilingualen Unterricht – Erfahrungsbericht und Vorschläge zur Weiterentwicklung«. Beschluss der Kultusministerkonferenz vom 17.10.2013. Kultusministerkonferenz. Bonn.

KMK (2013b): Empfehlung »Interkulturelle Bildung und Erziehung in der Schule«. Beschluss der Kultusministerkonferenz vom 25.10.1996 i.d.F. vom 05.12.2013. Ständige Konferenz der Kultusminister der Länder in der Bundesrepublik Deutschland (Veröffentlichungen der Kultusministerkonferenz).

KMK (2013c): Fremdsprachen in der Grundschule – Sachstand und Konzeptionen 2013. Beschluss der Kultusministerkonferenz vom 17.10.2013. Kultusministerkonferenz. Bonn.

KMK (2016): Erklärung der Kultusministerkonferenz zur Integration von jungen Geflüchteten durch Bildung. Beschluss der Kultusministerkonferenz vom 06.10.2016. Kultusministerkonferenz. Berlin.

KMK (2022): Beschulung der schutzsuchenden Kinder und Jugendlichen aus der Ukraine im Schuljahr 2022/2023. Beschluss der KMK vom 23.06.2022. Kultusministerkonferenz.

KMK; BMZ (2016): Orientierungsrahmen für den Lernbereich Globale Entwicklung im Rahmen einer Bildung für nachhaltige Entwicklung. 2. aktualisierte und erweiterte Auflage. Unter Mitarbeit von Jörg-Robert Schreiber und Hannes Siege. Kultusministerkonferenz; Bundesministerium für wirtschaftliche Zusammenarbeit und Entwicklung. Bonn.

Koch, Sebastian (2016): Zufluchtsort DDR? Chilenische Flüchtlinge und die Ausländerpolitik der SED. Paderborn: Ferdinand Schöningh (Sammlung Schöningh zur Geschichte und Gegenwart).

Krüger-Potratz, Marianne (2015): Migration als Herausforderung für Bildungspolitik. In: Rudolf Leiprecht und Anja Steinbach (Hg.): Schule in der Migrationsgesellschaft. Bd. I: Grundlagen – Differenzlinien – Fachdidaktiken. 1. Aufl. Schwalbach am Taunus: Debus Pädagogik, S. 93–142.

Krumm, Hans-Jürgen (2013): Elite- oder Armutsmehrsprachigkeit: Herausforderungen für das österreichische Bildungswesen. Abschlussvortrag der Tagung »Mehrsprachigkeit und Professionalisierung in pädagogischen Berufen. Interdisziplinäre Zugänge zu aktuellen Herausforderungen im Bildungsbereich«. Wien 28.2.-1.3.2013. Wien. Online abrufbar unter http://www.platt form-migration.at/fileadmin/data/Publikationen/Krumm_Elite_oder_Ar mutsmehrsprachigkeit.pdf, zuletzt geprüft am 25.11.2023.

Kulaçatan, Meltem; Behr, Harry Harun (Hg.) (2020): Migration, Religion, Gender und Bildung. Beiträge zu einem erweiterten Verständnis von Intersektionalität. Bielefeld: transcript Verlag.

Küppers, Almut; Schroeder, Christoph (2017): Warum der türkische Herkunftssprachenunterricht ein Auslaufmodell ist und warum es sinnvoll wäre, Türkisch zu einer modernen Fremdsprache auszubauen. Eine sprachenpolitische Streitschrift. In: Fremdsprachen Lehren und Lernen 46 (1), S. 56–71.

Langenfeld, Christine (2001): Integration und kulturelle Identität zugewanderter Minderheiten. Eine Untersuchung am Beispiel des allgemeinbildenden Schulwesens in der Bundesrepublik Deutschland. Tübingen: Mohr Siebeck (Jus publicum, Bd. 80).

Lehnert, Katrin; Lemberger, Katrin (2014): Mit Mobilität aus der Sackgasse der Migrationsforschung? Mobilitätskonzepte und ihr Beitrag zu einer kritischen Gesellschaftsforschung. In: Manuela Bojadžijev, Katrin Amelang, Beate Binder und Alexa Färber (Hg.): Vom Rand ins Zentrum. Perspektiven einer kritischen Migrationsforschung. Berlin: Panama Verlag (Berliner Blätter, Heft 65), S. 45–61.

Leiprecht, Rudolf (2004): Kultur – was ist das eigentlich? Universität Oldenburg. Interdisziplinäres Zentrum für Bildung und Kommunikation in Migrationsprozessen. Oldenburg (IBKM-Arbeitspapiere, 7).

Leiprecht, Rudolf (2006): Förderung Interkultureller Kompetenz und antirassistischer Kompetenz. In: Rudolf Leiprecht, Christine Riegel, Josef Held und Gabriele Wiemeyer (Hg.): International Lernen – Lokal Handeln. Interkulturelle Praxis ›vor Ort‹ und Weiterbildung im internationalen Austausch. Frankfurt a.M. London, S. 17–52.

Linnemann, Matthias (2020): Fachkompetenzen und Unterrichtssprache parallel entwickeln. Impulse aus Schweden für den Umgang mit neuzugewanderten Schüler*innen. Universität Bremen. Fachbereich 12. Arbeitsbereich Interkulturelle Bildung. Bremen (TraMiS-Arbeitspapier, 6). Online abrufbar unter http://dx.doi.org/10.26092/elib/109.

Lüdi, Georges (1996): Mehrsprachigkeit. In: Hans Goebl, Peter H. Nelde, Zdeněk Starý und Wolfgang Wölck (Hg.): Kontaktlinguistik. Ein internationales Handbuch zeitgenössischer Forschung = Contact linguistics: an international handbook of contemporary research. Berlin: de Gruyter (Handbücher zur Sprach- und Kommunikationswissenschaft /HSK], 12.1), S. 233–245.

Massumi, Mona (2017): Internationale Mobilität ohne reflexive Mobilität? Eine rassismuskritische Auseinandersetzung mit studienbezogenen Auslandsaufenthalten in der Lehrer_innenbildung. In: Karim Fereidooni und Meral El (Hg.): Rassismuskritik und Widerstandsformen. Wiesbaden: Springer VS (Research), 573–587.

Massumi, Mona (2019): Migration im Schulalter. Dissertation. Peter Lang GmbH, Internationaler Verlag der Wissenschaften; Peter Lang GmbH, Frankfurt a. M.

Massumi, Mona; Dewitz, Nora von (2015): Neu zugewanderte Kinder und Jugendliche im deutschen Schulsystem. Hg. v. Mercator-Institut für Sprachförderung und Deutsch als Zweitsprache und vom Zentrum für LehrerInnenbildung der Universität zu Köln. Köln. Online verfügbar unter https://www.mercator-institut-sprachfoerderung.de/fileadmin/Redaktion/PDF/Publikationen/MI_ZfL_Studie_Zugewanderte_im_deutschen_Schulsystem_final_screen.pdf, zuletzt geprüft am 05.06.2020.

Mecheril, Paul (2003): Prekäre Verhältnisse. Über natio-ethno-kulturelle (Mehrfach-)Zugehörigkeit. Münster, New York, München, Berlin: Waxmann Verlag GmbH (Interkulturelle Bildungsforschung, Band13).

Mecheril, Paul; Castro Varela, María do Mar; Dirim, İnci; Kalpaka, Anita; Melter, Claus (Hg.) (2010): Migrationspädagogik. Weinheim [u.a.]: Beltz (Bachelor, Master).

Mediendienst Integration (2022): Wie verbreitet ist herkunftssprachlicher Unterricht? Berlin. Online verfügbar unter https://mediendienst-integration.de/fileadmin/Dateien/Factsheet_Herkunftssprachlicher_Unterricht_2022.pdf, zuletzt geprüft am 14.9.22.

Meier-Braun, Karl-Heinz (2002): Deutschland, Einwanderungsland. Orig.-Ausg., 1. Aufl. Frankfurt am Main: Suhrkamp (Edition Suhrkamp).

Meinhardt, Rolf; Schulz-Kaempf, Winfried (2015): Einwanderungen nach Deutschland und Migrationsdiskurse in der Bundesrepublik – eine Synopse. In: Rudolf Leiprecht und Anja Steinbach (Hg.): Schule in der Migrationsgesellschaft. Bd. I: Grundlagen – Differenzlinien – Fachdidaktiken. 1. Aufl. Schwalbach am Taunus: Debus Pädagogik, S. 54–92.

Messerschmidt, Astrid (2016): Involviert in Machtverhältnisse. Rassismuskritische Professionalisierungen für die Pädagogik der Migrationsgesellschaft. In: Aysun Doğmuş, Yasemin Karakaşoğlu und Paul Mecheril (Hg.): Pädagogisches Können in der Migrationsgesellschaft. 1. Aufl. 2016. Wiesbaden: Springer Fachmedien Wiesbaden, S. 59–71.

Münch, Claudia (2017): Pädagogen mit Fluchtgeschichte als »Paraprofessionals« in Schulen. Machbarkeitsstudie. Unter Mitarbeit von Heidrun Weinelt und Christina Resnischek. Hg. v. Bertelsmann Stiftung und prognos. Berlin.

Niedersächsisches Kultusministerium (2014): Förderung von Bildungserfolg und Teilhabe von Schülerinnen und Schülern nicht -deutscher Herkunftssprache. Schulverwaltungsblatt (RdErl. d. MK v. 1.7.2014–25–81 625 – VORIS 22410 –). Online verfügbar unter https://www.mk.niedersachsen.de/download/4529, zuletzt geprüft am 25.11.2023..

Niemeyer, Beatrix; Sommer, Finn M.; Revsbech Jensen, Christine; Zick, Sebastian (2020): Mobil mit schwerem biografischem Gepäck. Auslandserfahrungen benachteiligter Jugendlicher in der Berufsvorbereitung. Bielefeld: wbv.

NRW (2020): Sprachprüfung (Feststellungsprüfung) anstelle von Pflicht- oder Wahlpflichtfremdsprachen. Bezirksregierung Düsseldorf. Aktualisierte Fassung online verfügbar unter https://www.brd.nrw.de/themen/schule-bildung/schulrecht-und-schulverwaltung/sprachpruefung-feststellungspruefung NRW (2021): Herkunftssprachlicher Unterricht. RdErl. d. Ministeriums für Schule und Bildung v. 20.09.2021 (ABl. NRW. 10/21). Ministerium für Schule und Bildung des Landes Nordrhein-Westfalen. Düsseldorf (13–61).

Ohm, Vanessa; Karakaşoğlu, Yasemin; Mecheril, Paul (2022): Reflexivität und (Nicht-)Wissen. Umriss Pädagogischer Professionalität in der Migrationsgesellschaft. In: Oxana Ivanova-Chessex, Saphira Shure und Anja Steinbach (Hg.): Lehrer*innenbildung. (Re-)Visionen für die Migrationsgesellschaft. 1. Auflage. Weinheim: Beltz Juventa, S. 278–294.

Oltmer, Jochen (2012): Einführung: Migrationsverhältnisse und Migrationregime nach dem Zweiten Weltkrieg. In: Jochen Oltmer, Axel Kreienbrink und Carlos Sanz Diaz (Hg.): Das »Gastarbeiter«-System. Arbeitsmigration und ihre Folgen in der Bundesrepublik und Westeuropa. München: Oldenbourg, S. 9–24.

Oltmer, Jochen (2016): Globale Migration. Geschichte und Gegenwart. München: Verlag C.H.Beck.

Overwien, Bernd (2018): Globales Lernen und Bildung für nachhaltige Entwicklung. In: Ingrid Gogolin, Viola B. Georgi, Marianne Krüger-Potratz, Drorit

Lengyel und Uwe Sandfuchs (Hg.): Handbuch Interkulturelle Pädagogik. Bad Heilbrunn: Verlag Julius Klinkhardt (UTB Pädagogik, 8697), S. 251–254.

Pries, Ludger (2012): Migration. In: Klaus-Peter Horn, Heidemarie Kemnitz, Winfried Marotzki und Uwe Sandfuchs (Hg.): Klinkhardt-Lexikon Erziehungswissenschaft. Bad Heilbrunn: Julius Klinkhardt (KLE Band 2), S. 390–392.

Puskeppeleit, Jürgen; Krüger-Potratz, Marianne (1999a): Bildungspolitik und Migration. Texte und Dokumente zur Beschulung ausländischer und ausgesiedelter Kinder und Jugendlicher, 1950 bis 1999. Band 1. Münster: Arbeitsstelle Interkulturelle Pädagogik, WWU Münster (interkulturelle studien, 31).

Puskeppeleit, Jürgen; Krüger-Potratz, Marianne (1999b): Bildungspolitik und Migration. Texte und Dokumente zur Beschulung ausländischer und ausgesiedelter Kinder und Jugendlicher, 1950 bis 1999. Band 2. Münster: Arbeitsstelle Interkulturelle Pädagogik, WWU Münster (interkulturelle studien, 32).

Quan, Tracy; Pozzi, Rebecca; Kehoe, Shannon; Menard-Warwick, Julia (2018): Spanish Heritage Language Learners in Study Abroad across Three National Contexts. In: Cristina Sanz und Alfonso Morales-Front (Hg.): The Routledge Handbook of Study Abroad Research and Practice. New York, London: Routledge (Routledge handbooks), S. 437–451.

Rat der Europäischen Union: »Jugend in Bewegung« – die Mobilität junger Menschen zu Lernzwecken fördern. Empfehlung des Rates vom 28. Juni 2011. Rat der Europäischen Union. Brüssel (2011/C 199/01). Online abrufbar unter https://eur-lex.europa.eu/legal-content/DE/TXT/PDF/?uri=CELEX:32011H07 07(01), zuletzt geprüft am 25.11.2023.

RfM (Hg.) (2021): Drei Sprachen sind genug fürs Abitur! Ein Reformvorschlag für den Abbau der Diskriminierung von mehrsprachig Aufgewachsenen bei Schulabschlüssen. Rat für Migration-Debatte 2020. Unter Mitarbeit von Redaktion Norbert Cyrus und Linda Supik. Rat für Migration. Berlin (RfM-Debatte). Online verfügbar unter https://rat-fuer-migration.de/wp-content/uploads/2021/01/RfM-Debatte-2020-Abschlusspublikation-Drei-Sprachen-sind-genug-fuers-Abitur.pdf, zuletzt geprüft am 29.01.2021.

Rieger-Ladich, Markus (2010): Habitus. In: Lexikon Pädagogik. 100 Grundbegriffe: Reclam, S. 119–121.

Röhr-Sendlmeier, Una M. (1986): Die Bildungspolitik zum Unterricht für ausländische Kinder in der Bundesrepublik Deutschland – Eine kritische Betrachtung der vergangenen 30 Jahre. In: Deutsch lernen 11 (1), S. 51–67.

Römhild, Regina (2018): Kultur. In: Ingrid Gogolin, Viola B. Georgi, Marianne Krüger-Potratz, Drorit Lengyel und Uwe Sandfuchs (Hg.): Handbuch Interkulturelle Pädagogik. Bad Heilbrunn: Verlag Julius Klinkhardt (UTB Pädagogik, 8697), S. 17–23.

Rommelspacher, Birgit (1995): Dominanzkultur. Texte zu Fremdheit und Macht. 1. Auflage. Berlin: Orlanda-Frauenverl.

Rösch, Heidi (2019): Linguizismus-(kritik) in der Lehrkräftebildung. In: Sabine Schmölzer-Eibinger, Muhammed Akbulut und Bora Bushati (Hg.): Mit Sprache Grenzen überwinden. Sprachenlernen und Wertebildung im Kontext von Flucht und Migration. Münster, New York: Waxmann, S. 179–194.

Rotter, Carolin; Schülke, Carsten; Bressler, Christoph (Hg.) (2019): Lehrerhandeln – eine Frage der Haltung? Weinheim, Basel: Beltz Juventa.

Sacher, Werner; Berger, Fred; Guerrini, Flavia (2019): Schule und Eltern – eine schwierige Partnerschaft. Wie Zusammenarbeit gelingt. 1. Auflage. Stuttgart: Verlag W. Kohlhammer (Brennpunkt Schule).

Scarvaglieri, Claudio; Zech, Claudia (2013): »ganz normale Jugendliche, allerdings meist mit Migrationshintergrund«. Eine funktional-semantische Analyse von »Migrationshintergrund«. In: Zeitschrift für angewandte Linguistik 58 (1), S. 201–227.

Schemme, Dorothea (2017): Kritische Überlegungen zu theoretischen und methodologischen Fragestellungen einer gestaltungsorientierten Forschung und ihren Rahmensetzungen in Reformprogrammen. In: Dorothea Schemme und Hermann Novak (Hg.): Gestaltungsorientierte Forschung – Basis für soziale Innovationen. Erprobte Ansätze im Zusammenwirken von Wissenschaft und Praxis. 1. Auflage. Bielefeld: W. Bertelsmann Verlag (Berichte zur beruflichen Bildung), S. 15–45.

Schirilla, Nausikaa (2018): Transnationale Perspektiven auf Soziale Arbeit. In: Beate Blank, Süleyman Gögercin, Karin E. Sauer und Barbara Schramkowski (Hg.): Soziale Arbeit in der Migrationsgesellschaft. Grundlagen – Konzepte – Handlungsfelder. Wiesbaden: Springer VS, S. 199–208.

Schmidt, Peter; Weick, Stefan; Gloris, Daniel (2020): Wann wirken Kontakte zwischen Migranten und Mehrheitsgesellschaft? Längsschnittanalysen zu Erfahrungen mit Kontakten und zur Bewertung von Flüchtlingen und Muslimen durch die deutsche Bevölkerung. In: Ayline Heller, Oliver Decker und E. Brähler (Hg.): Prekärer Zusammenhalt. Die Bedrohung des demokratischen Miteinanders in Deutschland. Gießen: Psychosozial-Verlag, S. 207–221.

Schneidewind, Uwe; Singer-Brodowski, Mandy; Augenstein, Karoline; Stelzer, Franziska (2016): Pledge for a transformative science: a conceptual framework. Wuppertal: Wuppertal Institut für Klima, Umwelt, Energie (Wuppertal papers, 191).

Schreiber, Jörg-Robert; Siege, Hannes (Hg.) (2016): Orientierungsrahmen für den Lernbereich globale Entwicklung im Rahmen einer Bildung für nachhaltige Entwicklung. Ein Beitrag zum Weltaktionsprogramm »Bildung für nachhaltige

Entwicklung«: Ergebnis des gemeinsamen Projekts der Kultusministerkonferenz (KMK) und des Bundesministeriums für Wirtschaftliche Zusammenarbeit und Entwicklung (BMZ), 2004–2015, Bonn. Ständige Konferenz der Kultusminister der Länder in der Bundesrepublik Deutschland; Deutschland. 2., aktualisierte und erweiterte Auflage. Berlin: Cornelsen.

Schroeder, Joachim (2012): Schulen für schwierige Lebenslagen. Studien zu einem Sozialatlas der Bildung. Münster u. a.: Waxmann.

Schroeder, Joachim; Seukwa, Louis Henri (2018): (Dis-)Kontinuitäten im Übergang. In: Nora von Dewitz, Henrike Terhart und Mona Massumi (Hg.): Neuzuwanderung und Bildung. Eine interdisziplinäre Perspektive auf Übergänge in das deutsche Bildungssystem. 1. Auflage. Weinheim: Beltz Juventa, S. 141–157.

Schulz von Thun, Friedemann; Zach, Kathrin; Zoller, Karen (2012): Miteinander reden von A bis Z. Lexikon der Kommunikationspsychologie. Orig.-Ausg. Reinbek bei Hamburg: Rowohlt-Taschenbuch-Verl. (Rororo, 62830).

Shively, Rachel L. (2016): Heritage language learning in study abroad. Motivations, identity work, and language development. In: Diego Pascual y Cabo (Hg.): Advances in Spanish as a Heritage Language, Bd. 49. Amsterdam: John Benjamins Publishing Company (Studies in Bilingualism), S. 259–280.

Shure, Saphira (2021): De_Thematisierung migrationsgesellschaftlicher Ordnungen. Lehramtsstudium als Ort der Bedeutungsproduktion. Unter Mitarbeit von Paul Mecheril und Sabine Hornberg. Weinheim: Beltz Juventa.

Singer-Brodowski, Mandy (2016): Transformative Bildung durch transformatives Lernen. Zur Notwendigkeit der erziehungswissenschaftlichen Fundierung einer neuen Idee. In: Zeitschrift für internationale Bildungsforschung und Entwicklungspädagogik (1), S. 13–17.

Solzbacher, Claudia (2016): Was ist eigentlich eine professionelle Haltung? Ist sie lehrbar und erlernbar? In: Service Nationale de la Jeunesse (Hg.): Etudes et Conferences: Die Pädagogische Haltung. Luxemburg, S. 6–8.

Speck, Karsten (2018): Ganztagsschule als Chance für multiprofessionelle Kooperation? In: Sebastian Boller, Andreas Feindt, Melanie Fabel-Lamla, Wilfried Kretschmer, Stefanie Schnebel und Beate Wischer (Hg.): Kooperation. Seelze: Friedrich Verlag (Friedrich Jahresheft, 36), S. 104–107.

Speck, Karsten (2020a): Multiprofessionelle Kooperation in der Ganztagsbildung. In: Petra Bollweg, Jennifer Buchna, Thomas Coelen und Hans-Uwe Otto (Hg.): Handbuch Ganztagsbildung. 2nd ed. Wiesbaden: Springer, S. 1453–1465.

Speck, Karsten (2020b): Schulsozialarbeit. Eine Einführung. 4. Auflage. München: Ernst Reinhardt Verlag (utb-studi-e-book, 2929).

Stange, Waldemar (2012): Erziehungs- und Bildungspartnerschaften – Grundlagen, Strukturen, Begründungen. In: Waldemar Stange, Rolf Krüger, Angelika Henschel und Christof Schmitt (Hg.): Grundlagen und Strukturen von Elternarbeit. Wiesbaden: Springer VS (Erziehungs- und Bildungspartnerschaften / Waldemar Stange ... (Hrsg.), Bd. 1), S. 12–39.

Statistisches Bundesamt (2022): Bevölkerung mit Migrationshintergrund. Ergebnisse des Mikrozensus 2020. Wiesbaden (Bevölkerung und Erwerbstätigkeit Fachserie 1 Reihe 2.2).

Statistisches Bundesamt (2023): Mikrozensus – Bevölkerung nach Einwanderungsgeschichte. Endergebnisse 2021. Statistisches Bundesamt (Report, EVAS-Nummer 12211).

Supik, Linda (2017): Wie erfassen andere europäische Staaten den »Migrationshintergrund«? Mediendienst Integration. Berlin. Online verfügbar unter https://mediendienst-integration.de/fileadmin/Dateien/Expertise_Migrationshintergrund_andere_Laender.pdf, zuletzt geprüft am 27.11.2023.

SWK (2022): Unterstützung geflüchteter Kinder und Jugendlicher aus der Ukraine durch rasche Integration in Kitas und Schulen. Stellungnahme der Ständigen Wissenschaftlichen Kommission der Kultusministerkonferenz (SWK). Kultusministerkonferenz. Online verfügbar unter https://www.kmk.org/filead min/Dateien/pdf/KMK/SWK/2022/SWK-Stellungnahme_Ukraine.pdf, zuletzt geprüft am 27.11.2023.

Terkessidis, Mark (2015): Kollaboration. 1. Auflage, Originalausgabe. Berlin: Suhrkamp (Edition Suhrkamp, 2686).

Textor, Annette (2015): Einführung in die Inklusionspädagogik. 1. Aufl. Bad Heilbrunn: Klinkhardt (utb-studi-e-book, 4340).

Textor, Martin R. (2017): Elternarbeit: Vergangenheit, Gegenwart und Zukunft. In: Gernot Aich, Christina Kuboth, Martin Gartmeier und Daniela Sauer (Hg.): Kommunikation und Kooperation mit Eltern in frühpädagogischen Einrichtungen. 1. Auflage. Weinheim, Basel: Beltz (Pädagogik), S. 20–37.

Triandafyllidou, Anna; Gropas, Ruby (2014): Integration, Transnational Mobility and Human, Social and Economic Capital. Concept Paper for the ITHACA Project. European University Institute, Robert Schuman Centre for Advanced Studies. Florence. Online verfügbar unter https://cadmus.eui.eu/bitstream/ handle/1814/31200/ITHACAconceptPaper2014.pdf?sequence=1&isAllowed=y, zuletzt geprüft am 27.11.2023.

UNESCO (2009): Policy Guidelines on Inclusion in Education. Paris. Online abrufbar unter: https://unesdoc.unesco.org/ark:/48223/pf0000177849, zuletzt geprüft am 27.11.2023.

United Nations (2017): Handbook on Measuring International Migration through Population Censuses. United Nations. Department of Economic and Social Affairs. New York. Online verfügbar unter https://unstats.un.org/unsd/demo graphic-social/Standards-and-Methods/files/Handbooks/international-mi gration/2017-draft-E.pdf, zuletzt geprüft am 27.11.2023.

Vereinte Nationen (2010): Übereinkommen der Vereinten Nationen über die Rechte von Menschen mit Behinderung. = Convention of the United Nations on the rights of persons with disabilities. Stand: Januar 2010. Bonn, Rostock: Bundesministerium für Arbeit und Soziales, Referat Information, Publ., Red; Publ.-Versand der Bundesregierung (Für ein lebenswertes Land).

Vogel, Dita (2016): Lehrkräfte ausbilden – neu zugewanderte Jugendliche fördern. Ergebnisse einer internen Projektevaluation. Universität Bremen, Arbeitsbereich Interkulturelle Bildung (AbiB-Arbeitspapier, 1/2016).

Vogel, Dita (2021): Drei Sprachen sind genug fürs Abitur! Ein Reformvorschlag für den Abbau der Diskriminierung von mehrsprachig Aufgewachsenen bei Schulabschlüssen. In: RfM (Hg.): Drei Sprachen sind genug fürs Abitur! Ein Reformvorschlag für den Abbau der Diskriminierung von mehrsprachig Aufgewachsenen bei Schulabschlüssen. Rat für Migration-Debatte 2020. Unter Mitarbeit von Redaktion Norbert Cyrus und Linda Supik. Berlin (RfM-Debatte), S. 7–15. Online verfügbar unter https://rat-fuer-migration.de/wp-content/uploads/2020/07/rfm-debatte-2020.-drei-sprachen-sind-genug-fuers-abitur.-initialbeitrag-von-dr.-dita-vogel-2.pdf, zuletzt geprüft am 29.01.2021.

Vogel, Dita (2023a): Schulfunktionen transnational – Implikationen für Migration und Mobilität. In: Georgi, Viola B./Karakasoglu, Yasemin (Hrsg.): Allgemeinbildende Schulen in der Migrationsgesellschaft. Diversitätssensible Ansätze und Perspektiven. 1. Auflage. Stuttgart: Kohlhammer. S. 22–39.

Vogel, Dita (2023b): The development of educational policy positioning on multilingualism in the Federal Republic of Germany – Contradictory approaches towards ›foreign‹ and ›heritage‹ languages. In: Linguistics and Education, S. 101128. DOI: 10.1016/j.linged.2022.101128.

Vogel, Dita (2023c): Neu im Land. Alternative Aufnahmemodelle zur Verbesserung des Schulerfolgs von Zugewanderten. In: Gesine Boesken, Astrid Krämer, Tatiana Mathiesen, Argyro Panagiotopoulou und Jan Springob (Hg.): Zukunft Bildungschancen. Ergebnisse und Perspektiven aus Forschung und Praxis: Waxmann, S. 223–233.

Vogel, Dita; Dittmer, Torben (2019): Migration von Kindern und Jugendlichen in der Geschichte der Bundesrepublik Deutschland. Hinweise auf transnationale Mobilität. Universität Bremen. Fachbereich 12. Arbeitsbereich Interkulturelle Bildung. Bremen (TraMiS-Arbeitspapier, 1). Online verfügbar unter http://

nbn-resolving.de/ urn:nbn:de:gbv:46-00107125-12, zuletzt geprüft am 27.11. 2023.

Vogel, Dita; Dittmer, Torben (2020): Es geht auch anders. Wie Schulen in Schweden, den USA und Kanada mit Migration und Vielfalt umgehen. Eine Expertise für den Mediendienst Integration. Hg. v. Mediendienst Integration. Berlin. Online verfügbar unter https://mediendienst-integration.de/filead min/Dateien/Expertise_Vielfalt_Bildung_MDI.pdf, zuletzt geprüft am 27.11. 2023.

Vogel, Dita; Heidrich, Lydia (2020): Make Connections – ask questions. Sprachsensible Schulen im Internationals Network for Public Schools in New York. Universität Bremen. Fachbereich 12. Arbeitsbereich Interkulturelle Bildung. Bremen (TraMiS-Arbeitspapier, 3). Online abrufbar unter http://dx.doi.org/1 0.26092/elib/222.

Weber, Martina (2003): Heterogenität in Schulalltag. Konstruktion ethnischer und geschlechtlicher Unterschiede: Springer.

Weltweiser (2019): Weltweiser-Studie. Schüleraustausch, High School, Auslandsjahr. Bonn. Online verfügbar unter https://weltweiser.de/wp-content/ uploads/pdf/weltweiser-studie_schueleraustausch_high_school_auslands jahr_statistik_2019.pdf.pdf, zuletzt geprüft am 27.11.2023.

Will, Anne-Kathrin (2022): Anstelle des Migrationshintergrundes: Eingewanderte erfassen. Rat für Migration. Berlin (RfM-Debatte). Online verfügbar unter https://rat-fuer-migration.de/2022/06/07/rfm-debatte-2022/, zuletzt geprüft am 27.11.2023.

Wittek, Doris; Jacob, Cornelia (2020): (Berufs-)biographischer Ansatz in der Lehrerinnen- und Lehrerbildung. In: Colin Cramer, Johannes König, Martin Rothland und Sigrid Blömeke (Hg.): Handbuch Lehrerinnen- und Lehrerbildung. Bad Heilbrunn: Verlag Julius Klinkhardt (utb#Bd.#5473), S. 196–203.

Wocken, Hans (2010): Über Widersacher der Inklusion und ihre Gegenreden – Essay. In: Aus Politik und Zeitgeschichte (apuz), 23/2010. S. 25–31.

Zapata-Barrero, Ricard (2017): Interculturalism in the post-multicultural debate: a defence. In: Comparative Migration Studies 5 (14), S. 1–23.

Zimmermann, Julia; Hutteman, Roos; Nestler, Steffen; Neyer, Franz J.; Back, Mitja (2015): Und wenn sie zurückkommen, sind sie plötzlich erwachsen ...?! Auslandserfahrungen als Kontext der Persönlichkeitsentwicklung. In: IJAB (Hg.): Forum Jugendarbeit International 2013–2015. Kinder- und Jugendhilfe transnational gestalten. IJAB – Fachstelle für Internationale Jugendarbeit der Bundesrepublik Deutschland. Bonn, S. 203–213.